Piano della Rada di Sidone.

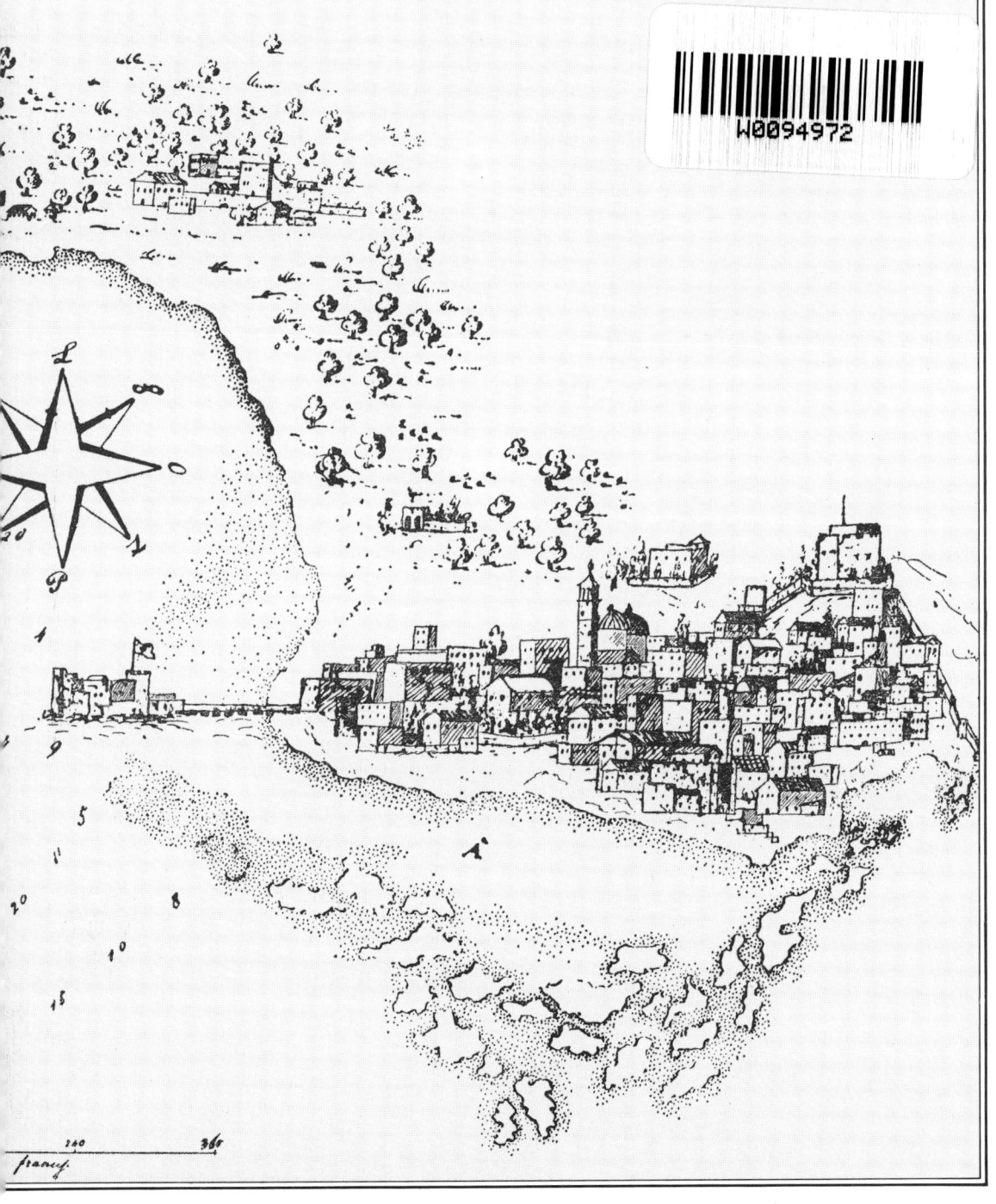

W0094972

Robert L. Dauber

Erzherzog Friedrich von Österreich

Admiral und Ordensritter

Robert L. Dauber

Erzherzog Friedrich von Österreich

Admiral und Ordensritter

Styria

Die Deutsche Bibliothek – CIP-Einheitsaufnahme

Dauber, Robert L.:
Erzherzog Friedrich von Österreich : Admiral und Ordensritter
/ Robert L. Dauber. – Graz ; Wien ; Köln : Verl. Styria, 1993
ISBN 3-222-12218-0

© 1993 Verlag Styria Graz Wien Köln
Alle Rechte vorbehalten
Printed in Austria
Umschlagbild: Heeresgeschichtliches Museum, Wien
Gestaltung und Produktion: Franz Hanns, Wien
Satz: Zehetner Ges. m. b. H., Oberrohrbach
Druck und Bindung: Wiener Verlag, Himberg
ISBN 3-222-12218-0

INHALTSVERZEICHNIS

VORWORT

Unter den zahlreichen Lebensbeschreibungen über Mitglieder des Hauses Österreich ist bisher noch keine umfassende Biographie über den Admiral und Ordensmann Erzherzog Friedrich von Österreich (1821–1847) erschienen. Der Grund liegt vielleicht darin, daß diesem begabten Sohn des Siegers von Aspern, Erzherzog Karls, ein nur kurzes, wenn auch reiches Leben beschieden war, das er beruflich weit im Süden, im Venedig des damaligen Österreich, im Mittelmeer und in einer heute in diesem Land nicht mehr bestehenden Kriegsmarine verbrachte.

Für mich als Autor resultierte die Anregung, dieses Buch zu schreiben, aus dem Zusammentreffen mehrerer Interessenskreise – jenen für die Segelschiffahrt, für die Geschichte Österreichs, seiner Marine, des Mediterraneums und des in letzterem wurzelnden Souveränen Malteser-Ritter-Ordens –, die sich alle in der Person des Segelschiffkapitäns, Marinekommandanten und Malteserorden-Mitgliedes Vizeadmiral Bailli Frá Friedrich von Österreich trafen.

Der Seeoffizier Erzherzog Friedrich war eine der am weitestgereisten österreichischen Persönlichkeiten seiner Zeit. Da er über seine Aufenthalte in und an ausländischen Häfen und Höfen ausführlich Tagebuch führte, habe ich auch teilweise seine interessantesten Eindrücke als historischen Hintergrund, Ergänzung und reizvollen Kontrast zum Heute in diese Biographie einfließen lassen.

Ein Buch über einen Berufsseemann und Oberkommandierenden der k. k. Kriegsmarine in der Zeit eines enormen Aufschwunges der österreichischen See- und Flußschiffahrt ist notwendiger- und beabsichtigterweise auch ein maritimes Buch, in dem ich sowohl die politischen Rahmenbedingungen in Venedig, die Organisation, die seltsam bekannt klingenden inneren Verhältnisse in der österreichisch-venezianischen Kriegsmarine und auf ihren Segelschiffen als auch den wenig bekannten Einsatz österreichischer Kriegsschiffe im Syrischen Krieg 1840/41 und die marinehistorischen Bezugspunkte zum Souveränen Malteser-Ritter-Orden darzustellen versuchte.

Der maritimen Thematik wird durch einen systematischen Anhang, Übersichten, Karten und ein Fachwortverzeichnis Rechnung getragen.

Auch dem abwechslungsreichen persönlichen Leben, dem familiären Hintergrund, der Erziehung, der Entwicklung, der Berufswahl des vielversprechenden, feinsinnigen jungen Erzherzogs sowie seiner schwerwiegenden Entscheidung, die ewigen religiösen Gelübde im Malteserorden abzulegen, bin ich ebenso nachgegangen wie seinem überraschenden, frühen und möglicherweise nicht in allen Einzelheiten geklärten Tod und den für einen kaiserlichen Prinzen einmaligen maritimen Trauerzeremonien in Venedig am Vorabend der Revolution des Jahres 1848.

Dieses Buch habe ich daher vor allem für die Freunde der Geschichte Österreichs und seines Hauses, seiner Marine, des Mittelmeers und des Souveränen Malteser-Ritter-Ordens in dem Wunsche geschrieben, ein allgemein relativ unbekanntes Kapitel österreichischer Seegeltung im Mittelmeer und einer österreichisch-venezianischen Ära ins Bewußtsein zu heben, deren integrierenden Bestandteil und Abschluß auch Erzherzog Frá Friedrich von Österreich persönlich verkörperte.

Wien, 1993   *Robert L. Dauber*

I

ABSTAMMUNG UND
ELTERN

Geburt und Taufe

„Wien, Ihre kaiserliche Hoheit, die durchlauchtigste Frau Erzherzogin Henriette, sind gestern Morgens zwischen 3 und 4 Uhr von einem gesunden Erzherzoge glücklich entbunden worden" war in der Österreichisch-Kaiserlichen privilegierten Wiener Zeitung vom Dienstag, den 15. Mai 1821 zu lesen, und zwei Tage später:

„Vorgestern Nachmittag um 1 Uhr wurde in Gegenwart sämtlicher hier anwesenden durchlauchtigsten Erzherzöge und Erzherzoginnen kk. HH., dann Sr. königl. Hoheit des Prinzen von Salerno und Ihrer Durchlaucht der Fürstinnen von Nassau, die heilige Taufe des neugeborenen Erzherzogs, Sohnes Sr. kaiserl. Hoheit des Erzherzogs Carl, in Höchstdessen Hause von dem hochwürdigsten Bischofe von Dulma und apostol. Feld-Vikar Paur vollzogen.

Die Stelle des Taufpaten vertrat für Se. kaiserl. Hoheit den Erzherzog Großherzog von Toscana, der durchlauchtigste Erzherzog Anton. Der jüngste Erzherzog erhielt den Namen Friedrich Ferdinand Leopold. Ihre kaiserl. Hoheit die durchlauchtigste Frau Erzherzogin Henriette hatten die Nacht nach Ihrer Entbindung mehrere Stunden ruhig geschlafen und befanden sich sammt dem neugebornen Erzherzoge Friedrich rücksichtlich der Umstände bei erwünschtem Wohlsein."

Dieser jüngste Erzherzog Friedrich, so getauft, um einen alten österreichischen Namen in der kaiserlichen Familie wiederaufleben zu lassen, war Sohn Erzherzog Karls, des Siegers von Aspern, und seiner Frau Henriette, Prinzessin von Nassau-Weilburg, und Enkel des Kaisers des Heiligen Römischen Reiches Deutscher Nation Leopold II.

11

Der Großvater Kaiser Leopold II.

Der Großvater Erzherzog Friedrichs, ein Sohn Maria Theresias, war eine der bedeutendsten Herrscherfiguren der österreichischen Geschichte. Bereits als Erzherzog der Toskana war er ein aufgeklärter Monarch und bestrebt gewesen, ein neues Gesellschaftsideal in die Tat umzusetzen und einen Musterstaat zu schaffen. Nach dem Tode seines Bruders Kaiser Joseph II. 1790 nach Wien berufen und zur Würde des Kaisers Leopold II. gekrönt, hatte er in Österreich versucht, die teilweise überzogenen Reformen seines verstorbenen Bruders in eine praktikable Form umzugestalten. Sein überraschend früher Tod schon zwei Jahre später verhinderte sowohl eine Vollendung seiner großen Staatsreform in der Toskana als auch die Durchführung seiner auf der Gleichheit der Menschen, dem Glück des Volkes, auf Religion, Gesetz und Gewohnheit basierenden Reformpläne in Österreich. Dieses verlor in ihm unglücklicherweise zu früh einen Herrscher, der das Staatsschiff wahrscheinlich einen ganz anderen Kurs gesteuert hätte als sein vielleicht auch zu unverhofft an die Herrschaft gelangter ältester Sohn, nämlich Kaiser Franz II. Dieser führte in seiner langen Regierungszeit von 1792 bis 1835, die meiste Zeit hievon unter dem maßgeblichen Einfluß Metternichs, Österreich außenpolitisch in teilweise vermeidbare lange Kriegsjahre gegen Frankreich, dann allerdings in eine lange Friedensphase, welche innenpolitisch aber in einer Repression zeitgemäßer Entwicklungen mündete, die sich dann am Ende dieser Ära in der Revolution des Jahres 1848 entlud.

Der Vater Erzherzog Karl, Sieger von Aspern

Der aufgeklärt und friedliebend erzogene Vater Friedrichs, Erzherzog Karl, kam daher trotz seiner großen militärischen Erfolge und ungeachtet seiner Loyalität seinem kaiserlichen Bruder gegenüber sehr bald in Widerspruch zur außen- und innenpolitischen Linie des Wiener Hofes. So blieb es nicht aus, daß der nicht nur militärisch, sondern auch sonst auf vielen Gebieten begabte Erzherzog Karl von Kaiser Franz und Metternich, seinem lebenslangen Gegenspieler, in seiner zweiten Lebenshälfte keine Aufgabe mehr im Staat erhielt und politisch kaltgestellt wurde. Erzherzog Friedrich und seine Geschwister profitierten insofern von dieser Situation, als ihr Vater sich die Zeit und Muße nehmen konnte und sich auch nahm, sich seinen

Erzherzog Karl mit seinen Kindern auf Schloß Weilburg in Baden bei Wien.
Gemälde von J. Ender. 1832.

Kindern persönlich und erzieherisch in einem wesentlich höheren Maß zu widmen, als es damals in erzherzoglichen Familien üblich war.

Da die überragende Figur seines Vaters auch einen stark prägenden Einfluß auf die Entwicklung Erzherzog Friedrichs ausübte und auch seinen Lebensraum familiär, gesellschaftlich, erzieherisch, ja sogar architektonisch gestaltete, sei das Leben seines Vaters kurz beleuchtet.

Erzherzog Karl war 1771 im schönen Florenz geboren worden, hatte bis zu seinem 19. Lebensjahr in dem auch Seeschiffahrt betreibenden Großherzogtum Toskana gelebt und war dann mit seinem kaiserlichen Vater nach

Wien übersiedelt, wo er seine Offiziersausbildung intensivieren konnte. 1791 war er von seiner Tante Maria Christine, der Lieblingstochter Maria Theresias und deren Mann, Herzog Albert von Sachsen-Teschen, einem privat äußerst begüterten Ehepaar, adoptiert worden und in die österreichischen Niederlande, nach Brüssel gezogen, wo sein Adoptivvater als österreichischer Gouverneur wirkte. Dort hatte der Vater Friedrichs eine neue Lebensart und auch die Bedeutung einer entwickelten Seeschiffahrt kennengelernt und sich militärisch und administrativ weiterbilden können. Seine Feuertaufe hatte er während des Angriffs des revolutionären Frankreich auf die Niederlande schon im Jahr 1792 erlebt, war dann in dem fünf Jahre dauernden Krieg rasch die militärische Stufenleiter emporgestiegen, hatte im Kommando der Vorhut des Reichsheeres 1793 einen ersten großen Sieg bei Aldenhoven und das Großkreuz des Maria-Theresien-Ordens erringen und den Gouverneursposten in den allerdings nur für kurze Zeit wiedereroberten österreichischen Niederlanden einnehmen können. 1796 zum Reichsgeneralfeldmarschall am Niederrhein ernannt, konnte er mit unterlegenen Reichskräften aus dem Rückzug heraus durch eine strategische Offensive die französischen Truppen über den Rhein zurückdrängen und den Ehrentitel „Retter Germaniens" erhalten. Als ihm der Befehl über das oftmals geschlagene und unterlegene Italienheer übertragen wurde, konnte er die Niederlage nicht mehr vermeiden, die dann im Verlust der Toskana, aber auch im Gewinn Venedigs, seiner Provinzen und seiner Flotte resultierte. Am Wiener Hof immer wieder gegen den Krieg argumentierend, siegte er im zweiten Koalitionskrieg ab 1799 als Befehlshaber der Deutschlandarmee am Rhein, legte jedoch dann sein Kommando aufgrund von Gegensätzen mit dem Wiener Hof nieder. Nach von den Franzosen erkämpften großen Siegen und dem verlustreichen Frieden von Lunéville 1801 wurde Erzherzog Karl zum Feldmarschall und Präsidenten des Hofkriegsrates ernannt, war als solcher auch verantwortlich für die k. k. Kriegsmarine, führte eine Heeresreform an Haupt und Gliedern durch und wurde auch als Militärschriftsteller tätig. In den Jahren 1801 bis 1804 war Erzherzog Karl – allerdings mit päpstlicher Dispens von den religiösen Gelübden – auch als Hoch- und Deutschmeister des religiösen und hospitalären Deutschen Ritterordens tätig. Die von Österreich erklärten Kriege von 1805 und 1809 gegen Frankreich, gegen die Erzherzog Karl aufgrund der Kräfteverhältnisse geraten hatte, gingen trotz seines Sieges über Napoleon bei Aspern im Jahre 1809 verloren. Obwohl er den Kern der österreichischen Armee in beiden Fällen hatte in die Zukunft retten können, legte er aufgrund von Auseinandersetzungen mit seinem kaiserlichen Bruder sein Kommando zurück, nahm das Angebot, ein österreichisches Hilfskorps in Rußland zu kommandieren, nicht an und wurde fürderhin von Kaiser Franz nicht mehr mit hohen Militärkommandos betraut.

Die Mutter Prinzessin Henriette von Nassau-Weilburg

Als Napoleon 1815 von Elba zurückkehrte, erhielt Erzherzog Karl über sein Ersuchen noch das Kommando über die Festung Mainz, eine Kommandierung, die sein privates Glück begründen sollte. Bei einem Besuch beim österreichischen Feldmarschall und Herzog von Sachsen-Weilburg auf dessen unweit von Mainz gelegenem Schloß gleichen Namens lernte der damals 44jährige Erzherzog die 17jährige Tochter des Herzogs, Henriette, kennen und verliebte sich Hals über Kopf in die um so viel jüngere Prinzessin evangelischen Bekenntnisses.

Von dem österreichischen Offizier de Lort ist uns folgende Beschreibung der Mutter Friedrichs aus der damaligen Zeit erhalten geblieben, die einiges aussagt:

„Wenn man die Unschuld vereinigt mit Liebenswürdigkeit, Anmut und Schönheit darstellen wollte, könnte man kein besseres Vorbild finden als diese Prinzessin: Sie ist 17 Jahre alt, mittelgroß, sehr schlank, hat ein Haar von schönstem schwarz, die Augen von Ausdruck und Sanftmut, einen bewunderungswürdigen Teint, die Nase, der Mund, das Oval des Gesichtes tadellos . . ."

Henriettes Erziehung war nie einer Gouvernante anvertraut worden, da sich ihre Mutter selbst hingebungsvoll der Erziehung ihrer einzigen Tochter angenommen hatte. Veranlagung und Erziehung hatten sich in Henriette von Nassau-Weilburg anscheinend zu einem besonders anziehenden Wesen vereint, so daß die Liebe Erzherzog Karls und später auch seiner Kinder zu der besonderen Frau und Mutter nur zu verständlich erscheint. Auch Henriette selbst fühlte sich sofort zu dem feinsinnigen und gleichzeitig berühmten Heerführer und Erzherzog des katholischen kaiserlichen österreichischen Hauses hingezogen. Nach der durch den Kaiser erteilten Erlaubnis und Klärung der interkonfessionellen Fragen verlobte sich das Paar und heiratete kurz darauf am 17. September 1815. Für Erzherzog Karl war diese Heirat ein Glücksgriff, der seinem Leben neuen Inhalt und Stabilität und die erwünschte private Erfüllung gab.

Bald nach der Niederlage Napoleons bei Waterloo konnte Erzherzog Karl das Kommando über die Festung Mainz niederlegen und nach Wien ziehen, wo das junge Ehepaar im Palais des Erzherzogs in der Annagasse wohnte. Der Wiener Hof nahm die durch ihre Eigenschaften liebenswerte junge Ehefrau sehr freundlich auf, und Erzherzog Karl freute sich darüber sehr. Bald stellte sich auch der ersehnte Kindersegen ein. Bereits 1816 wurden dem Paar die Tochter Maria Theresia, 1817 der Stammhalter Albrecht Friedrich, 1818 der Sohn Karl Ferdinand geboren.

Am 14. Mai 1821 schließlich erblickte Erzherzog Friedrich Ferdinand Leopold, kurz Friedrich genannt, das Licht der Welt. Die Geburt war abgesehen von einem kurzen Fieber, das die Mutter befiel, komplikationslos verlaufen, und bereits am 23. Mai stellte die Österreichisch-Kaiserliche privilegierte Wiener Zeitung wegen des problemlosen Gesundheitszustandes von Mutter und Kind ihre diesbezüglichen Berichte ein.

In welche Welt war der jüngste Sproß des Hauses Österreich hineingeboren worden, und was mochte ihm die Zukunft persönlich wohl bringen?

Die Welt Österreichs hatte sich nach dem Wiener Kongreß bedeutend verändert. Gebiets- und Einflußverlusten im Norden und Westen Europas standen bedeutende Gebietsgewinne in Italien, insbesondere die Gewinnung des lombardo-venetianischen Königreiches mit seiner Marine und Dalmatiens gegenüber. Die Außenpolitik Europas stand unter der Ägide Österreichs und seines Kanzlers Metternich, der im Rahmen der von den europäischen Großmächten beschlossenen „Heiligen Allianz" den auf dem Wiener Kongreß beschlossenen Gebiets- und Herrschaftsstatus – und das mit Erfolg – zu bewahren trachtete. Der wenige Tage nach der Geburt Erzherzog Friedrichs von Kaiser Franz zum allmächtigen Haus-, Hof- und Staatskanzler bestellte Clemens Wenzel Lothar Fürst von Metternich verfolgte im innenpolitischen Bereich ein System, das, gestützt auf Zensur, Spitzelwesen und ein Fernhalten des Bürgers von der Politik, dem Staat alle politische Macht vorenthielt.

Es ist eine zufällige, wenn auch bemerkenswerte Tatsache, daß das Leben Erzherzog Friedrichs und sein späteres maritimes Wirken genau in die Zeit des Metternichschen Herrschaftssystems von 1821 bis 1847 fallen. In der Außenpolitik Metternichs wurde Österreichs Marine erstmalig zu einem politischen Faktor, der, mehrmals eingesetzt, auch Friedrichs Karriere und insbesondere seinen Einsatz in der europäischen Flottenallianz im Krieg gegen Ägypten 1840/41 mitbestimmen sollte.

Stammtafel von
ERZHERZOG FRIEDRICH (1821–1847)

Haus Habsburg-Lothringen

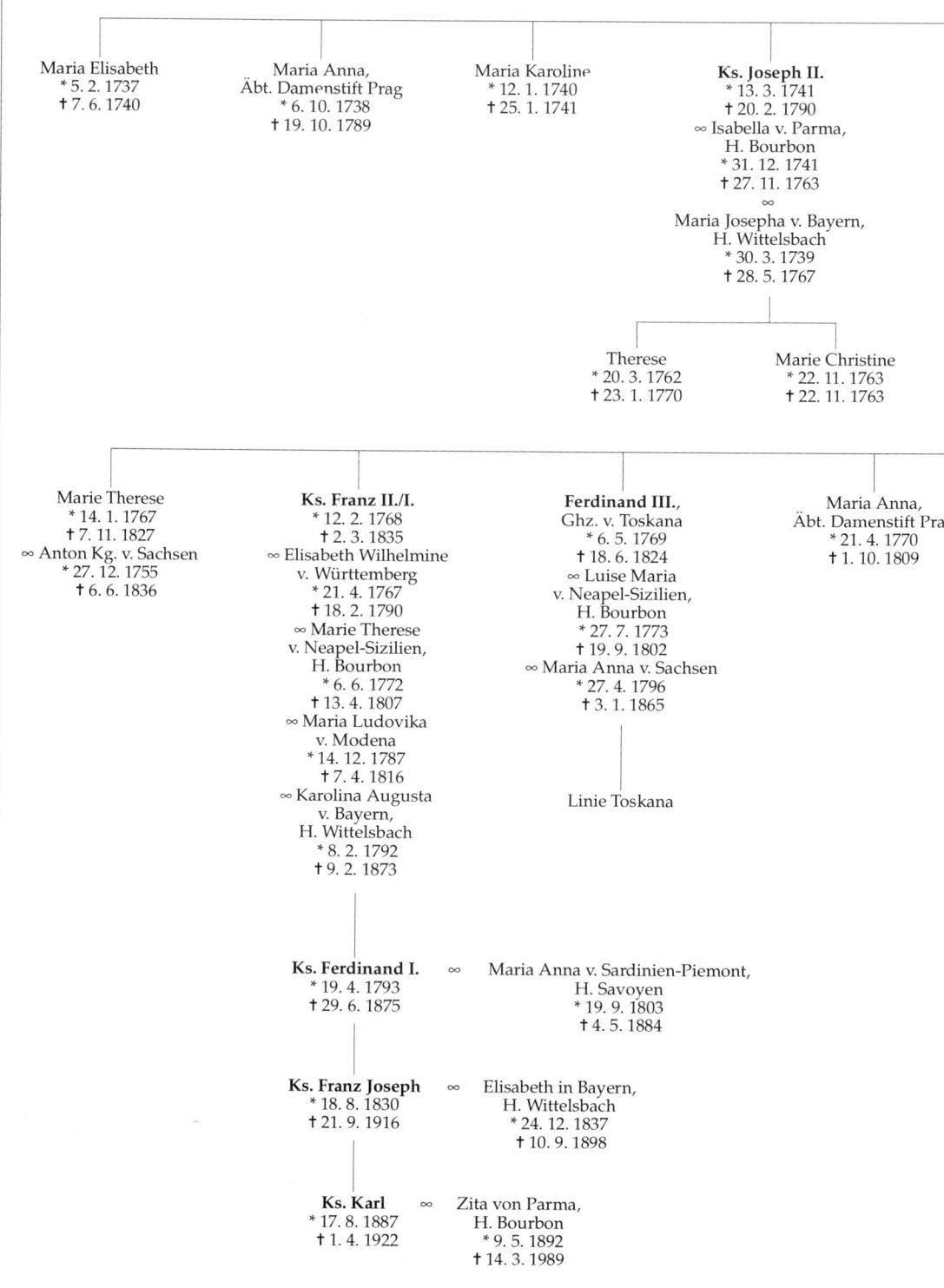

Maria Elisabeth
* 5. 2. 1737
† 7. 6. 1740

Maria Anna,
Äbt. Damenstift Prag
* 6. 10. 1738
† 19. 10. 1789

Maria Karoline
* 12. 1. 1740
† 25. 1. 1741

Ks. Joseph II.
* 13. 3. 1741
† 20. 2. 1790
∞ Isabella v. Parma,
H. Bourbon
* 31. 12. 1741
† 27. 11. 1763
∞
Maria Josepha v. Bayern,
H. Wittelsbach
* 30. 3. 1739
† 28. 5. 1767

Therese
* 20. 3. 1762
† 23. 1. 1770

Marie Christine
* 22. 11. 1763
† 22. 11. 1763

Marie Therese
* 14. 1. 1767
† 7. 11. 1827
∞ Anton Kg. v. Sachsen
* 27. 12. 1755
† 6. 6. 1836

Ks. Franz II./I.
* 12. 2. 1768
† 2. 3. 1835
∞ Elisabeth Wilhelmine
v. Württemberg
* 21. 4. 1767
† 18. 2. 1790
∞ Marie Therese
v. Neapel-Sizilien,
H. Bourbon
* 6. 6. 1772
† 13. 4. 1807
∞ Maria Ludovika
v. Modena
* 14. 12. 1787
† 7. 4. 1816
∞ Karolina Augusta
v. Bayern,
H. Wittelsbach
* 8. 2. 1792
† 9. 2. 1873

Ferdinand III.,
Ghz. v. Toskana
* 6. 5. 1769
† 18. 6. 1824
∞ Luise Maria
v. Neapel-Sizilien,
H. Bourbon
* 27. 7. 1773
† 19. 9. 1802
∞ Maria Anna v. Sachsen
* 27. 4. 1796
† 3. 1. 1865

Linie Toskana

Maria Anna,
Äbt. Damenstift Prag
* 21. 4. 1770
† 1. 10. 1809

Ks. Ferdinand I.
* 19. 4. 1793
† 29. 6. 1875

∞ Maria Anna v. Sardinien-Piemont,
H. Savoyen
* 19. 9. 1803
† 4. 5. 1884

Ks. Franz Joseph
* 18. 8. 1830
† 21. 9. 1916

∞ Elisabeth in Bayern,
H. Wittelsbach
* 24. 12. 1837
† 10. 9. 1898

Ks. Karl
* 17. 8. 1887
† 1. 4. 1922

∞ Zita von Parma,
H. Bourbon
* 9. 5. 1892
† 14. 3. 1989

II
KINDHEIT UND
JUGEND

Auf Weilburg und Albertina

Bereits im Jahre 1820 hatte der Vater Friedrichs nach Beratungen mit seiner Frau und Rücksprache mit seinem Adoptivvater Herzog Albert von Teschen in der Nähe von Baden bei Wien, im Helenental, ein ausgedehntes Grundstück erstanden und den bekannten Wiener Architekten Joseph Kornhäusel beauftragt, dort einen Sommersitz für die Familie zu errichten. Erzherzog Karl und seine Frau liebten das Leben auf dem Lande und waren damit zu Vorläufern des Naturgefühls der deutschen Romantik, aber vielleicht auch zu Vorläufern der heutigen Flucht der Städter auf das Land geworden. Karls architektonische Vorstellungen wurzelten einerseits im großen Stil der österreichischen Geschichte, andrerseits in seinem Wunsch nach Einfachheit und Naturnähe. Der harmonischen Zusammenarbeit zwischen Bauherrn und Architekten erwuchs nicht nur eine vielgeliebte elterliche Heimstatt des jungen Erzherzogs Friedrich, sondern auch das vielleicht bedeutendste Bauwerk der Biedermeierzeit in Österreich, die Weilburg. Karl interessierte sich besonders für die Gestaltung der Gärten und der Parklandschaft, die optisch in die Landschaft passend und sanft in diese übergehend angelegt wurden. Leider ist dieses österreichische Bauwerk während des Zweiten Weltkriegs so beschädigt worden, daß es abgetragen werden mußte und uns heute nur noch durch einige bildliche Darstellungen gegenwärtig ist.

Im Jahre 1823 konnte der strahlende Vater des nunmehr zweijährigen Friedrich die Weilburg, die nach dem heimatlichen Schloß der Mutter getauft worden war, dieser als Eigentümerin übergeben. Wie glücklich muß diese über die Aufmerksamkeit ihres Gatten gewesen sein, als sie die

17

Die Weilburg bei Baden. Anonymer zeitgen. Stich.

Zimmer ihrer Kindheit originalgetreu kopiert, mit ihrem Kinderspielzeug sowie ihren Lieblingsgegenständen ausgestattet vorfand und dann noch ihre einstigen Bediensteten von der nassauischen Weilburg vortraten, die von Karl für die Weilburg angestellt worden waren. In den kommenden Jahren verlebten Eltern und Kinder lange und schöne Perioden auf der Weilburg und in ihren Gärten, wo Erzherzog Friedrich nicht nur eine glückliche Kindheit verbrachte, sondern wohin er auch später immer wieder gerne zurückkehrte.

Mit dem Tod Herzog Alberts von Teschen, dem Adoptivvater Erzherzog Karls, fiel an seine Familie eines der größten Vermögen der Monarchie, das neben ausgedehnten Ländereien unter anderem auch sein Palais im Herzen von Wien, die Albertina, mit seinen enormen Kunstsammlungen, die heute noch den Grundstock der staatlichen Albertina-Sammlung bilden, bestand. Die Familie Erzherzog Friedrichs war damit zeit ihres Lebens alle materiellen Sorgen los, der Vater konnte die bedeutenden Bau- und Ausstattungskosten für die Weilburg nun leicht bezahlen und begann auch die Albertina auf das prachtvollste umzubauen, wobei wieder der bewährte Architekt Kornhäusel die Federführung übernahm. Der kleine Erzherzog Friedrich hatte nicht nur das Glück, ein Elternpaar zu besitzen, das Liebe und Zeit auch für ihn aufbrachte, sondern seine Kindheit in zwei der großartigsten Schlösser seiner Zeit verbringen zu können.

Das Leben in Wien war in dieser Zeit geprägt von der Öffnung des Burggartens für die Allgemeinheit im Jahr 1823, dem Bau des neuen Burgtores im Jahr 1824 und der Uraufführung von Beethovens 9. Symphonie im Wiener Kärntnertortheater im selben Jahr. In allen Erblanden der Monarchie aber nahmen Wissenschaft, Handel und Industrie einen langsamen, jedoch unübersehbaren Aufschwung.

Im Jahre 1825, dem Todesjahr Salieris und Geburtsjahr von Johann Strauß Sohn, wurde auch Erzherzog Friedrichs jüngere Schwester Maria Karolina geboren.

Im Todesjahr Beethovens, 1827, kamen Friedrichs jüngster Bruder Wilhelm Franz und der spätere Kadett Erzherzog Friedrichs und österreichische Seeheld Tegetthoff zur Welt.

Erziehung

Friedrichs Vater, dem hintereinander drei Söhne geboren worden waren, wandte diesen und den Töchtern nicht nur große persönliche Liebe und Fürsorge zu, die er selbst in seiner Kindheit vermissen mußte, sondern entwickelte auch für deren Erziehung besonderes Interesse und besondere Sorgfalt. Er übernahm die bewährten Erziehungsgrundsätze seines eigenen Vaters und paßte diese der neuen Zeit an. Ein Grundsatz seiner Erziehung war, daß die hohe Geburt seiner Familie kein Vorrecht, sondern eine Verpflichtung bedeutete und daß die Zeit vorbei sei, in der hohe Herren ihre Zeit mit der Pflege sogenannter vornehmer Passionen ausfüllen durften. Trotz der außergewöhnlich guten materiellen Lage seiner Familie legte er Wert auf die Verfolgung einer natürlichen Sparsamkeit. Für Friedrich und seine Geschwister hielt der Vater auch eine in strenger Zucht erworbene Selbständigkeit als eine Vorbedingung für Mut und Zuversicht im Leben. Erzherzog Karl versuchte jede Neigung zu Absolutismus bei seinen Söhnen zu ersticken und achtete darauf, daß seine Kinder unvoreingenommen und nicht überhebliche Kontakte mit Menschen aus bürgerlichen Kreisen pflogen. Diese Erziehungsgrundsätze fanden nicht unbedingt die Zustimmung des absolutistisch eingestellten Wiener Hofes und Metternichs.

Der Vater Friedrichs hatte für die Erziehung der Kinder auch eine Reihe von ausgezeichneten Lehrern verpflichtet. Bis zum Jahr 1828 leitete der erfahrene Pädagoge und Doktor der Medizin, Johann Bihler, die Erziehung zeitweise mit Hilfe des Mediziners Dr. Ludwig Jakob Flury, des Rechtswissenschaftlers und Dichters Dr. Philipp Mayer, des Rechtswissenschaftlers und Pädagogen Dr. Franz Scharschmid von Adlertreu und des Doktors der Rechte, Pädagogen, Kenners der alten und neuen Sprachen, Botanikers und Musikkenners Ritter Ludwig von Köchel, Schöpfer des bekannten Köchelverzeichnisses. Alle diese Erzieher und Lehrer wurden später für ihre Bemühungen auch mit Titeln und hohen Auszeichnungen des Kaiserreiches belohnt.

Im Jahre 1829 drang eine Reihe von Neuigkeiten auch auf den achtjährigen Erzherzog Friedrich ein. In diesem Jahr heiratete sein Onkel Erzherzog Johann nach jahrelangem Zusammenleben die Postmeisterstochter Anna Plochl, ein Ereignis, das trotz der Zustimmung des Kaisers die Familie entsprechend bewegte. Die österreichische Marine hatte sich im selben Jahr bei El Araisch ausgezeichnet, und die Erste Donau-Dampfschiffahrtsgesellschaft (DDSG), die ein Jahr später die vielbeachtete Probefahrt des Schaufelraddampfers KAISER FRANZ von Wien nach Budapest absolvierte, wurde gegründet. Im gleichen Jahr fand auch vor Triest eine Versuchsfahrt des Dampfers CIVETTA mit der vom österreichischen Marineforstadjunkten Ressel entwickelten Schiffsschraube statt; eine Erfindung, deren Bedeutung von den österreichischen Zivil- und Militärbehörden in Triest nicht erkannt wurde.

1829 wurde auch der Oberst des Geniekorps, Karl Freiherr Cerrini von Monte Varchi, zum Ajo, ein am Kaiserhof üblicher Ausdruck für Hofmeister oder Ausbildner, Friedrichs und seiner Brüder ernannt. Der ob seiner ausgezeichneten persönlichen Eigenschaften, seiner Umsicht und treuen

Pflichterfüllung sehr geschätzte Baron wurde durch die erkennbare Sorgfalt, die Wahrhaftigkeit und Herzensgüte seiner Erziehung nicht nur zum
von diesen sehr geschätzten Erzieher der jungen Erzherzöge, sondern auch
zu deren Freund.

Erzherzog Karl.

Früher Tod der Mutter

Ende des Jahres 1829 traf Friedrich, seine Geschwister und vor allem auch
seinen Vater ein furchtbarer persönlicher Verlust, als ihnen durch ein
tragisches Schicksal plötzlich die zärtliche Mutter und inniggeliebte Frau
entrissen wurde. Die Mutter Friedrichs hatte knapp vor Weihnachten mit
ihrer ältesten Tochter, der 13jährigen Maria Theresia, an der Hand in einem
Laden Weihnachtseinkäufe gemacht, als sie von der Verkäuferin erfuhr,
daß deren Kind knapp vorher an Scharlach erkrankt war. Da sie eine
Ansteckung für ihre Tochter fürchtete, stürzte die entsetzte Mutter, Maria

21

Theresia hinter sich herziehend, aus dem Laden. Allein das Schicksal wollte es, daß das Kind gesund blieb und die Mutter von der Krankheit befallen wurde. Nach dem typischen hohen Fieber, Halsschmerzen und Auftreten des bekannten Scharlachausschlages verschied die geliebte Mutter und Ehegattin im Alter von nur 32 Jahren am 29. Dezember 1829 und ließ eine untröstliche Familie hinter sich.

Zu allem Überfluß gab es noch Diskussionen mit den treuen Wächtern der Kapuzinergruft, der traditionellen Grabstätte der habsburgischen Familie in Wien, die die verstorbene Prinzessin wegen ihres evangelischen Glaubens nicht in ihrer Gruft beisetzen lassen wollten, bis Kaiser Franz schließlich ein entscheidendes Machtwort sprach.

Da der erzherzogliche Haushalt nun eines neuen weiblichen Vorstandes bedurfte, wurde als Obersthofmeisterin die Gräfin Eltz-Lodron gewählt, die bei der Erziehung der Kinder von der bei diesen bald beliebten Clara Hauser unterstützt wurde. Clara Hauser sollte in späteren Jahren einer Geißel des 19. Jahrhunderts, der Cholera, erliegen.

Der Vater Friedrichs, Erzherzog Karl, der aufgrund seiner bewußt gewählten Erziehungsmethoden schon immer einen guten Kontakt zu seinen Kindern gehabt hatte, suchte seine persönliche Fürsorge gegenüber seinen Kindern nun noch weiter zu intensivieren, um diesen das Gefühl der Geborgenheit in der Familie zu erhalten und, soweit es überhaupt möglich war, sie über den Verlust der geliebten Mutter hinwegzutrösten.

Friedrich und seine Geschwister bemerkten dies sehr wohl, sahen gleichzeitig aber auch den Schmerz des alternden Vaters über den Tod seiner Gattin und versuchten ihn ihrerseits mit ihrer Zuneigung zu entschädigen.

Die Geschwister

Die liebevolle Beziehung, die Vater und Kinder zueinander hatten aufbauen können, erstreckte sich auch auf die Zuneigung der Geschwister untereinander. Dies sollte nicht nur in den oftmalig gesuchten persönlichen Kontakten zu Lebzeiten des Vaters, sondern insbesondere auch nach dessen Tod augenscheinlich werden. Friedrich hatte fünf lebende Geschwister. Die erstgeborene Schwester, Maria Theresia, erinnerte die Familie im Aussehen sehr stark an ihre Mutter und hatte eine heitere, ungewöhnlich lebhafte Art. Sie verliebte sich später in den Herzog von Orleans, die Metternichsche Außenpolitik wollte aber einer Verbindung des Hauses

Die vier Söhne Erzherzog Karls: Friedrich, Albrecht, Wilhelm, Karl.
Stich Kriehuber 1835.

Österreich mit dem Hause Orleans nicht zustimmen, und so wurden wieder einmal für eine Tochter Habsburgs die Interessen des Staates entscheidend. Nach einem kurzen Aufenthalt als Äbtissin im adeligen Damenstift in Prag – diese Würde blieb ausschließlich einer Erzherzogin vorbehalten – heiratete sie im Jänner 1837 den verwitweten König beider Sizilien, Ferdinand II., und lebte dann in Neapel, wo sie Erzherzog Friedrich mehrmals besuchte. Maria Theresia gebar neun Söhne und vier Töchter und starb als Königin von Neapel im Alter von 51 Jahren an der Cholera.

Der älteste Bruder Friedrichs, Erzherzog Albrecht, machte wohl die längste und bedeutendste militärische Karriere der Söhne Erzherzog Karls. Er war

1845 bereits kommandierender General, ließ bei den Ereignissen im Jahre 1848 in Wien auf das aufständische Volk feuern und kämpfte unter Feldmarschall Radetzky in Italien. Wie sein Vater war er auch Gouverneur von Mainz, unweit des Familienschlosses seiner Mutter, der Weilburg in Nassau. Im Jahre 1866 befehligte er die österreichische Armee in Italien und errang seinen großen Sieg in der Schlacht von Custoza, während die Nordarmee unter Feldzeugmeister Benedek die für Österreich schicksalhafte Niederlage bei Königgrätz erlitt. Albrecht heiratete die bayrische Prinzessin Hildegard, eine Tochter König Ludwigs I. In späteren Jahren verfaßte er eine Anzahl von militärtheoretischen Schriften und wurde schließlich Feldmarschall und Generalinspekteur der österreichischen Armee. Er starb 1895.

Der zweitälteste Bruder Friedrichs, Karl Ferdinand, trat nach seiner Erziehung zuerst in das Infanterieregiment Nr. 57 in Prag ein und brachte es später bis zum General der Kavallerie.

Im Todesjahr seines Bruders Friedrich, 1847, heiratete er seine Cousine Erzherzogin Elisabeth, mit welcher er zahlreiche Nachkommen hinterließ, die die Familienlinie Teschen und Ungarisch-Altenburg bilden. Karl Ferdinand schied 1866 aus der Armee aus und starb 1874 an einem Leberleiden.

Der jüngere Bruder Friedrichs, Erzherzog Wilhelm, wählte sich als Waffengattung die Artillerie. Er kämpfte in Königgrätz, wurde verwundet und zeichnete sich besonders beim Rückzug aus. Wie Friedrich legte er die ewigen Gelübde der Armut und Keuschheit und des Gehorsams ab, wurde Profeßritter und 1863 Hoch- und Deutschmeister im Deutschen Orden und blieb dies bis zu seinem durch einen Schlaganfall verursachten Tod im Jahre 1894. Seine militärische Karriere führte ihn bis zum Rang des Feldzeugmeisters und Generalartillerieinspektors. Er hat für die Entwicklung der österreichischen Artillerie viel geleistet.

Friedrichs jüngere Schwester, Maria Karolina, blieb bei ihrem Vater bis zu dessen Tod im Jahre 1847, trat dann ihre schon vorher festgelegte Stelle als Äbtissin des adeligen Damenstiftes in Prag an und heiratete 1852 Erzherzog Rainer Ferdinand, einen Cousin aus der Familienlinie Erzherzog Rainers. Von den Neffen Friedrichs wurden die beiden Söhne seines Bruders Karl Ferdinand, die Erzherzöge Eugen, der auch wieder Profeßritter des Deutschen Ordens sowie Hoch- und Deutschmeister war, und Friedrich, populäre und erfolgreiche Heerführer im Ersten Weltkrieg.

Erste militärische Ausbildung

Die durch den Tod der Mutter Friedrichs geänderten familiären Umstände und erforderlichen Umstellungen beschleunigten auch den Übergang zu einer neuen Erziehungsphase, in der der Vater in seiner Eigenschaft als einer der größten Feldherren seiner Zeit nun auch stärker eingreifen konnte. Nachdem die Ausbildung der Kinder sich bis dahin auf eine erstklassige Allgemeinbildung konzentriert hatte, traten nun – da sich alle drei Brüder für eine Militärlaufbahn entschieden hatten – für diese die militärwissenschaftlichen Fächer stärker in den Vordergrund.

Zusätzlich zu dem bereits im Hause weilenden Ajo Oberst Cerrini von Monte Varchi wurden weitere ausgezeichnete militärische und zivile Lehrer für die drei Brüder bestellt, unter ihnen vor allem der 1832 zum Miterzieher ernannte damalige k. k. Major Wilhelm Ritter von Lebzeltern, über den später noch einiges zu sagen sein wird, der berühmte Professor Franz Ritter von Hauslab, der Terrainlehre unterrichtete, sowie die Professoren an der k. k. Ingenieurakademie, Hauptmann Johann Bingler und Major Friedrich Gallina.
In den zivilen Fächern wurde der Unterricht in Religion dem allseits beliebten Hofprediger Wilhelm Sedlaczek, mit dem Friedrich auch in seiner religiösen Laufbahn in Verbindung bleiben sollte, in der Physik dem damaligen Direktor der k. k. Porzellanfabrik und späteren Finanzminister Andreas Freiherr von Baumgartner, in Latein, Geschichte und ihren Hilfsfächern Josef von Bergmann übertragen. Letzterer prägte Friedrich stark mit und verfaßte lange nach dessen Tod, 1867, die einzige bisher erschienene biographische Skizze über Erzherzog Friedrich. Dieser hatte zu Bergmann eine besonders enge persönliche Beziehung, die sich auch durch einen bis zu seinem Tode nicht abreißenden persönlichen Kontakt äußern sollte.
Erzherzog Friedrich zeigte in seiner Ausbildung, wie letzterer nach Friedrichs Tod berichtete, entschieden glückliche Geistesanlagen, eine schnelle Auffassung, guten Mutterwitz, ein hervorragendes Gedächtnis und ein scharfes Urteil. Des Französischen und Italienischen wurde er wie seiner Muttersprache mächtig, das Englische sprach er, jedoch nur, wenn er es mußte, geläufig und mit besonders guter Aussprache. Er las auch außerhalb des Unterrichts sehr viel, träumte manchmal, und wenn seine Gedanken in weite Ferne schweiften und er im Unterricht in Schwierigkeiten zu

kommen drohte, half ihm ein überraschender Witz oft bei seinen Lehrern darüber hinweg. Besonders interessierte ihn auch die Geschichte der Antike Griechenlands.

Der Vater Friedrichs, der große Feldherr und Sieger von Aspern, Erzherzog Karl, versuchte natürlich, seine militärischen Erfahrungen an seine Söhne weiterzugeben und verfaßte eigens zu diesem Zwecke auch eine Reihe von militärwissenschaftlichen Schriften.

Der Tagesablauf für Erzherzog Friedrich und seine Brüder war streng geregelt: Tagwache um 5 Uhr 30, gemeinsames Frühstück mit dem Vater, anschließend Ausbildung und Prüfungen bis 11 Uhr, dann Bewegung in frischer Luft zu Fuß oder zu Pferde. Um 12 Uhr gab es Mittagessen, wieder gemeinsam mit dem Vater, der Nachmittag war für Wiederholungen des Ausbildungsstoffes, Lernen, Fechtunterricht und Musik bis gegen 19 Uhr vorgesehen.

Urlaube und Freizeit wurden besonders in der schönen Jahreszeit auf der Weilburg bei Baden verlebt. In den Ferien wurden Reisen und Ausflüge zur Erholung unternommen. Auch ins Theater wurden die Geschwister geführt, und gelegentlich fanden Maskenbälle in der Hofburg statt, die Kaiser Franz für seine zahlreichen jungen Verwandten veranstaltete. Im Winter bereitete das Schlittschuhlaufen im Belvedere den Kindern besonderes Vergnügen. In der Zwischenzeit schritten auch die Entwicklungen in der Umwelt fort, die für Friedrich und seine Brüder Teil des Unterrichtsstoffes waren.

Unter dem Eindruck der Pariser Revolution war es 1831 im Kirchenstaat, in den unter der Herrschaft österreichischer Erzherzöge stehenden Herzogtümern von Parma und Modena, zu Aufstandsbewegungen gekommen, die durch militärisches Einschreiten, nach Siegen in der adriatischen Küstenregion und begleitendem Einsatz der österreichischen Kriegsmarine niedergeschlagen werden konnten.

Im Jahre 1832 entging Erzherzog Ferdinand, der künftige Kaiser, bei der Weilburg knapp einem gegen ihn gerichteten Anschlag. Im selben Jahr manifestierte sich der technische Fortschritt mit der Inbetriebnahme der ersten Pferdeeisenbahn in Österreich von Linz nach Budweis.

Das Jahr 1833 erlangte in der österreichischen Seefahrtsgeschichte durch die ersten Statuten des „Österreichischen Lloyd", der später Österreichs Flagge auf allen Weltmeeren zeigen sollte, maritime Bedeutung. Österreich wurde langsam auch zur See aktiv.

Erzherzog Friedrich als Unterleutnant im Husarenregiment No. 6 im Jahre 1833,
links Regimentsoberst Franz Graf Schlik, rechts Obstlt. von Beckenhaubt (Hellich).

Erzherzog Friedrichs praktische militärische Ausbildung wurde im Jahre
1834 durch die Einstellung als Unterleutnant beim 6. k. k. Husarenregiment „König von Württemberg" gefördert. Ein hervorragender Stahlstich
aus jener Zeit, der die Offiziere des Regiments darstellt, zeigt im Zentrum
auch den damals 13jährigen, noch kindlich wirkenden Erzherzog Friedrich
in der kornblumenblauen Uniform des 6. Husarenregiments, dessen Inhaber Wilhelm I., König von Württemberg war. Im reich mit Goldschnüren
verzierten Dolman, den schwarzen Husarentschako an der Hüfte, steht der
junge Erzherzog und Unterleutnant zwischen dem Regimentskomman-
deur Oberst Graf von Schlik mit seiner martialisch aussehenden Augen-

binde und dem zweiten Offizier des Regiments, Oberstleutnant von Bekkenhaubt, und scheint einer kavalleristischen Offizierslaufbahn entgegenzublicken.

Doch sollte es anders kommen und Erzherzog Friedrich nicht Kavallerist bleiben. Ihn zog es nach den Süden, ans Mittelmeer, zu den Schiffen und zur See, und er beschloß, die Seeoffizierslaufbahn zu ergreifen.

III

BERUFSENTSCHEIDUNG
MARINE

W ie der damalige Erzieher und intime Kenner Erzherzog Friedrichs, der spätere Kaiserliche Rat und Kustos des Antiken- und Münzkabinetts in Wien, Joseph Bergmann, 1857 in seiner biographischen Skizze über den 14jährigen Prinzen schrieb, war dessen Berufswahl zum Seemann ohne irgendeine äußere Anregung entstanden und blieb auch ungeachtet aller Vorstellungen seiner Umgebung über die Härte des Berufes unerschütterlich fest.

Wie war es zu der erstaunlichen, weil äußerst ungewöhnlichen Wahl der Berufslaufbahn in der österreichischen Marine gekommen, welche damals nach den Erinnerungen des Marineoffiziers Max von Rottauscher von den Bewohnern der Erbländer als etwas Absonderliches, das „jenseits Europa's dahinvegetierte", angesehen wurde? Nun, offensichtlich sah Friedrich, der dank seiner umfassenden Erziehung auch einen besseren Gesamtüberblick hatte, die Dinge etwas anders als jene.

Außer der Existenz und der Geschichte der österreichisch-venezianischen Marine selbst waren sicherlich eine Vielzahl von Entscheidungskriterien, die wir etwas näher betrachten wollen, für seine Berufsentscheidung maßgebend.

Die österreichisch-venezianische Marine
im Biedermeier

Neben seiner für Verkehr und Strategie wichtigsten Schiffahrtsstraße, der Donau, war Österreich im 14. Jahrhundert auch eine kleine Seeschiffahrt

29

auf der Adria zugewachsen, seitdem sich die Grafen von Tibein, dem heutigen Duino, und die Stadt Triest freiwillig der Habsburgerherrschaft unterstellt hatten. Die kommerziell und militärisch beherrschende Lage Venedigs in der Adria und die schlechten Verkehrsverbindungen zum Hinterland ließen aber ein entscheidendes Aufblühen des österreichischen Küstenstreifens und seiner Schiffahrt bis ins 18. Jahrhundert nicht aufkommen. Erst unter Kaiser Karl VI., dem weitblickenden Prinzen Eugen und Maria Theresia war es zu einer gezielten Entwicklung und zum zeitweiligen Aufschwung des österreichischen Seehandels gekommen, der, gestützt auf die damals österreichischen Hafenstädte Triest, Neapel und Antwerpen, sogar Überseehandelskompagnien und Handelsstützpunkte in Afrika und Asien besaß.

Zum Schutz seines Seehandels hatte Österreich immer wieder halbherzige Bemühungen unternommen, denselben gegen politische Gegner, Korsaren und Piraten durch eine eigene Kriegsmarine zu schützen. Verglichen mit dem großen österreichischen Landheer war diese altösterreichische Marine verschwindend klein, militärisch von Mitgliedern des Landheeres bemannt und zumeist von Offizieren desselben kommandiert. Eine durchlaufende, nennenswerte österreichische Marinetradition hatte sich daher bis zu Beginn des 19. Jahrhunderts nicht herausbilden können. Diese Situation änderte sich erst entscheidend, als Österreich infolge der Napoleonischen Kriege zuerst 1798 bis 1804 und dann dauerhaft ab 1814 die venezianischen Territorien in Italien und Dalmatien zugesprochen wurden und das Kaiserreich auch die Reste an Schiffen und Mannschaften der einst so glorreichen Marine der Lagunenstadt Venedig erhielt.

Das durch die Napoleonischen Kriege auch finanziell ausgeblutete Österreich sah sich sofort nach dem Wiener Kongreß der historischen Chance des möglichen Aufbaues eines internationalen Seehandels und einer diesem und der Größe des Staates entsprechenden Kriegsmarine nicht gewachsen. Die österreichisch-venezianische Marine wurde unter den Befehl eines Generals des Landheeres gestellt, ein nicht unbedeutender Teil der Kriegsschifflotte abgewrackt, als Bau- und Brennholz verkauft, und Österreich verwendete seine neuerworbene Flottenmacht nur in bescheidenem Maß zur Sicherung seiner von Venedig übernommenen Küstenstriche in der Adria und seines langsam wachsenden vorwiegend levantinischen Seehandels.

Nichtsdestoweniger hatte die junge österreichisch-venezianische Kriegsmarine in den zwei Jahrzehnten ihres Bestehens vor 1835, dem Zeitpunkt, in dem die Berufsentscheidung Friedrichs zum Marineoffizier endgültig fiel, die Aufmerksamkeit Wiens einige Male auf sich ziehen und einige spektakuläre Waffentaten und Überseereisen vollbringen können.

So waren bereits im Jahre 1817 die beiden österreichischen Fregatten AUSTRIA und AUGUSTA anläßlich der Vermählung der Tochter Kaiser Franz' I., Leopoldine von Österreich, mit dem späteren Kaiser Pedro I. von Brasilien und Portugal mit der Braut, ihrem Hofstaat und österreichischen Wissenschaftlern und Künstlern nach Südamerika gesegelt, womit eine Reihe aufsehenerregender, auch wissenschaftlicher Fahrten der Kriegsmarine nach Übersee begann.

Die damalige materielle Ausstattung der österreichischen Kriegsmarine für eine derartige Fahrt war teilweise sehr dürftig. Dessenungeachtet wurden die junge Braut und ihre Begleitung wohlbehalten in Brasilien an Land gesetzt, die beiden Fregatten kehrten gut heim, die Reise wurde aus vielerlei Gründen ein voller Erfolg.

Im Jahre 1819 begann die Kriegsmarine mit der hydrographischen Vermessung der dalmatinischen Küste, die, laufend ergänzt, die Grundlage auch für etwa englische Seekarten bis in die letzten Jahrzehnte bildete. In Fortsetzung eines schon in venezianischer Zeit bestandenen Postdienstes entlang der dalmatinischen Küste wurde 1820 ein regelmäßiger monatlicher Paketdienst mit Schiffen der Kriegsmarine bis Korfu eingerichtet, der auch Passagiere gegen Entgelt beförderte und 1833 bis Patras in Griechenland verlängert wurde.

Zur Befriedung des Aufstandes 1820 in Neapel gegen König Ferdinand wurde eine aus sechs großen Rahsegelschiffen und zahlreichen kleineren Einheiten bestehende Eskader unter dem damaligen Eskaderkommandanten Generalmajor Paulucci nach dem Königreich beider Sizilien entsandt, wo die Flottenabteilung nach Beruhigung der Situation noch bis 1826 auf Station blieb.

Im Jahre 1820 war die damalige Fregatte CAROLINA zu einer gemischten offiziellen und kommerziellen Mission nach dem Fernen Osten ausgelaufen, die den für Kanton bestimmten österreichischen Generalkonsul sowie 4000 Tonnen Quecksilber transportieren sollte. Nachdem unterwegs die Cholera auf der CAROLINA ausgebrochen war und zahlreiche Mannschaftsmitglieder einschließlich des Kapitäns dahingerafft hatte, konnte die Fregatte ihre Mission erfolgreich beenden und 1822 wohlbehalten in ihren Heimathafen zurückkehren.

Eine Fortsetzung derartiger von Kaiser Franz I. an sich beabsichtigter überseeischer Missionen konnte wegen des Ausbruches des griechischen Freiheitskampfes im Jahre 1821, der bis 1830 andauern sollte und die österreichische Kriegsmarine stark in Anspruch nahm, nicht durchgeführt werden. Der griechische Freiheitskampf war durch zahlreiche Operationen einer von den griechischen Freiheitskämpfern gesammelten Flotte, der sich Korsaren und Piraten anschlossen, gegen die türkischen Kriegs- und Handelsschiffe geprägt, wobei auch die Handelsschiffe neutraler Mächte wie Österreich, dessen Levantehandel gerade aufzublühen begann, Plünderungen und sonstigen Übergriffen in einer politisch heiklen Lage ausgesetzt waren.

Die Situation wird anschaulich durch den Zwischenfall mit dem österreichischen Schoner MEROPE demonstriert, der stellvertretend für viele andere stehen kann. Der Schoner war in einem kleinen griechischen Hafen gelegen und ein Teil der Mannschaft an Land, als sich unter Führung einer als Popen gekleideten Person Seeräuber an Bord schlichen und die an Bord befindliche Besatzung niedermachten. Die vom Landurlaub zum Schiff zurückkehrenden österreichischen Mannschaftsmitglieder wurden schließlich auch überwältigt und in einen anderen Hafen gebracht. Dort wurden sie dann von der Mannschaft der Fregatte LIPSIA befreit, die die Seeräuber auch ihrer verdienten Strafe zuführte. Derartige an längst vergangen geglaubte Zeiten erinnernde Seeräuberstücke waren aber nach den Napoleonischen Kriegen nicht nur in der Ägäis, sondern im gesamten Mittelmeer und insbesondere auch an der afrikanischen Küste an der Tagesordnung. Auch die im Postdienst in der Levante eingesetzten österreichischen Schiffe hatten manches Abenteuer zu bestehen.

Es war natürlich Aufgabe der österreichisch-venezianischen Kriegsmarine, derartige Vorkommnisse durch ihre Präsenz möglichst von vornherein zu verhindern oder zumindest die eingetretenen Schäden weitestgehend zu begrenzen.

So wurde auch der spätere Eskaderkommandant Erzherzog Friedrichs, der damalige Fregattenkapitän Bandiera, im Jahre 1828/29 mit vier Kriegsschiffen an die marokkanische Küste entsandt, um Genugtuung für die dort erfolgte Kaperung einer unter österreichischer Flagge vor der Atlantikküste segelnden Brigantine zu verlangen. Eine äußerst schneidige Landung in Sicht der Festung El Araisch, die Beschießung einiger Ortschaften und die Kaperung zweier marokkanischer Briggs durch die österreichische Eskader führten in der Folge zum Abschluß eines für Österreich günstigen

Handels- und Friedensvertrags im Jahr 1830. Die kaiserliche Anerkennung für die Marine bestand in der Umbenennung der zwei führenden Offiziere in der Kriegsmarine, zweier Generalmajore in Kontoradmirale.

In den Jahren 1834 bis 1836 führten fünf österreichische Kriegsschiffe zahlreiche russisch-polnische politische Flüchtlinge und Auswanderer von Triest nach New York.

Als Anfang des Jahres 1831 Aufstände in den nördlichen Provinzen des Kirchenstaates ausbrachen, wurde eine österreichische Eskader zur Unterstützung des Kirchenstaates und zur Blockade und Befriedung der Küste desselben an der Adria detachiert, wo sie in wechselnder Stärke und Zusammensetzung bis 1833 verblieb.

Entscheidungseinflüsse

Natürlich wußte man im Hause des väterlichen Erzherzog Karls über diese Missionen der österreichischen Kriegsmarine ebenso Bescheid wie über die stürmische Entwicklung der Schiffahrt, die diese durch die Dampfmaschine genommen hatte. 1807 hatte Fulton den ersten Raddampfer der Geschichte in Fahrt gesetzt, 1818 waren die beiden ersten Raddampfer auf Rhein und Elbe eingesetzt worden, 1823 fuhr das erste Dampfschiff auf der Donau, 1830 wurde die kaiserlich privilegierte „Erste Donau-Dampfschiffahrts-Gesellschaft" gegründet, deren erster Schaufelraddampfer seinen Dienst zwischen Wien und Budapest aufnahm und die wenig später auch die untere Donau bis Konstantinopel und später bis Smyrna befuhr. Es war dieselbe Gesellschaft, die im Jahre 1834 den ersten österreichischen Seedampfer MARIE DOROTHEE bauen ließ, der das erste Dampfschiff im Mittelmeer war, und diesen im regelmäßigen Paketdienst zwischen Triest und Patras einsetzte.

Im selben Jahr lief der erste österreichische Kriegsdampfer FERDINANDO, die spätere MARIANNE, vom Stapel. Nach der definitiven Gründung der Dampfschiffahrtsgesellschaft „Österreichischer Lloyd" im Jahre 1836, die heute noch unter dem Namen „Lloyd Triestino" weiterexistiert, sollte diese Gesellschaft 1837 ihr erstes Raddampfschiff in Dienst stellen und einen regelmäßigen Liniendienst zwischen Triest und Konstantinopel eröffnen, der durch den Liniendienst der DDSG zwischen Konstantinopel und Smyrna ergänzt wurde.

Wenn man sich bei dieser stürmischen Entwicklung der Dampfschiffahrt vor Augen hält, daß demgegenüber die erste Eisenbahn mit Pferdezug von Linz nach Budweis erst 1832 und die erste mit Lokomotivzug betriebene Eisenbahn in Österreich, die Kaiser-Ferdinand-Nordbahn, erst 1837 ihren ersten Teilstreckenbetrieb begann, kann man leicht verstehen, daß die rasante Entwicklung der Dampfschiffahrt an der Spitze des technischen Fortschritts und der Verkehrsentwicklung stand und damals für den jungen und phantasiebegabten Erzherzog Friedrich eine ähnliche Faszination der Eroberungsmöglichkeiten neuer Räume ausgestrahlt haben mag wie für die Jugend unseres Jahrhunderts die Entwicklung der frühen Luftfahrt. Hinzu kam, daß der Vater des jungen Friedrich, Erzherzog Karl, nicht nur seine Jugend in seefahrenden Staaten, der Toskana und den österreichischen Niederlanden, verbracht hatte und als Präsident des Hofkriegsrates praktisch Minister für die Kriegsmarine gewesen, sondern sich auch der kommerziellen und militärischen Bedeutung einer ausgebauten Handels- und Kriegsschiffahrt für einen Großstaat aus persönlicher Ansicht und nicht zuletzt durch den Ausgang der Napoleonischen Kriege sehr bewußt war. Der junge Erzherzog Friedrich wird um diese Grundanschauungen seines welterfahrenen Vaters nicht herumgekommen sein, obwohl es schwer nachzuweisen ist, da keine diesbezüglichen Unterlagen aufgefunden werden konnten, aber wahrscheinlich war es auch eine Karriereüberlegung Erzherzog Friedrichs, des drittgeborenen Sohnes Erzherzog Karls. Dessen zwei ältere Brüder hatten sich bereits vor ihm für die übliche Militärlaufbahn beim Landheer entschieden. Hinzu kam eine ziemlich große Anzahl altersmäßig ähnlich junger Erzherzöge, die alle schon beim Landheer Karriere machen wollten. Die beruflichen Entwicklungsmöglichkeiten konnten daher dort relativ eng werden.

Ganz anders stellte sich aber für einen Erzherzog des kaiserlichen Hauses die Situation bei einer möglichen Karriere bei der jungen österreichisch-venezianischen Marine dar, die nicht nur bis dahin keinen einzigen Prinzen in ihren Reihen gehabt hatte, sondern die nach Ansicht höchster Wiener Militärkreise möglichst bald einer Austrifizierung bedurfte. Friedrich konnte sich daher bei entsprechender Dienstleistung mit einiger Sicherheit eine Karriere ausrechnen, die ihn wahrscheinlich rascher in militärische Spitzenränge führen würde als ein Dienst im Heer.

Ausgelöst und unterstützt haben mögen diese Überlegungen beim jugendlichen Erzherzog, der bekanntermaßen eine Leseratte und ein Romantiker obendrein war, daß ihm eine Karriere in der Marine mit Sicherheit Gelegenheit geben würde, die antiken Stätten der Griechen, das Land des von der Jugend seiner Zeit umschwärmten Lord Byron, die Gestade des geschichtsträchtigen Mittelmeeres, Afrika, das europäische Asien und viel-

Leseratte und Romantiker, ca. 1834.

leicht noch weitere Kontinente zu sehen und zu besuchen, die bisher kein Erzherzog je betreten hatte. Angezogen mag ihn auch die germanische Sehnsucht nach dem warmen Süden und besonders nach Venedig haben, das eine ähnliche, wenn nicht größere Faszination ausübte als heute, da seine maritime Geschichte noch Teil der damaligen Gegenwart war.

Berufsentscheidung

Alle die genannten Voraussetzungen und Entscheidungsgründe, die zu erwartende Entwicklung des österreichischen Seehandels und die damit wichtiger werdende Kriegsmarine, dynastische Interessen, Karrierepläne, die Sehnsucht nach den antiken Stätten, nach Venedig und dem Mittelmeer, mögen in Friedrich schon früh den Entschluß zu einer Karriere als Seeoffizier haben reifen lassen. Durch den plötzlichen Tod Kaiser Franz' I. (durch eine Lungenentzündung) im Frühjahr 1835 und die nachfolgende Thronbesteigung Kaiser Ferdinands I. entstanden auch die besten äußeren Voraussetzungen dafür. Der Vater Friedrichs, Erzherzog Karl, war in seinem beruflichen Wirken nach seinen ersten großen militärischen Erfolgen von Kaiser Franz praktisch ein Leben lang kaltgestellt worden, und die Inthronisation Ferdinands ließ sogar kurzfristig die Hoffnung einer neuerlichen Berufung Erzherzog Karls als Generalissimus aufkommen.

Wenngleich aus diesen Hoffnungen Erzherzog Karls wohl auch wegen des Einschreiten seines Intimgegners Metternich nichts wurde, so hatte sich doch die Gesprächssituation zwischen Erzherzog Karl und dem neuen Kaiser wesentlich gegenüber dem bisherigen Zustand verbessert, und nachdem Erzherzog Karl den Kaiser von dem sehnlichsten Verlangen seines Sohnes Friedrich, die Marinelaufbahn zu ergreifen, in Kenntnis gesetzt hatte, erließ der Kaiser am 1. Dezember 1835 folgendes Handschreiben an den Hofkriegsratspräsidenten Graf Hardegg:

„Lieber Graf Hardegg. Mein Herr Oheim, der Erzherzog Karl Liebden, hat Mir den Wunsch vorgetragen, seinen dritten Sohn, Erzherzog Friedrich, welcher seine entschiedene Neigung für den Seedienst äußert und dem er daher vorzugsweise die für die Marine erforderliche Ausbildung zu geben beabsichtigt, in dem, seiner Charge entsprechenden Grade, als überzählig bei der Kriegsmarine zugetheilt zu sehen. Indem Ich diesem Wunsche willfahren will, finde ich Mich bewogen, den Erzherzog Friedrich als überzähligen Linienschiffscapitän bei Meiner Kriegsmarine zutheilen zu lassen, wornach Sie das Nöthige zu verfügen haben. Wien, den 1. December 1835.
Ferdinand m. p."

Und der Präsident des Hofkriegsrates verfügte das Nötige. Erzherzog Friedrich hieß in der Familie von nun an jedoch vorwiegend „unser Seemann". Im Jahre 1835 wurde Friedrich aber auch zum Oberstinhaber des in Norditalien stationierten Infanterieregiments Nr. 16 ernannt.

Ausbildung und erste Venedigreise

Der 14jährige Friedrich stürzte sich nun neben seinen allgemeinen militärischen Ausbildungsfächern mit besonderem Eifer auf die typische theoretische Marineausbildung, die Seerecht, Schiffskunde, terrestrische und astronomische Navigation, Seekartenzeichnen, Wetterkunde, Segel- und Gefechtstaktik und andere in der Reichshauptstadt unübliche nautische Fächer umfaßte, in denen er von dem erst wenige Monate vorher an den Hofkriegsrat nach Wien berufenen Korvettenkapitän Marinovich unterrichtet wurde.

Johannes Marinovich, dessen Vater einer Venedig dienenden Seefahrerfamilie aus Perast in der Bucht von Cattaro, dem heutigen Kotor, entstammte, war im Jahr 1793 geboren worden, nach dem Tod seines Vaters selbst früh als Aspirant in die venezianische Marine eingetreten, im Jahre 1814 in den Dienst der k. k. österreichischen Marine übernommen und 1821, dem Geburtsjahr Friedrichs, zum Schiffsleutnant ernannt worden. 1827 zum Fregattenleutnant befördert, kommandierte er durch mehrere Jahre auch in schwierigen Situationen mit Auszeichnung die k. k. Golette ENRICHETTA in der Levante. Seine Diensttätigkeit zeichnete sich während seiner gesamten Laufbahn bis zu seinem tragischen Ende durch rastlose Tätigkeit, Tapferkeit und Treue im Dienst der k. k. Marine aus, von der er wegen seiner besonderen Dienstkenntnisse 1834 an das Marine-Departement des Hofkriegsrates in Wien berufen wurde, wo er auch bald darauf die vorläufig theoretische nautische Erziehung des angehenden Seeoffiziers Erzherzog Friedrich übernahm. Marinovich blieb aber auch während der späteren praktischen Ausbildung und bei allen Kommanden und Kampfeinsätzen Friedrichs mit diesem in engstem dienstlichen und persönlichen Kontakt und war laufend der engste Marinemitarbeiter des Erzherzogs.

Schon in den schulischen Sommerferien des Jahres 1836, nach einer etwa halbjährigen theoretischen nautischen Ausbildung, unternahm Erzherzog Friedrich im Sommer 1836 in Begleitung des Majors von Lebzeltern seine erste Reise nach Venedig, den großartigen Ort seiner zukünftigen Bestimmung. Welche Gefühle mögen den jungen romantischen Erzherzog bewegt haben, als er erstmals die uralte Seestadt, die durch 1000 Jahre der Inbegriff italienischer Schiffahrt und des Levantehandels gewesen war, vom Fährboot aus – eine Brücke gab es damals noch nicht – betrat. Friedrich besuchte in Begleitung Lebzelterns in den zwei Monaten seines Aufenthaltes im Juli und August die zahllosen Sehenswürdigkeiten der Stadt und ebenso die vielen mit der Marine im Zusammenhang stehenden Gebäudekomplexe, insbesondere das Arsenal, sowie die in Venedig stationierten Schiffe.

Im September 1836 setzte er seine Ausbildung in Wien fort. Es war der Herbst, in dem Ferdinand Raimund in Pottenstein in Niederösterreich starb, und es war das Jahr, in dem der Österreichische Lloyd in Triest seine Konzession zum Betrieb einer Dampfschiffahrtsgesellschaft, der österreichische Baron Rothschild die Konzession zum Bau der ersten österreichischen mit Lokomotiven betriebenen Eisenbahn erhielt und in Südkärnten ein Eisenwalzwerk zur Produktion von Eisenbahnschienen errichtet wurde, die den Hafen Triest bald mit Wien verbinden sollten.

Nach Absolvierung seines letzten Erziehungsjahres in Wien, nach der Entscheidung seines Vaters, ihm den bewährten Oberst von Lebzeltern als alleinigen Erzieher nach Italien mitzugeben, und nach einem gefühlvollen Abschied von seiner Familie reiste Erzherzog Friedrich am 18. Juli 1837 über Linz, Salzburg, Innsbruck, den Brenner und Verona nach Venedig, wo er am 28. desselben Monats ankam, um hier den Marinedienst anzutreten und praktisch zu erlernen.

Es ist hier vielleicht der Moment, auf jenen Mann, der Friedrichs engster persönlicher Begleiter bis zu seinem Tod werden sollte, etwas näher einzugehen.

Wilhelm von Lebzeltern hatte 1788, als Sohn eines hohen österreichischen Offiziers geboren, die Offizierslaufbahn im Genie-Corps ergriffen, einen Teil der Napoleonischen Kriege mitgemacht, sich beim Feldzug gegen Neapel 1821 ausgezeichnet, war an der türkisch-albanischen und montenegrinischen Grenze sowie Fiume, Buccari und in der Lombardei eingesetzt gewesen und 1831 zum Major und Korpsadjutanten in der Lombardei ernannt worden. 1832 war er als Stellvertreter Cerrinis von Erzherzog Karl zur Erziehung Friedrichs und seiner Brüder berufen worden, wurde nach der Versetzung Friedrichs nach Venedig bereits als Oberst ausschließlich dessen persönlicher Lehrer und später dessen Obersthofmeister und treuer Begleiter auf allen See- und Landreisen Friedrichs.

Im Jahre 1842 in den Freiherrenstand erhoben und 1844 zum Generalmajor befördert, wurde Lebzeltern nach dem Tod Erzherzog Friedrichs im Jahr 1848 zum Direktor der Maria-Theresianischen Militärakademie nach Wiener Neustadt versetzt, wo er während der Aufstände in demselben Jahr Akademie und Stadt aus den Wirren herauszuhalten wußte. Er wurde im folgenden Jahr zum Feldmarschalleutnant befördert und starb nach weiteren militärischen Verwendungen hochgeachtet im Jahre 1869.

Als überzähliger Schiffskapitän zur Ausbildung in der Flotte, ca. 1837.

Lebzeltern übte in der Erziehung, bei den militärischen Einsätzen und bei der späteren Führung der Marine durch seinen Rat und Beistand großen Einfluß auf den jungen Erzherzog aus und war wohl jene Person, die Friedrich neben seinen engsten Familienmitgliedern persönlich durch 15 Jahre hindurch bis zu seinem Tod am nächsten stand.

IV
ERSTE SEEREISEN

Venedig und die österreichische Flotte

Unmittelbar nach seiner Ankunft in Venedig wurde Erzherzog Friedrich mit Oberst von Lebzeltern auf die Korvette CAROLINA befohlen. Um ihn in die praktische Seite der Seetaktik einzuführen, hatte der in Venedig residierende Marineoberkommandant, Vizeadmiral Hamilcar Marchese Paulucci delle Roncole, der dieses Amt seit 1824 innehatte und unter dessen Kommandogewalt Friedrich nun trat, in der Nordadria eine größere Anzahl von Schiffen zusammengezogen und ließ taktische Übungen durchführen.

Der noch junge Erzherzog mit dem hohen Rang eines Schiffskapitäns mit allerdings überzähliger Zuteilung kam damit erstmals in persönlichen dienstlichen Kontakt mit der österreichisch-venezianischen Flotte und ihrem Personal, das von Venezianern dominiert war, allerdings in geringerem Maß auch Offiziere und Mannschaften aus allen Teilen der Erbländer und Dalmatiens umfaßte.
Da Österreich bis 1814 selbst nur über eine kleine Handelsmarine und einen relativ kurzen Küstenstreifen verfügt hatte und daher auch ein entsprechend ausgebildetes Seeoffizierskorps und Marinemannschaften fehlten, waren die übernommenen Marineeinrichtungen und Schiffe auch wieder mit den alten italienisch sprechenden Offizieren und Mannschaften bemannt worden. Diese sahen sich, unter der erst vor wenigen Jahrzehnten geschaffenen rotweißroten österreichischen Marineflagge segelnd, allerdings als alleinige Erben der tausendjährigen venezianischen Marinetradition an und ließen dies die wenigen Seeoffiziere und Mannschaften, die die

damals in der Monarchie keineswegs als erstrebenswert angesehene Marinelaufbahn ergriffen hatten, auch deutlich spüren.

In dieser Marine galten die venezianischen Marinetradition und die perfekte Beherrschung der Schiffe alles, die militärische Seite wenig und die Einhaltung der österreichischen Vorschriften noch weniger.

Die Bezeichnung venezianisch-österreichische Marine traf daher den Kern der Sache voll, und es war gerade der Eintritt des ersten österreichischen Erzherzogs und Sohn des renommierten Siegers von Aspern, der zu einer langsamen Änderung der personellen Schwergewichte und zu einem stärkeren Zustrom von Offiziersanwärtern aus den österreichischen Stammlanden in die Marine führen sollte. Vorerst war die Situation jedoch noch anders. Auch der Marineoberbefehlshaber, Vizeadmiral Hamilcar Marchese Paulucci delle Roncole, war Italiener. 1773 geboren, hatte er zwischen seinem 14. und 30. Lebensjahr die Laufbahn vom Seekadetten bis zum Fregattenkapitän in der neapolitanischen Marine durchlaufen, war dann zum Generalinspekteur der italienischen Marine und nach Verwendung im italienischen Heer bis zum Brigadegeneral befördert worden. 1814 von Österreich als Generalmajor übernommen, war er dem Hofkriegsrat als Marinefachmann zur Verfügung gestanden und 1821 zum Eskaderkommandanten, 1824 zum Marineoberkommandanten und 1830 zum Vizeadmiral ernannt worden. Auf seine Vorstellungen und Vorschläge ging die Organisation der österreichischen Marine zum Zeitpunkt des Dienstantritts Erzherzog Friedrichs in Venedig im wesentlichen zurück. Aus diesem Grund und auch aufgrund seiner langen Dienstzeit war seine Stellung im Hofkriegsrat ziemlich stark. Einer Verlegung des Hauptkriegshafens nach Pola hatte er 1835 erfolgreich entgegenwirken können, und auch sonst war unter dem italienischen Marinekommandanten wenig geschehen, um der im Wesen venezianischen Marine eine österreichische Prägung zu geben.

Mit der Fregatte MEDEA in Neapel, Sizilien und Malta

Nach Beendigung der Teilnahme an den taktischen Übungen wurde Schiffskapitän Friedrich mit Oberst von Lebzeltern bereits nach wenigen Tagen auf die Fregatte MEDEA befohlen, die bereits am 31. Juli 1837 zu einer ersten Ausbildungsfahrt mit dem Ziel Neapel in See stach.

Die Fregatte MEDEA, die damals der größten in der österreichischen

Erste Ausbildungsreise Erzherzog Friedrichs auf der Fregatte MEDEA 1837 nach Neapel und Malta.
Nach einem Aquarell 1840.

Marine eingesetzten Kriegsschiffsklasse angehörte, war bereits 1813 auf Stapel gelegt, nach einer sehr langen Bauzeit 1828 in Dienst gestellt und von da an als Flottenflaggschiff eingesetzt worden. Sie hatte drei rahgetakelte Masten, eine Rumpflänge von 47 Metern, eine Breite von 11,9 Metern und war ab 1832 mit 46 Kanonen bewaffnet worden, die sich aus 16 Stück für ein Kugelgewicht von 24 Pfund, aus 28 Stück Achtzehnpfünder und zwei Stück Zwölfpfündern zusammensetzten, und hatte eine Friedensbesatzung von 308 Mann. Die MEDEA war 1829/30 in Marokko eingesetzt gewesen und hatte 1833 beim Transport polnischer Flüchtlinge den Atlantik überquert.

Für den Dienst an Bord des Schiffes trug der junge Erzherzog Friedrich ebenso wie die anderen Offiziere eine Borduniform, die von der Galauniform wesentlich abwich und aus einem dunkelblauen, mit langen Schößen versehenen, doppelreihigen, jedoch unbestickten Marinerock mit vergoldeten Knöpfen, weißer Hose, weißer goldgeknöpfelter Weste und einem schwarzen, lackierten Zylinderhut – eine Mütze wurde erst 1840 eingeführt – sowie schwarzen Schuhen und einem Marinedolch mit vergoldeten Verzierungen und Elfenbeingriff bestand. Auch die Matrosen trugen zur Zeit des Dienstantritts Friedrichs noch steife Hüte aus lohfarbenem Leder zu ihrer im Sommer naturweißen und im Winter dunkelblauen Uniform mit kurzem doppelt geknöpfeltem Rock.

Die Stellung Erzherzog Friedrichs an Bord der MEDEA wie auch auf den weiteren Schiffen, auf denen er zur Ausbildung bis zur Übernahme eines eigenen Kommandos eingeschifft war, war eine eigenartige. Während einerseits der junge Seeoffizier keinerlei Kommandogewalt innehatte und dem Schiffsführer unterstellt war, bekleidete er andrerseits den in der damaligen österreichischen Marine hohen Rang eines Schiffskapitäns, der dem Rang eines Obersten im Landheer entsprach.

Als Prinz des österreichischen Kaiserhauses stand er protokollarisch jedoch noch hoch über diesem Rang beziehungsweise auch dem Rang jedes Marineoffiziers. Dies kam in besonders augenfälliger Weise bei den damals üblichen maritimen Kanonensaluten zum Ausdruck, mit denen der Erzherzog auch etwa in Neapel, es waren 21 Kanonenschüsse, begrüßt wurde, während normale Schiffskapitäne im höchsten Fall mit elf Kanonenschlägen Salut rechnen konnten.

Das Salutschießen war, wie wir in der weiteren Laufbahn des Seemannes Erzherzog Friedrich noch öfter hören werden, in der ersten Hälfte des 19. Jahrhunderts noch in voller Blüte, und die hiebei nicht unerheblichen Mengen verpulverter Munition schlugen bei der ständig von Budgetnöten geplagten österreichischen Marine sicher gewichtig zu Buche. Für den mit Marinedingen nicht so vertrauten Leser sei hier angeführt, daß das Salutschießen seit Aufkommen des Schießpulvers eine eifersüchtig gehütete, insbesondere seemännische Tradition war, die darauf zurückging, daß ein bewaffnetes Schiff, das in einen fremden Hafen einlief oder sich einem ranghöheren Befehlshaber näherte, seine friedvollen Absichten durch eine hör- und sichtbare Entladung, ein blindes Abfeuern seiner Kanonen, zeigte. Im Laufe der historischen Entwicklung und insbesondere im Barock war das Salutschießen in einem Maße hochstilisiert worden, daß die einzelnen Seemächte aus Ersparnisgründen beginnen mußten, das Salutschießen drastisch einzuschränken.

Das maritime Salutschießen war in der österreichischen Flotte durch ein kompliziertes Zeremoniell geregelt, das von der vollen Entladung aller Geschütze zu Ehren des Kaisers mit dreizehn Rufen aller Mannschaften „Evviva L'Imperatore e Ré" – Es lebe der Kaiser und König – und 21 Salutschüssen und elf Hochrufen für Erzherzöge über ein kompliziertes System von Abstufungen bis zu einem einzigen Salutschuß, mit dem Kriegsschiffe den Salut von Handelsschiffen erwiderten, reichte. Dem Geschützsalut entsprach ein ausgefeiltes und differenziertes Flaggenzeremoniell. Erzherzöge konnten eine eigene Erzherzogsflagge auf den Schiffen führen.

Immerhin bestand die Vorschrift, zum Salutschießen das alte Schießpulver zu verwenden, was in Einzelfällen peinlicherweise dazu führte, daß Salutschüsse nicht losgingen.

In der von den Belastungen der modernen Industrie noch nicht getrübten, von den Inseln Capri und Ischia und dem Vesuv eingesäumten wunderschönen Bucht von Neapel warf die österreichische Fregatte Anker, und Erzherzog Friedrich ging an Land, um seine vielgeliebte Schwester Maria Theresia in die Arme zu schließen. Die beiderseitige Freude war groß. Die 21jährige Erzherzogin von Österreich hatte erst am 9. Januar desselben Jahres in Trient den Witwer Ferdinand II., König beider Sizilien, geheiratet und damit die Habsburgische Heiratspolitik erfolgreich fortgesetzt.

Erzherzog Friedrich besuchte den königlichen Palast in Caserta, vor rund 80 Jahren erbaut, einer der prächtigsten in Europa, und die zahlreichen Sehenswürdigkeiten der Gegend von Neapel, insbesondere auch jene des Golfs und die Schönheiten der Küste. Friedrich wußte, daß Neapel von 1713 bis 1733 zu Österreich gehört hatte, daß hier österreichische Vizekönige geherrscht hatten wie der kunstliebende Vizekönig Alois Graf von Harrach, dessen an die neapolitanische Epoche erinnernden und von ihm in Auftrag gegebenen Kunstschätze noch heute im Schloß Harrach in Rohrau im östlichen Niederösterreich zu bewundern sind.

Den Marineoffizier Friedrich interessierte die Tatsache, daß Österreich in dieser Zeit auch Besitzer einer beachtlichen Kriegsschiffsflotte gewesen war, die von Markgraf Luca Pallavicini als „General der Galeeren und der übrigen Marina" kommandiert und nach dem Verlust des Vizekönigreichs

1733 unter Schwierigkeiten, aber mit Erfolg nach Triest gebracht worden war.

Neapel hatte aber auch erst vor kurzer Zeit während der Napoleonischen Kriege eine wichtige Rolle in der Mittelmeerpolitik der Seemächte gespielt. Die Romanze der englischen Botschaftersgattin Lady Hamilton mit dem englischen Admiral Nelson war in Neapel noch ebenso in Erinnerung wie die durch diesen in den Wirren der dortigen Aufstände befohlene übereilte standgerichtliche Hinrichtung des neapolitanischen Admirals und Malteser-Profeßritters, Frà Francesco Carracciolo, an der Großrah von dessen eigenem Flaggschiff MINERVA.

Nach der Beendigung des Besuches in Neapel lief die Fregatte MEDEA die beiden zum Königreich beider Sizilien gehörenden alten und wichtigen Hafenstädte Messina und Palermo an, wo Friedrich die historischen und die Kunstschätze besichtigte.

Anschließend kreuzte die österreichische Fregatte, zu der seit 1800 zum britischen Weltreich gehörenden Insel Malta, damals auch Haupthafen der englischen Mittelmeerflotte und Sitz des kommandierenden Admirals für das Mittelmeer, Sir Robert Stopford. In dem von britischen Linienschiffen, Fregatten, Korvetten, Briggs, maltesischen Speronaras und Dhgaisas und vielen anderen Schiffstypen vollen und von mächtigen Festungen bewachten, weitverzweigten Großen Hafen von Malta war Erzherzog Friedrich die gegenwärtige britische Flottenmacht ebenso bewußt, wie für ihn die bauliche Prägung des Hafens und seiner ihn umgebenden Teilstädte La Valetta, Vittoriosa und Senglea durch den Malteser-Ritter-Orden unübersehbar war.

Da Erzherzog Friedrich wenige Jahre später in diesen religiösen und hospitalären, militärischen und souveränen Orden des Heiligen Johannes eintreten sollte und die im Zuge des Besuchs der Insel Malta erlebten Eindrücke hiebei auch eine Rolle gespielt haben mögen, sei hier auf die Bedeutung des Ordensstaates von Malta und seiner Marine kurz eingegangen.

Nach Perioden seines Zentralsitzes in Jerusalem, in Akkon, Zypern und dem Verlust der Insel Rhodos war dem Orden die Insel Malta vom Habsburgerkaiser Karl V. im Jahre 1530 übertragen worden. Dem vom Kaiser verfolgten Zweck, daß der Johanniterorden auf der Insel Malta im Abwehrkampf gegen die Türken im Mittelmeer diesen eine ebenso starke Bastion wie vorher auf Rhodos entgegensetze, kam der Orden in den folgenden zweieinhalb Jahrhunderten, gestützt auf den Verteidigungsschild seiner auf Malta erbauten Festungen und auf die Angriffswaffe seiner schlagkräftigen Flotte, voll nach.

Der Große Hafen von Malta wurde im Laufe der Zeit zur mächtigsten Seefestung des Mittelmeeres ausgebaut, und die von der kleinen, aber

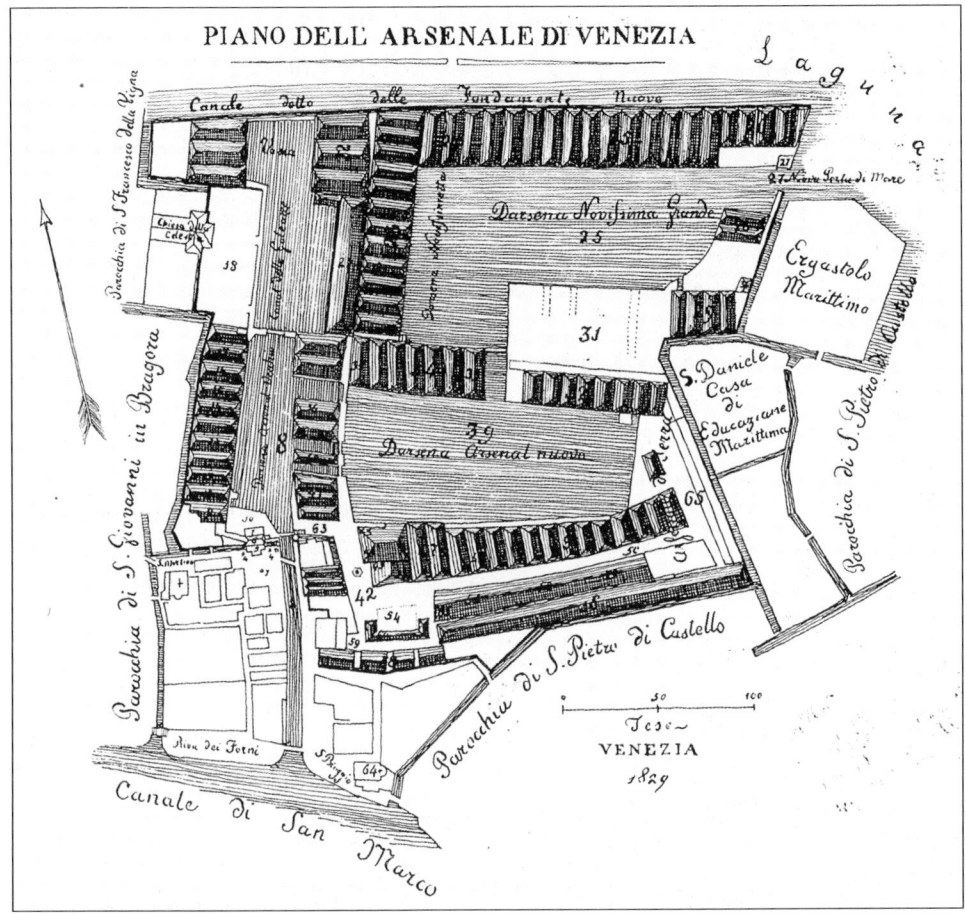

Das österreichische Marinearsenal zu Venedig in der ersten Hälfte des 18. Jahrhunderts.
Venedig 1829.

schlagkräftigen und von ambitionierten Ordensmitgliedern bemannten Malteser Flotte erkämpften Siege waren in Europa zur Legende geworden. Diese Flotte hatte etwa hundert Jahre vor dem Besuch Erzherzog Friedrichs mit vier Linienschiffen, zwei Fregatten und vier Galeeren sowie zahlreichen kleineren Einheiten ihre größte Stärke erreicht, die vergleichsweise wesentlich höher lag als jene der Marine der Großmacht Österreich, in der

47

Friedrich diente. Zahlreiche erfahrene Malteserritter hatten auch in anderen Marinen Europas gedient. Der Besuch Friedrichs in den maltesischen Städten um den Großen Hafen erschloß diesem nicht nur die Pracht des ehemaligen Ordenssitzes, seiner Kirche, die Größe seines Ordensspitals und zahlreichen Kunstschätze, sondern auch eine romantische Impression über die historische maritime Macht und Bedeutung des Malteser-Ritter-Ordens. Dieser war, nachdem er, ähnlich wie Wien, die Osmanen in mehrmaligen Schicksalschlachten als Bastion des christlichen Abendlandes zurückgeschlagen hatte, rund vier Jahrzehnte vor dem Besuch Friedrichs von Napoleon auf seinem Zug nach Ägypten mit Gewalt von der Insel vertrieben worden, unter anderem auch weil die Ritter in ihrem Selbstverständnis die Waffen nur gegen Moslems und Piraten, nicht aber gegen Angehörige des christlichen Europas erheben wollten.

Auf Malta besuchte der Erzherzog die zahlreichen Kunst- und Baudenkmäler, die österreichische und deutsche Malteserritter auf der Insel hinterlassen hatten, und war auch, wie jeder Maltabesucher, über die große Zahl an Kirchen auf der kleinen Insel erstaunt, die so groß war, daß jeden Tag in irgendeiner Kirche Kirchtag gefeiert wurde. Das Glockengeläute auf Malta war und ist allgegenwärtig.

Nach dem Auslaufen aus Malta und nach insgesamt rund zwei Monaten Übungs- und Besuchsaufenthalt im zentralen Mittelmeer kehrte die MEDEA wieder nach Venedig zurück, wo Friedrich am 8. Oktober 1837 wieder an Land ging.

Die folgenden Monate nützte der junge Erzherzog, um sich in Venedig einzurichten, die Stadt besser kennenzulernen und sich mit Eifer seinem Marinedienst hinzugeben. Die fortgesetzte, anstrengende Reisetätigkeit im heißen Klima des Südens, der anstrengende Dienst an Bord und an Land – und wir gesehen haben, wie straff die Ausbildung der Söhne Erzherzog Karls bereits in Wien gewesen war – hatten aber offensichtlich die gesundheitlichen Reserven des 16jährigen Friedrich weitgehend erschöpft. Nach starken Kopfschmerzen befielen ihn Ende Dezember 1837 eine Typhuserkrankung und Anfang Januar ein Nervenfieber, das bald höchst bedrohlichen Charakter annahm. Die vom Regimentsarzt Dr. Fiala in Venedig unterzeichneten Bulletins vom 7. und 8. Januar 1838 ließen bereits das Äußerste für das Leben des Erzherzogs befürchten. Sein besorgter Vater, Erzherzog Karl, war schon auf die erste Nachricht von der Bedrohlichkeit der Krankheit nach Venedig geeilt, wo Friedrich aber die Krise bereits überwunden hatte und sich ab dem 12. Januar bereits klar auf dem Weg der Besserung befand. Der am 23. Januar ebenfalls in Venedig eintreffende Bruder Friedrichs, Karl Ferdinand, fand diesen schon in voller Rekonvaleszenz. Der erleichterte Vater reiste daher Anfang Feber wieder nach Wien ab. Friedrich jedoch behielt von der Krankheit eine vielleicht für ihn schicksalhaft gewordene Schwäche des Verdauungsapparates zurück und hatte auch immer wieder mit Kopfschmerzen zu kämpfen, die ihn im übrigen schon seit seiner ersten Jugend plagten.

Der aufkommende Frühling in Venedig und der Optimismus der Jugend richteten Friedrich jedoch wieder auf, und bald schon sah man ihn mit dem ihm eigenen glühenden Eifer seinen dienstlichen Verrichtungen in der Marine nachgehen und am gesellschaftlichen Leben Venedigs teilhaben.

Der junge Erzherzog und Schiffskapitän Erzherzog Friedrich war im Venedig der damaligen Zeit natürlich eine auffällige Erscheinung, und sein Lehrer Bergmann hat uns eine Schilderung seines Äußeren aus jener Zeit hinterlassen. Friedrich war übermittelgroß, schlank und gut gebaut, wie auch seine zahlreichen Porträts bestätigen. Das Oval seines freundlichen Antlitzes ließ eine Ähnlichkeit mit seinem Großvater Kaiser Leopold II. nicht übersehen. Die hellen Augen unter einer dichten Fülle dunklen Haares, der feine Schnitt der Nase, eine lebhafte jugendliche Gesichtsfarbe und die sanft quellenden habsburgischen Lippen machten ihn dem Betrachter sympathisch, noch bevor er zu sprechen begann.

In der goldbestickten dunkelblauen Dienst- oder Parade-Marineuniform mit den zwei Reihen vergoldeter Knöpfe, goldenen Epauletten, mit Zweispitz, Stiefeln und mit dem an den Beschlägen vergoldeten Degen – der bekannte Marinesäbel wurde erst 1840 eingeführt – war der junge Linienschiffskapitän und Erzherzog sicherlich eine Persönlichkeit im Leben Venedigs, die die Aufmerksamkeit der Öffentlichkeit in besonderem Maß auf sich zog. Wie sein Erzieher von Bergmann berichtete, blieben nicht selten ältere Frauen stehen und flüsterten ihm ein freundliches „Tesoretto" – Welch ein Schatz! – nach. Auch Friedrich selbst konnte sich, wie wir noch sehen werden, der Anziehungskraft der Venezianerinnen möglicherweise kaum entziehen.

Mit der Fregatte GUERRIERA
in der Toskana, Frankreich, Gibraltar und Algier

Nach Ende des landgestützten Ausbildungsabschnitts in der ersten Jahreshälfte 1838 trat Erzherzog Friedrich am 9. Juli eine Ausbildungsreise auf der Fregatte GUERRIERA, wieder als überzähliger Schiffskapitän, in das westliche Mittelmeer an.

Die GUERRIERA war konstruktiv ein Schwesterschiff der MEDEA, auf der Friedrich im vorangegangenen Jahr gesegelt war. Ebenso wie die MEDEA war die von 1811 bis 1830 gebaute Fregatte ein bewährtes Segelschiff der österreichischen Marine und hatte 1833/34 gleichfalls den Atlantik überquert, um politische Flüchtlinge nach New York zu bringen.

Nach Umschiffung der italienischen Halbinsel traf die GUERRIERA am 9. Juli in Livorno ein, wo der übliche Austausch feierlicher Geschützsalute stattfand. Bereits am nächsten Tag empfing Erzherzog Friedrich den Besuch des Großherzogs Leopold II. von Toskana, seines Cousins, und der Großherzogin Maria Antonia, dessen zweiter Frau aus dem Hause Bourbon-Neapel, sowie des damaligen Erbprinzen Ferdinand Karl von Lucca an Bord.

Der Erzherzog der Toskana bemühte sich in seiner Herrschaft redlich, das erfolgreiche Wirken seines Vaters und seines Großvaters aus dem Hause Habsburg-Lothringen fortzusetzen.

Zahlreiche Straßen und Bauten waren neu errichtet, der Hafen von Livorno, in dem die GUERRIERA lag, wesentlich erweitert und Sümpfe trockengelegt worden. Obwohl ein selbständiges Großherzogtum, bestand durch die Dynastie eine enge Verbindung der Toskana zu Österreich.

Nach viertägigem Aufenthalt, zahlreichen Besichtigungen und Festbanketten lief die GUERRIERA wieder von Livorno aus, kreuzte die alte Hafenstadt Genua an und lief am 2. August in die malerische Bucht des französischen Hauptkriegshafens von Toulon ein, der von mehreren schöngelegenen Forts in der Einfahrt geschützt war. Nach Abgabe des Geschützsaluts durch die GUERRIERA wurde der Erzherzog mit den ihm zustehenden 21 Salutschüssen ebenso begrüßt wie durch den feierlichen Empfang der Zivil- und Militärbehörden. Das Ereignis hatte wohl auch für die Franzosen besondere Bedeutung, die sich wahrscheinlich schwerlich an den Besuch eines seefahrenden Prinzen der Casa d'Austria erinnern konnten. Die ihm von der Präfektur angebotenen und vorbereiteten offiziellen Gemächer an Land lehnte Erzherzog Friedrich mit freundlichem Dank ab und übernachtete als echter Seemann immer auf seiner Fregatte. In den folgenden Tagen besuchte der Prinz mit besonderer Aufmerksamkeit die Einrichtungen des Hafens, Kriegsschiffe, das Arsenal und insbesondere die Werkstätte der Kompasse. Nach mehreren offiziellen Festessen führte ihm die französische Marine eine Flottenübung vor, nach deren Abschluß 3000 Mann vor dem österreichischen Erzherzog defilierten.

Von Toulon aus besuchten Friedrich und sein Stab am 9. August mit Schiffsbooten die nahegelegenen idyllischen Hyèrischen Inseln, wo der Bürgermeister in seiner Begrüßungsansprache Erzherzog Friedrich durch seine warmen Worte und den historischen Hinweis auf die zweimalige Schonung der Inseln im Kriege durch österreichische Truppen und den auch auf den Inseln wohlbekannten Ruhm seines Vaters, Erzherzog Karl, besonders erfreute.

Am folgenden Tag, dem letzten seines Aufenthaltes in Toulon, gab Erzherzog Friedrich dem Marinebefehlshaber von Toulon eine Soiree und verließ von einer ehrenvollen Flaggenparade und einer Generalsalve begleitet am 11. August um 6 Uhr früh die schöne Reede des französischen Kriegshafens. Die GUERRIERA legte nach Freisegelung von der französischen Küste südwestlichen Kurs Richtung Gibraltar, wo die Fregatte nach fast vierwöchiger Segelzeit im britischen Marinestützpunkt Anker warf. Gibraltar war im Jahr 1704 während des nach dem Tod des letzten spanischen Habsburgers zwischen Frankreich und Österreich ausgebrochenen Spanischen Erbfolgekriegs, von der mit Österreich verbündeten Flotte Englands, auf der auch der damalige Erzherzog und spätere Kaiser Karl VI. von London nach Spanien gesegelt war, erobert worden und seither wichtiger englischer Flottenstützpunkt geblieben.

Friedrich und sein Stab besichtigten die Marineeinrichtungen, soweit man sie ihm zeigte, denn viele der Anlagen Gibraltars waren geheim.

Von Gibraltar aus erreichte die österreichische Fregatte das östlich gelegene Algier am 7. September und warf in dem Europa durch Jahrhunderte bedrohenden ehemaligen osmanischen Korsarenstützpunkt am 7. September Anker.

Beim Einlaufen in den Hafen von Algier erinnerte sich Friedrich wohl auch seines Vorfahren Kaiser Karls V., der im Jahr 1541 mit einer christlichen Armada vor Algier gelandet war, um dieses wiederzuerobern, wobei aber ein in der forgeschrittenen Jahreszeit aufkommender Sturm die Landungsflotte zerstreute und das erfolgreich begonnene amphibische Unternehmen in einem Fiasko enden ließ, in dem die den Rückzug deckenden Malteserritter noch das Ärgste verhütet hatten. Der bei den Leibtruppen des Kaisers stehende und auch die Galeeren von Malta kommandierende Malteserritter Frá Georg von Schilling-Cannstadt hatte sich mit seinem

Ritter des Goldenen Vlieses und Oberstinhaber des Infanterieregiments No. 16, Litographie v. J. Kriehuber (1840/41).

Orden bei dieser Operation und anderen derartig ausgezeichnet, daß der Kaiser ihm als Großprior von Deutschland für seine Residenz Heitersheim den Status eines Reichsfürstentums verlieh, eine ordensritterliche Landesherrschaft, die wiederum zu Vorderösterreich gehörte. Friedrich mag sich auch der Schiffsverluste erinnert haben, die Österreich durch algerische Korsaren erlitten hatte, der aus den Erblanden stammenden Sklaven, die von jenen genommen worden waren, und auch der formellen Kriegserklärung, die der Bey von Algerien im Jahre 1764 an Österreich abgegeben hatte und die in erster Linie die österreichische Handelsschiffahrt bedrohte. Die österreichische Marine war damals so klein, daß das Kommando über die daraufhin erbauten zwei österreichischen Fregatten einem im Seekrieg gegen die nordafrikanischen Barbaresken erfahrenen Kapitän, dem Malteserritter Frá Charles de Meaussée übergeben werden mußten, dessen Degen noch heute im Heeresgeschichtlichen Museum in Wien ausgestellt

Wilhelm Freiherr von Lebzeltern, Erzieher, Obersthofmeister und treuer Begleiter Friedrichs 1832-1847.

ist. Nach einer durch hohe Schutzzahlungen europäischer Seehandelsländer erkauften Friedensphase in den letzten Jahrzehnten des 18. Jahrhunderts war es in den Napoleonischen Kriegen zu einem schamlosen Wiederaufflammen der nordafrikanischen Staatspiraterie gekommen, der, soweit es Algier betraf, durch die Eroberung dieser Herrschaft durch die Franzosen im Jahre 1830 ein Ende bereitet worden war. Auch österreichische Freiwillige, wie etwa Prinz Friedrich von Schwarzenberg in der Uniform eines Malteserritters, hatten daran teilgenommen.

Erzherzog Friedrich hätte gerne die geschichtsträchtige, orientalische und reizvolle „weiße" Stadt sowie das Hinterland von Algier, das von den

Franzosen in europäischem Sinne aufgebaut wurde, besucht, doch legten die französischen Hafenbehörden der GUERRIERA eine fünftägige Quarantäne auf, auf die sich die Schiffsführung der österreichischen Fregatte auch aus seemännischen Gründen auf der unwettergefährdeten offenen Reede von Algier nicht einlassen wollte und daher mit Ausdrücken des Bedauerns an den französischen Befehlshaber, Marschall Valée, Richtung Heimatgewässer auslief.

Nach Anlaufen und kurzem Besuch der unter britischer Verwaltung stehenden Insel Korfu kehrte die GUERRIERA im Oktober 1838 wohlbehalten nach Venedig zurück. Friedrich hatte während der mehr als dreimonatigen Kreuzfahrt auf der Fregatte nicht nur ausgiebig Gelegenheit gehabt, seine praktische Seemannschaft zu vervollkommnen, sondern auch das österreichische Kaiserhaus und sein Land bei verschiedenen Gelegenheiten würdig zu vertreten. Sein Gesundheitszustand hatte sich nach der schweren Erkrankung im vorangegangenen Winter deutlich verbessert, er war braungebrannt, wirkte erstarkt und von blühender Jugend.

Unmittelbar nach Friedrichs Rückkehr erhielten Venedig und die k. k. Marine den hohen Besuch Kaiser Ferdinands, der Anfang September 1838 in Mailand mit der Eisernen Krone des Königreichs der Lombardei gekrönt worden war. Der knapp zweiwöchige Aufenthalt des Kaisers, seiner Gemahlin Maria Anna und seines Hofstaates ab dem 5. Oktober war in Venedig durch ein reichhaltiges Programm von Festlichkeiten und Besichtigungen ausgefüllt, die in starkem Maß auch der Marine galten. Schiffskapitän und Erzherzog Friedrich war hiebei überall eingesetzt und führte insbesondere bei der Einfahrt des Kaiserpaares in Venedig – eine Landverbindung gab es noch nicht – das Kommando über das kaiserliche Galaboot. Paraden der Marinetruppen, Schiffs- und Arsenalbesichtigungen, Schiffsexerzieren und Marinemanöver, Besichtigungen der Hafenausbauten, ein Stapellauf, Schiffstaufen, Kielholungen und andere maritime Besichtigungen und Vorführungen veranlaßten den Kaiser abschließend, seine volle Befriedigung über das Gesehene auszusprechen. Der Stellvertreter des Marineoberkommandanten, Konteradmiral Graf Danoldo, wurde zum Vizeadmiral ernannt. Auch Erzherzog Friedrich erhielt noch in diesem Jahr den Hausorden vom Goldenen Vlies. Nach Ende des Kaiserbesuches reiste Friedrich nach Wien, um seine Familie wiederzusehen und mit ihr Weihnachten zu feiern.

Kommandant der Korvette CAROLINA
und der Schiffsdivision Lissa

Zu Beginn des Jahres 1839 wurde der bis dahin überzählige Schiffskapitän Erzherzog Friedrich zum Kommandanten der Korvette CAROLINA und zum Befehlshaber der Schiffsdivision Lissa, der heutigen Insel Vis, in der Adria, ernannt.

Die Korvette CAROLINA war 1819 im Beisein Kaiser Franz' I. in Venedig vom Stapel gelaufen, war 41 Meter lang, 10,7 Meter breit und wies eine Wasserverdrängung von 810 Tonnen und eine Bewaffnung von 24 Achtzehnpfündern und zwei Jagdschützen auf. Die CAROLINA war zu jenem Zeitpunkt das weitestgereiste Schiff der k. k. Marine, sie war 1820 bis 1822 nach China gesegelt und hatte von 1828 bis 1830 auch am Marokkounternehmen teilgenommen.

Mit der Übernahme des Kommandos über die Schiffsdivision Lissa hatte Friedrich das erste Mal Gelegenheit und auch die Verpflichtung, als Verantwortlicher die Flottenpräsenz in der Adria und den praktischen Dienst, vor allem aber die tiefeingewurzelten, teilweise erstaunlichen Gepflogenheiten auf den an der dalmatinischen Küste stationierten Schiffen näher kennenzulernen.

Diese Erfahrungen waren für den späteren Marineoberkommandanten äußerst lehrreich und teilweise bestürzend und hätten wohl der Feder eines Roda-Roda bedurft, um stilgerecht beschrieben werden zu können, denn es herrschte ein Kakanien zur See, dessen Beschreibung wir im folgenden der Feder österreichischer Marineoffiziere der damaligen Zeit überlassen wollen.

So schwer es heute nach dem Bau der großen Küstenstraße und zahlreicher internationaler Flughäfen in den Jahren nach dem Zweiten Weltkrieg und angesichts einer bis zum neuesten Krieg aufgeblühten, ja teilweise überzogenen Tourismusindustrie und Hunderttausender nach Süden rollender Autos und Tausender von Schiffen, Yachten und Ausflugsbooten vorstellbar ist, so sehr war die dalmatinische Küste in der Zeit des Biedermeier ein wirtschaftlich unterentwickeltes Gebiet, welches Österreich von Venedig geerbt hatte.

Hinter einem schmalen Küstenstreifen, der immer von Venedig behauptet worden war und nun zu Österreich gehörte, begann das osmanische Weltreich, und die türkischen Karaulen – Wachttürme – und ihre Besatzungen blickten auf den österreichischen Küstenstrich herab. Mit Ausnahme der wenigen größeren Hafenstädte, unter ihnen vor allem Zara, das heutige

Zadar, und Ragusa, das heutige Dubrovnik, war der verarmte Küstenstreifen ein Land des Hungers, und die Einwohner hatten es zum großen Teil verlernt, wie in früheren Zeiten rasche Küstensegler zu bemannen und auf Korsarenfahrt zu gehen, und sie hielten sich daher zum Großteil durch Wein- und Olivenanbau am Leben. Im blendenden Licht der Sonne leuchteten die verkarsteten weißgrauen Hänge der Gebirge auf die Segelschiffe herab, und manche Halbinseln und Inseln ragten wie riesige Geröllhaufen aus der blauen See.

Dalmatien wirkte über weiteste Strecken wie eine versteinerte Mumie auf die dort Dienst tuenden Seeoffiziere, wenn man die schrillen Dissonanzen des schon damals aufkeimenden Nationalitätenhaders nicht als Erwachen ansehen wollte. Innerhalb der Mauern der alten Städte herrschten noch die italienischen Nachkommen der Venezianer, außerhalb der Stadtmauern die slawisch sprechende Bevölkerung, gleich hinter der immer nahen Grenze die Moslems.

Als Fremde in fremdem Land standen Österreichs Seeoffiziere auf den schwankenden Planken ihrer Schiffe, die ihre Heimat waren. Die Sprache der Italiener und der Kroaten hatten sie für ihren Dienst auf den Schiffen und an der dalmatinischen Küste rasch erlernt, niemals jedoch lernten sie deren Denken.

Die damals charakteristische Diensteinteilung brachte es häufig mit sich, daß, wenn ein junger Offizier das begehrte Kommando über einen der kleinen Schoner in Dalmatien endlich erreicht hatte, er oft jahre-, ja jahrzehntelang in dieser Position verblieb. So sehr daher das selbständige Kommando die Einsatz- und Führungsfähigkeiten der jungen Schiffsoffiziere frühzeitig förderte, so groß war die Versuchung, sich dem gemütlichen Leben des Südens hinzugeben, das dann letztlich nicht wenige Opfer unter den Offizieren forderte. Die im Grenz- und Zollschutz zur Vermeidung des Salz- und Tabakschmuggels eingesetzten Penichen waren vollkommen auf sich selbst gestellt und weitab von den vorgesetzten Stellen. Häufig an einem bestimmten Punkt der Küste stationiert, kreuzten sie langsam die Küste entlang oder ankerten die längste Zeit in einer Bucht. Die Segel wurden selten gesetzt und noch seltener an den Geschützen mehr getan, als den morgendlichen Flaggenschuß zu lösen und danach die Stückpforte wieder zu schließen. Die gelegentliche Jagd auf einen Schmuggler, das Fischen in den damals fischreichen Gewässern und Jagdgänge an Land waren die einzige Abwechslung. Die Matrosen gähnten und lagen an Deck herum, während die Offiziere zum Nachtmahl mit langen

Tschibuks sich bei ihrem Kommandanten auf dem Achterdeck einfanden. Dort war unter einigen aufgehängten Laternen und dem Knarren der Takelage die Gemütlichkeit der Hemdsärmel zu Hause. Eine allgemeine Verloderung war bei diesem Dienstbetrieb nicht zu verwundern.

An der Grenze zwischen den äußersten Vorposten Europas und dem islamisch-osmanischen Reich stationiert, erlagen nicht wenige junge Offiziere der Emanation des Orients, ließen sich zu Mitwirkung am Schmuggel und Privatgeschäften verführen und zerstörten so ihre Karriere.

Zwei Beispiele mögen dies illustrieren. Ein junger Venezianer war zu jener Zeit Kommandant einer österreichischen Marinepeniche und gleichzeitig Sohn und Teilhaber eines alten Reeders, dessen Haupteinnahmequelle im Salzschmuggel bestand. Die Zollbehörden waren jedoch darüber genau informiert, und als einmal ein Transporttrabakel des genannten Reeders gemeinschaftlich von mehreren Schiffen der Marine gejagt wurde, erging – sicherlich mit einiger Schadenfreude – der Befehl an den jungen Kommandanten der Peniche, das in Sicht gekommene Trabakel zu stellen. Der junge Marineoffizier ging bereitwillig auf den Befehl ein, verfolgte energisch das väterliche Trabakel und hatte dieses bereits in eine aussichtslose Position manövriert, als der Seeoffizier durch ein scheinbar ungeschicktes Manöver seinen Marineschoner auf Grund segelte, so daß das Trabakel ungehindert entkommen konnte. Eine langjährige Untersuchung war die Folge, führte zu keinem Ergebnis und wurde schließlich im Revolutionsjahr 1848 niedergeschlagen.

In der Bucht von Klek, unweit der Narentamündung, wo heute der Ort Neum liegt, reichte das damals türkische Bosnien-Herzegowina ebenso wie heute bis an die adriatische Küste und schnitt diese politisch in zwei Teile. Tabak, im osmanischen Weltreich beheimatet, war an diesem schmalen türkischen Küstenstreifen ein beliebtes Schmuggelgut, aber auch eifersüchtig gehütetes Monopol der österreichischen Tabakregie, deren Interessen die dort stationierten österreichisch-venezianischen Marinefahrzeuge ebenso zu schützen hatten wie jene des Salzmonopols. In der Praxis war das damals wie heute ein vergebliches Bemühen, und nicht wenige der Schiffsbesatzungen waren an dem schwunghaften Schmuggel, wie wir aus den Quellen wissen, selbst irgendwie beteiligt.

Ein bezeichnendes Schlaglicht auf den Geist, der auf diesen an der buchten- und inselreichen dalmatinischen Küste stationierten Marineschonern herrschte, mag die Tatsache werfen, daß, als in späteren Jahren endlich die

Einziehung dieser Schoner befohlen worden war und deren Kommandanten von den für sie schlechten Nachrichten Wind bekommen hatten, der mit der Benachrichtigung beauftragte Marinedampfer CURTATONE volle fünf Monate brauchte, bis er alle Fahrzeuge aufgefunden hatte!

Für den Kommandanten der Marinestation in Lissa waren dies alles wertvolle Erfahrungen, aus denen er seine Schlüsse und später als Marineoberkommandant auch entsprechende Konsequenzen für die Laufbahnplanung der jungen Marineoffiziere zog.

Seereise nach Griechenland

Nach mehreren Monaten Dienst an der dalmatinischen Küste lief Schiffskapitän Erzherzog Friedrich am 26. Juni 1839 mit der Korvette CAROLINA von Venedig Richtung Griechenland aus. Mit dem Anfang dieser Reise begann Friedrich ein Tagebuch zu führen, in dem er seine Erlebnisse, die besichtigten Örtlichkeiten, die Verhältnisse und die Personen, die er treffen sollte, aufzeichnete, wobei er besonders die seinen seemännischen Beruf betreffenden Einzelheiten wie Arsenale, Schiffe, Marinespitäler, Festungen, Kasernen und ähnliches auf das genaueste erfaßte.

Besonders gerne und im Detail beschrieb er auch die besichtigten antiken Stätten und bezog sich hiebei auf die antiken Schriftsteller Herodot und Pausanias.

Erzherzog Friedrich wollte die bevorstehende Reise protokollarisch ausdrücklich nur als einfacher Schiffskapitän und nicht als habsburgischer Prinz absolvieren und traf auch entsprechende Anordnungen, doch er konnte seiner angeborenen Stellung als Mitglied des österreichischen Kaiserhauses, auch wenn er wollte, nicht entgehen.

Als die CAROLINA daher nach kurzer Segelreise Ende Juni die ebenso wie die übrigen Ionischen Inseln unter englischer Herrschaft stehenden altvenezianischen Seefestung Korfu grüßte, donnerten wieder die dem Erzherzog zustehenden 21 Salutschüsse über die Reede, und er wurde mit vollem Zeremoniell empfangen. Unter ortskundiger Führung des österreichischen Generalkonsuls von Mayersbach und in Begleitung seines Schiffsstabes besuchte Erzherzog Friedrich die landschaftlich schöne Insel und mit englischen Offizieren jene Teile der militärischen Einrichtungen, die für Fremde zugänglich waren. Die Insel Korfu, am südlichen Ausgang der

Adria gelegen, war von seestrategisch größter Bedeutung für die Kontrolle der Schiffahrt in der Adria und sollte dies insbesondere auch im Ersten Weltkrieg entscheidend unter Beweis stellen. Für die britische Seemacht waren daher Insel, Hafen und Festungen von Korfu als Flottenstützpunkt von großer Wichtigkeit. Die auf den Ionischen Inseln lebenden Griechen schienen mit der britischen Präsenz jedoch nicht sehr zufrieden gewesen sein, wie Friedrich in seinem Tagebuch bemerkte.

Die Korvette CAROLINA, mit der Schiffskapitän Friedrich als Kommandant 1839 die Schiffsdivision Lissa befehligte und eine Reise nach Griechenland unternahm.

Am 6. Juli 1839 segelte die CAROLINA nach Zante, dem heutigen Zakynthos weiter, wo Friedrich die Zitadelle und die Sehenswürdigkeiten der Insel besichtigte und beschrieb. Nach Auslaufen und Umsegelung des Peloponnes, vorbei an den antiken Häfen von Navarino, dem heutigen Pylos, wo erst zwölf Jahre vorher eine alliierte Segelschiffflotte in der letzten großen Schlacht von Segelschiffen in der Geschichte die türkisch-ägyptische Flotte vernichtet und damit die Befreiung Griechenlands besiegelt hatte, vorbei an den alten venezianischen Seefestungen Modon und Coron bei der Insel Kythera in die Ägäis einsegelnd und die erste Hauptstadt des modernen Griechenland, Hydra, auf der gleichnamigen Insel, passierend, lief die CAROLINA am 11. Juli in den Hafen von Piräus ein.

Der aus der alten Geschichte Griechenlands berühmte Hafen war erst vor kurzer Zeit mit Hilfe der europäischen Großmächte wiederhergestellt worden und war auch Haupthafen der jungen griechischen Kriegsmarine. In Piräus wurde der Erzherzog vom k. k. Gesandten Baron Anton von Prokesch-Osten, der 1815 im Büro des Erzherzogs Karl in Mainz gearbeitet hatte, empfangen. Prokesch von Osten war schon zum Zeitpunkt des Besuches Friedrichs einer der hervorragendsten österreichischen Offiziere, Diplomaten und Orientalisten und sollte in späteren Jahren noch weiter Karriere machen und den Grafenstand erlangen. Erzherzog Friedrich jedenfalls konnte sich keinen besseren Führer durch die griechischen Altertümer, die Geschichte der Levante, aber insbesondere auch die gegenwärtige prekäre politische Situation, hervorgerufen durch einen permanenten Konflikt zwischen der Hohen Pforte in Konstantinopel und ihrem ägyptischen Vizekönig Mehmet Ali, wünschen.

In den kommenden Tagen stattete Erzherzog Friedrich in Begleitung von Lebzeltern und Marinovich dem griechischen Königspaar Otto und der aus Oldenburg stammenden Königin Amalie in ihrem Schloß in Athen einen offiziellen Besuch ab. Der damals 24jährige König Otto, zweiter Sohn König Ludwigs I. von Bayern, war erst sechs Jahre vor dem Besuch Friedrichs von der griechischen Nationalversammlung zum ersten König gewählt worden und versuchte sein junges Königreich mit Milde und Bemühen zu regieren, was ihm aber letztlich auch nicht die Anerkennung des griechischen Volkes einbrachte, das ihm in späteren Jahrzehnten insbesondere vorwerfen sollte, zu wenig für die Erweiterung des griechischen Staatsgebietes zu Lasten des osmanischen Reiches getan zu haben, und ihn zur Abdankung zwang.

Zum Zeitpunkt des Besuches Friedrichs war das junge Königspaar aber noch unbeschwert, freute sich über den Besuch des Erzherzogs und veranstaltete neben offiziellen Einladungen auch Landpartien und Spazierritte, so einen auf den Berg Pentelikos, wo dann am Abend, wie sich Friedrich in seinem Tagebuch erinnerte, unter einem Gezelte gespeist und darauf im Freien getanzt wurde, wobei die gesamte Gesellschaft von den beiden Majestäten angefangen, fröhlich und ungeniert war.

Am 14. Juli war Friedrich bei der feierlichen Grundsteinlegung der Universität von Athen anwesend und fuhr am Nachmittag zum Kanal und zur Insel von Salamis, wo Prokesch von Osten aus Herodot über die berühmte Seeschlacht im Jahre 480 v. Chr. gegen die Perser vorlas. Unter der hervorragenden und fachkundigen Führung Prokesch von Ostens besuchte Friedrich natürlich alle wesentlichen antiken Stätten von Athen und Umgebung, den Hafen von Phaleron, Munychia und Korinth, wohin am 18. Juli geritten wurde.

In der darauffolgenden Nacht um ein Uhr früh lichtete die CAROLINA ihren Anker in Piräus und kam nach einer Reise von 19 Tagen, an denen regelmäßig Segel- und Geschützexerzieren durchgeführt wurde, am 7. August 1839 glücklich auf der Reede von Triest an. Dort erwartete den Schiffskommandanten Erzherzog Friedrich ein Schreiben des Hofkriegsratspräsidenten Graf von Hardegg und ein weiteres des nun in Lissa kommandierenden Schiffskapitäns Sourdeau, die ihm aufgrund neu eingetretener Umstände befahlen, das Kommando über die Korvette CAROLINA an den in Triest befindlichen Korvettenkapitän Logotetti abzugeben, was Friedrich am folgenden Tag befehlsgemäß auch durchführte.

V

IN DER ÄGÄIS UND IN
KONSTANTINOPEL

Da nun der Erzherzog ohne Schiff war und das Flottenkommando ihm keine weiteren Informationen geben konnte, reiste Friedrich am 9. August 1839 von Triest nach Wien ab, um die weiteren Befehle des Hofkriegsratspräsidenten einzuholen. Zwei Tage später traf er abends auf der Weilburg ein, wo er sich für die nächsten sechs Tage niederließ und sich der Wiedersehensfreude mit seiner Familie hingab. In dieser Zeit traf dann auch der Befehl des Hofkriegsratspräsidenten Hardegg ein, unverzüglich das Kommando der Fregatte GUERRIERA zu übernehmen und zu der in der Ägäis stehenden österreichischen Levanteeskader zu stoßen, um jene für eventuell zu erwartende Auseinandersetzungen mit Mehmet Ali von Ägypten zu verstärken, über die später noch eingehend die Rede sein wird. Friedrich verließ demgemäß umgehend Baden Richtung Triest, wo er auf den nach Wien durchreisenden österreichischen Gesandten beim Königreich Griechenland, Oberst von Prokesch von Osten, traf, der ihn über die letzten Ereignisse in der Levante ins Bild setzte.

Linienschiffskommandant Erzherzog Friedrich übernahm am 22. August 1839 in Triest das Kommando über die bereits voll kriegstauglich ausgerüstete Fregatte GUERRIERA, die er von seiner Reise im Jahre 1837 gut kannte, und stach noch am Abend desselben Tages in See.

An Bord befanden sich neben ihm an Offizieren der zweite Kommandant Fregattenkapitän Marinovich, sein Navigationslehrer, zwei Oberleutnants, ein Unterleutnant, ein Rechnungsführer, zwei Ärzte, ein Kaplan und sechs Kadetten, von denen wir teilweise noch einiges hören werden, sowie Oberst von Lebzeltern. An Bord befand sich aber auch der 20jährige soeben bei der Marine angemusterte Artilleriesoldat Cesare Vimercati, dessen Tagebuchaufzeichnungen und schriftstellerischem Talent wir eine gefühlvolle und farbenreiche Schilderung der folgenden Einsatzfahrt der GUERRIERA verdanken.

Der Reiz der Veröffentlichung Vimercatis liegt in der von den romantischen Gefühlen seiner Zeit getragenen Schilderungen der gemeinsamen Reise aus dem Blickwinkel eines neuen, unerfahrenen Mannschaftsmitglieds: erfrischende Erzählungen, die einen interessanten und aussagefähigen Kontrast zu den offiziellen Quellen über diese Seefahrt und auch zum persönlichen Tagebuch Erzherzog Friedrichs bilden und dem Leser aufschlußreiche Details aus dem Bordleben jener Zeit erschließen. Um es vorwegzunehmen, Vimercati sang das Lob seines jungen Kriegsschiffkommandanten Erzherzog Friedrich, der als Ergebnis einer liebenswürdigen Veranlagung und einer entsprechenden Erziehung später nicht nur den richtigen Ton in den verwickelten Kommandostrukturen einer aus drei Flotten und vier Verbündeten zusammengesetzten Allianz, sondern auch gegenüber seinen Besatzungsmitgliedern getroffen zu haben scheint, was zu seiner allgemeinen Beliebtheit in der österreichischen Flotte beitrug.

Wegen widriger Winde gelangte die GUERRIERA, den Peloponnes umsegelnd, erst etwa zweieinhalb Wochen später in die Nähe der damals türkischen Insel Chios in der Nordägäis, wo sie am Abend des 11. September ankerte. Auf Chios besuchte der Erzherzog den Pascha der Insel, einen welterfahrenen Mann, wie er schrieb, besichtigte die Zitadelle des Hafens, spazierte völlig inkognito durch die belebten Straßen der Hafenstadt und hielt seine Eindrücke mit Genauigkeit und versehen mit historischen Beigaben wie üblich in seinem Tagebuch fest. Nach zwei Tagen Aufenthalt verließ die GUERRIERA Chios und langte kurz darauf im Hafen des befreundeten türkischen Reiches von Smyrna ein, wo er vom Kommandanten der österreichischen Levante-Eskader, Konteradmiral Bandiera, mit 21 Salutschüssen seines Flaggschiffes MEDEA begrüßt wurde, welchem Salut sich die ebenfalls dort liegenden englischen und französischen Kriegsschiffe mit einer entsprechenden Anzahl von Kanonenschlägen anschlossen. Die geräumige Bucht von Smyrna rauchte zu Ehren des habsburgischen Prinzen vor Pulverdampf.

Auf der Reede von Smyrna

Mit der Ankunft bei der österreichischen Levante-Eskader trat Linien-schiffskapitän Erzherzog Friedrich unter das Kommando des erfahrenen und in der österreichisch-venezianischen Marine zu Ehren ergrauten damals 55jährigen Konteradmirals Baron Freiherr Franz von Bandiera. Bandiera, 1785 in Venedig geboren, war früh in die Marinelaufbahn eingetreten, hatte in der italienisch-venezianischen, dann von 1798 bis 1803 in der ersten österreichisch-venezianischen Marine gedient und war 1814 als Schiffsfähnrich I. Klasse in die zweite österreichisch-venezianische Marine übernommen worden. Bereits 1821 war er Kommandant mehrerer Goeletten, Briggs und der Korvette CAROLINA zum Schutz des österreichischen Handels in der Levante gewesen, wobei er sich mehrmals in kritischen Operationen hatte auszeichnen können. So hatte er 1827 als Kommandant der Goelette ARETHUSA zwei von den Griechen konfiszierte österreichische Handelsschiffe unter den drohenden Kanonen des Hafens Nauplion herausgeholt und mit Energie die Durchsuchung eines österreichischen Handelskonvois durch griechische Schiffe verhindert, wofür er im selben Jahr 1827 den Orden der Eisernen Krone II. Klasse erhielt. Bei den Operationen der österreichischen von Bandiera befehligten Eskader vor der marokkanischen Küste zum Schutze der österreichischen Handelsschiffahrt hatte er sich weitere Verdienste erwerben können und war von Kaiser Franz I. in den Freiherrnstand erhoben und mit dem Kommandeurkreuz des Leopolds-Ordens ausgezeichnet worden.
Noch am Abend der Ankunft Erzherzog Friedrichs auf der Reede von Smyrna kam Konteradmiral Bandiera zu ihm an Bord, um ihn über die letzten wenig Gutes verheißenden Entwicklungen der politischen Lage in der Levante zu informieren, die vorläufig noch von der Diplomatie beherrscht war und daher momentan wenig Aktionsbedarf für die österreichische Levante-Eskader bot. Bald darauf erschien auch der österreichische Generalkonsul in Smyrna, Herr von Chabert, an Bord und bot Friedrich seine Dienste an, der die Herren zum Diner einlud.

In den nächsten vierzehn Tagen und den darauffolgenden Monaten, die Erzherzog Friedrich im wesentlichen auf der Fregatte GUERRIERA von Smyrna verbrachte, entwickelte sich ein reges politisches und gesellschaftliches Leben um den jungen und gastfreundlichen Prinzen, der es seinem finanziell äußerst fundierten Vater wohl zu danken wußte, daß dieser ihn in großzügigster Weise mit ausreichenden Mitteln versehen hatte. Dies ermöglichte es Erzherzog Friedrich, weit über seinen Rang als Linienschiffskapitän hinaus, zahlreiche, sicher kostspielige Einladungen auszusprechen, die nicht nur seinem persönlichen Ruf dienten, sondern auch dazu beitrugen, das Ansehen der österreichischen Eskader, der österreichischen Flotte und Marine, der Dynastie und des Staates Österreich bei den türkischen Behörden und den vor Smyrna ankernden europäischen Flotteneinheiten zu fördern. Daß er dabei notgedrungen den im militärischen Rang höheren Eskaderkommandanten Baron von Bandiera gesellschaftlich und politisch laufend übertreffen mußte, scheint dem guten Einvernehmen zwischen beiden keinen Abbruch getan zu haben und stellt beiden ein gutes Zeugnis für ihren Takt und ihr Einfühlungsvermögen aus.

Wie sehr in ähnlichen Situationen finanziell weniger gut dotierte Geschwader- und Schiffskommandanten quälend gefordert werden konnten, kennen wir aus der englischen Marineliteratur oder etwa aus der Biographie des finanziell sehr beschränkten jungen Schiffskommandanten Tegetthoff, des späteren Siegers von Lissa.

Auf der GUERRIERA erschienen jedenfalls als Besucher der Gouverneur von Smyrna, dessen oberster islamischer Richter, der Mullah, der griechisch-orthodoxe und dann der katholische Erzbischof, die Konsuln der in Smyrna repräsentierten europäischen Mächte und die Kommandanten der vor Smyrna ankernden türkischen, englischen und französischen Geschwader. Für fast alle diese Besucher wurde an Bord der GUERRIERA ein Schiffsdiner gegeben, und Erzherzog Friedrich mußte dann auch den entsprechenden Gegeneinladungen Folge leisten.

Auch in Smyrna ansässige österreichische Handelsleute machten dem Prinzen ihre Aufwartung und sprachen Einladungen aus. Erzherzog Friedrich befand sich daher auch oft in der alten Handelsstadt, die er in seinem Tagebuch eingehend beschrieb. Natürlich besuchte er auch die militärischen Einrichtungen der großen Hafenstadt sowie den damals noch existierenden großen Sklavenmarkt.

Friedrich mag sich im Zuge seiner historischen Studien hiebei auch der Tatsache bewußt geworden sein, daß die Stadt Smyrna im Jahre 1344 durch eine unter dem Kommando des Admirals des Johanniterordens, Frá Giovanni de Biandrate, stehende christliche Allianzflotte von den Osmanen erobert worden und bis zur Einnahme durch Tamerlan im Jahre 1402 auch von diesem Orden durch mehr als ein halbes Jahrhundert verwaltet worden war.

Anfang Oktober segelten die österreichischen Fregatten MEDEA und GUERRIERA nach dem etwa achtzehn Seemeilen von Smyrna liegenden Flecken Orlak, wo die Wasservorräte ergänzt und gemeinsame und einzelne Übungsmanöver und Schiffsexerzieren ausgeführt wurde. Nach acht Tagen nach Smyrna zurückgekehrt, freute sich Erzherzog Friedrich über den Besuch der von der kürzlich stattgefundenen Inthronisation des jun-

Die Fregatte GUERRIERA, als deren Kommandant Erzherzog Friedrich 1839-1841 nach der Türkei, Griechenland, Konstantinopel und Alexandria segelte und am Syrischen Krieg teilnahm.

gen Sultans Abdul Medschid zurückreisenden österreichischen Delegierten, General Heinrich von Hess und Graf von Zichy.

Am 24. Oktober kam das mächtige englische Geschwader mit elf Linienschiffen und zahlreichen kleineren Einheiten unter dem Kommando des Befehlshabers der englischen Mittelmeerflotte, Admiral Sir Robert Stopford, auf der Reede von Smyrna an. Neue Salutsalven, Einladungen, Gegeneinladungen und Schauexerzieren waren die Folge.

Der junge Erzherzog machte auch mehrere Ausflüge in die Umgebung Smyrnas, so insbesondere auch eine viertägige Exkursion nach dem antiken Ephesus; eine Reise, die der Prinz als äußerst befriedigend und unterhaltsam empfand und sie auch als solche seinem Tagebuch anvertraute.

Auf dem Rückweg von der sumpfigen Uferlandschaft von Ephesus befiel den Erzherzog wie auch den größten Teil seiner Begleitung ein ephemeres rheumatisches Fieber, vielleicht Malaria, das anfangs eine ähnlich schwere Erkrankung wie vor zwei Jahren befürchten ließ. Nach einer Woche war Friedrich jedoch gesundet und konnte wieder in seinen Dienst eintreten.

Am 4. November wurde der Namenstag seines Vaters, Erzherzog Karl, an Bord der GUERRIERA unter anderem auch mit einer Flaggengala feierlich begangen.

An Bord widmete sich Friedrich in den langen Wochen der Ankerzeit hauptsächlich dem praktischen Schiffsdienst und seinen Studien und machte mit Korvettenkapitän Marinovich astronomische Beobachtungen. Die Schiffsmannschaft übte er im Scheibenschießen und im Nahkampf sowie immer wiederkehrend im Schiffsexerzieren. Mit der ihm eigenen Herzlichkeit besuchte er häufig die in einem Spital an Land versorgten kranken österreichischen Offiziere und Mannschaften. Abends lud er gewöhnlich seinen Schiffsstab, häufig seinen Konteradmiral Baron von Bandiera und ebenso andere Personen in seine Kapitänskajüte zum Diner.

Anfangs Dezember wurde Erzherzog Friedrich vom Prinzen von Joinville besucht und erwiderte die Visite. Ende Dezember machte der französische Contre-Admiral La Susse seine Aufwartung an Bord der GUERRIERA, der dem Erzherzog bei dessen Gegenbesuch sein ausgezeichnet gehaltenes Schiff zeigte. Friedrich scheint von diesem so beeindruckt gewesen zu sein und sich mit dem Contre-Admiral so gut verstanden zu haben, daß ihm dieser eine Woche später mit seinem 120-Kanonen-Linienschiff ein realistisches und beeindruckendes Kriegsspiel präsentierte, bei dem 500 Schuß abgefeuert wurden. Bei der anschließenden Einladung des Contre-Admirals und seiner Offiziere durch Erzherzog Friedrich unterhielt man sich sehr angeregt über Prinzipien der Schiffs- und Mannschaftsführung, und Erzherzog Friedrich war von dem Kontakt mit dem erfahrenen Seemann offensichtlich begeistert.

Dieser hatte wiederum die günstige Gelegenheit ergriffen, um einem Mitglied des österreichischen Kaiserhauses die Kampfkraft der französischen Flotte vorzuführen, ein wohlüberlegter Schachzug in der gegebenen Situation, die politisch auf des Messers Schneide stand und Frankreich, das mit

Mehmet Ali von Ägypten sympathisierte, als möglichen Kriegsgegner Österreichs nicht ausschloß.

Durch den österreichischen diplomatischen Vertreter in Konstantinopel, dem „Internuntius" Baron von Stürmer, wurden Konteradmiral Bandiera und Erzherzog Friedrich von dem dringenden Wunsch des jüngst inthronisierten Sultans Abdul Medschid in Kenntnis gesetzt, daß er so bald wie möglich den österreichischen Prinzen bei sich in Konstantinopel als Gast zu begrüßen wünschte, ein Ansinnen, das von Stürmer aus politischen Gründen wärmstens unterstützt wurde. Friedrich wollte sich jedoch ohne ausdrückliche Genehmigung des Hofkriegsrates nicht von der österreichischen Eskader entfernen und wartete die Erlaubnis aus Wien ab, die er beantragt hatte. Zwischenzeitlich befahl Bandiera eine Fahrt nach Griechenland. Vor seiner Abreise gab Friedrich im Casino dei Nobili in Smyrna ein aufwendiges und rauschendes Ballfest, mit welchem er sich bei den Zivil- und Militärbehörden der Stadt und den Einwohnern, die er persönlich kennengelernt hatte, sowie bei den Offizieren der auf der Reede von Smyrna ankernden Kriegsschiffen bedanken wollte, was ihm auch erfolgreich gelang. Wieder hatte es ihm der familiäre Wohlstand ermöglicht, einem österreichischen Prinzen gemäß aufzutreten.

Wieder in Griechenland

Am 18. März richteten die GUERRIERA und die MEDEA ihren Bug Richtung Griechenland, während die Korvette CLEMENZA weiterhin vor Smyrna verblieb. Zwischen den Inseln Chios und Mytilene hindurchsegelnd, gingen die beiden Fregatten nach einer, wie der junge Kanonier Vimercati schrieb, höchst angenehmen Fahrt bei der Stadt Nauplion vor Anker, wo sie eine neuntägige Quarantäne einhalten mußten, die Friedrich zum Studium der umliegenden antiken Stätten wie Mykenä und Argos benützte. Diese wurden dann im Anschluß ebenso eingehend besichtigt wie die schön gelegene Hafenstadt Nauplion mit ihren alten und neuen Stadtteilen und der über der Stadt thronenden Festung Palamides. Beeindruckt war Friedrich von der Militärkolonie Neu-Tyrinth, wo ausgediente Artillerie- und Trainsoldaten unter militärischer Jurisdiktion in modernen vom griechischen Staat angelegten Häusern lebten und arbeiteten. Die zur Hälfte aus Griechen und zur Hälfte aus Bayern bestehende Kolonie war verpflichtet, Nauplion im Bedarfsfall zu verteidigen.

Ende März langte auf der GUERRIERA die Einladung König Ottos an Erzherzog Friedrich ein, nach Athen zu kommen. Die beiden Fregatten lichteten am 1. April Anker und segelten nach dem Hafen von Piräus, wo Friedrich von den dort liegenden Einheiten der jungen nationalgriechischen Kriegsmarine und von der Hafenfestung mit den üblichen Kanonenschlägen salutiert wurde.

Die Mannschaft begrüßte – so Vimercati – freudig die Gelegenheit zum Landgang, und Friedrich begab sich in das nahe Athen, wurde vom Königspaar sowie von der Bevölkerung aufs freundlichste und beste aufgenommen und bezog im Haus des österreichischen Botschafters mit Lebzeltern Quartier. Der beeindruckte Vimercati berichtete, daß die selten so zu erfahrenden Äußerungen der öffentlichen Stimmung auch den letzten Matrosen mit Freude erfüllen mußten.

Erzherzog Friedrich wohnte am 6. April den Feiern bei, die an den Ausbruch der griechischen Befreiungsrevolution im Jahre 1821 erinnerten. Aus diesem Anlaß wurde die Stadt festlich beleuchtet, und am griechischen Hof fand eine große Festtafel statt.

Am folgenden Tag statteten Friedrich und die Hofgesellschaft dem unweit des Pentelicus gelegenen verlassenen Kloster Dabut zu Pferde einen Besuch ab, wobei der Erzherzog in seinem Tagebuch bemerkte, daß die Königin Amalia stets kühn voranritt.

Vier Tage später stach Konteradmiral Freiherr von Bandiera mit seinem Flaggschiff MEDEA in See, um wieder an die Reede von Smyrna zurückzukehren, während die GUERRIERA noch in Piräus verblieb. In den darauffolgenden Tagen stattete der 19jährige Erzherzog in Begleitung der Bergfeste Phyle, dem jetzigen Phili, sowie dem bekannten Ort einer dramatischen Schlacht im Jahre 490 v. Chr. zwischen Griechen und Persern, Marathon, einen Besuch ab. Um dem Leser einen unmittelbaren Eindruck über diese beiden Ausflüge, die damaligen Reiseumstände und die Impressionen Friedrichs und seine Tagebuchführung zu geben, überlassen wir diesem die Feder:

„Um halb elf Uhr begaben wir uns zur beabsichtigten Excursion nach Hofe, wo bald darauf die Reise in vier Wagen angetreten wurde. Nach einer halben Stunde ungefähr waren wir bei dem Dorfe Kastia, nordöstlich von Athen am Fusse des Gebirges, auf einem schönen Wiesenplane angelangt, wo die Reitpferde auf uns warteten. Der Weg dahin war eben und ziemlich gut, das Land meistens mit Weingärten bepflanzt. Bevor wir noch Kastia erreichten, war beinahe die ganze Bevölkerung mit einer grossen Fahne voran uns entgegengezogen, um das könig-

liche Paar zu bewillkommnen. Dort angelangt, frühstückte man unter dem Zelte und bestieg dann die Pferde. Der Weg war zwar schlecht und an manchen Stellen sogar gefährlich, die Gegend aber herrliches Gebirge und wahrhaft romantisch, die schönsten Felsenschluchten und Thäler, alle mit Nadelholz bewachsen. Nach drei Uhr langten wir bei den Ruinen der alten Veste Phyle an, welche auf einer isolirten Bergkuppe liegen. Phyle wird in der Geschichte nur ein einziges Mal erwähnt, nämlich als es Thrasybulus im J. 403 vor Christi Geburt mit 70 Atheniensern, welche vor den dreissig Tyrannen geflüchtet waren, von Böotien aus (an dessen Grenze es liegt) überfiel und einnahm. Diese That war der Anfang zu der Revolution und Wiederbefreiung Athens.‟

Und zum Ausflug nach Marathon:

„. . . der Weg uns in nördlicher und nordöstl. Richtung durch ein mit Gesträuchen und Bäumen bewachsenes Hügelland allmählich bergauf führte, bis wir den höchsten Rücken von 2500 Schuh des zum Pentelicus gehörigen Aphorismos erreicht hatten. Nun senkten wir an der jenseitigen Thalwand auf einem steilen, steinigen Fussweg herab. Die Gegend ist mit Wald und Gebüsch aller Art, jedoch besonders vielen Fichten bedeckt, das Gebilde des Gebirges und der Schlucht, längst welcher wir ritten, üppig. Die Aussicht auf die Ebene von Marathon, aufs Meer und die Insel Negroponte wunderschön. Um 4 Uhr erreichten wir am Fusse des Berges, den wir herabgestiegen waren, das Kloster Vrana bei einem kleinen Dörfchen, das so wie ein etwa eine Stunde entfernter Ort auch Marathon heisst. Im kleinen Kloster, das mehr einem Meierhofe gleicht, war ein einziger griechischer Geistlicher, ein alter Mann mit schönem weissen Barte, der von unserer Ankunft schon früher durch Gropius unterrichtet, uns recht freundlich aufnahm. Der Pappas hatte sich in ein kleines Zimmer zurückgezogen und uns das ganze Haus überlassen. Gropius, Wallenburg, der Oberst v. Lebzeltern, der Major Marinovich und ich bezogen ein kleines Zimmer mit einem Kamine, worin zwei Pritschen mit Kotzen und Teppichen bedeckt, Rohrdecken, ein Tisch und zwei Sessel die ganze Einrichtung ausmachen. Die übrigen Herren mussten sich in einem leeren Gemache ohne Kamin begnügen. Es regnete ohne Unterlass und war empfindlich kalt. Während das Mittagessen bereitet wurde, trockneten wir uns am Feuer und machten unserm Hausherrn, dem Pappas, in seinem kleinen Zimmer einen Besuch. Er ist ein wohlhabender Mann, der ein paar Häuser in Athen besitzt und doch war seine Zimmereinrichtung – eine Pritsche mit der Kotze als Bett, und sonst fast nichts im ganzen Zimmer. Um 6 Uhr speisten wir und um 8 Uhr legten wir uns alle schlafen.

Am 14. April regnete es zwar nicht mehr, war aber kalt, trübe und windig. Wir frühstückten gegen 6 Uhr, konnten aber erst um 8 Uhr aufbrechen, da sich unsere

Knechte und Pferdewächter wieder als recht liederliche Leute bewährten. Sie kamen nicht zur rechten Zeit, und als sie endlich nach und nach eintrafen, fehlte eine Menge am Sattel und Zeug; Riemen und Gurten waren noch von gestern her beschädigt, was erst alles hergestellt werden musste etc. Wir ritten unmittelbar auf das zufolge des Autors Finley und des Obersten Leake im Werke ‚On the battle of Marathona' vermeinte Schlachtfeld. Wir sahen zuerst vier Tumulus am Fusse des Berges und dann einen grossen am entgegengesetzten Ende des Schlachtfeldes unmittelbar am Meere. Diesen letzteren bestiegen wir und übersahen sehr gut die ganze Gegend.

. . . Wir fanden auf dem Tumulus (einem kegelförmigen Hügel von 20–30' Höhe und 40–50 Schritte im Durchmesser) einige schmale zugeschliffene, schwarze Steinstückchen, welche man wie Gropius sagt, meistens auf den alten Schlachtfeldern Griechenlands findet, und daher für Spitzen der persischen Pfeile hält.

Wir traten von hier unsern Rückweg nach Athen an, in südlicher Richtung längs dem Meere den Pentelicus rechts lassend. Dieser Weg führte uns starke drei Stunden durch eine sanfthügelige Gegend, die mit Bäumen und Sträuchern der mannigfachsten Art auf das üppigste und schönste bewachsen ist . . ."

Nach seinem aktiven Landurlaub machte Erzherzog Friedrich bereits am 15. April seinen Abschiedsbesuch beim griechischen Königspaar und lief mit der GUERRIERA zwei Tage später von Piräus aus, um sich vor Smyrna wieder zu seinem Geschwaderchef zu begeben. Da der Wind sehr schwach war und die GUERRIERA kaum Fahrt machte, widmete sich der Erzherzog seinen statistischen Studien und der griechischen Geschichte, las Xenophons Rückzug der Zehntausend und gelangte am 19. schließlich in den Hafen von Syros, eine Stadt, die fast zur Gänze katholisch war. Friedrich begab sich, wie immer interessiert, auch an Land. Im Hafen von Syros wurde auf der GUERRIERA am 19. April auch der Geburtstag des Kaisers Ferdinand mit einer Flaggenparade feierlich begangen.

Noch vor Tagesanbruch des 22. brach die Fregatte auf und erreichte am 26. frühmorgens endlich die Reede von Smyrna, wo der Erzherzog wieder mit dem ihm zustehenden Kanonensalut begrüßt wurde.

Zu Besuch beim Sultan in Konstantinopel

Gleich nachdem der Anker der GUERRIERA auf der Reede von Smyrna gefallen war, kamen Konteradmiral Bandiera und Konsul Chabert mit der offiziellen schriftlichen Erlaubnis aus Wien zum Besuch in Konstantinopel an Bord. Dort sollte die GUERRIERA auch eine Ladung Holz für die Flotte an Bord nehmen. Nach vier Tagen Aufenthalt vor Smyrna stach dieselbe unter dem Kommando von Schiffskapitän Friedrich in See, segelte bei wechselnden Winden langsam den klippenreichen Kanal von Tenedos hinauf, wurde von den Garnisonen der beiden den Eingang zu den Dardanellen bewachenden kanonenbewehrten Seefestungen Seddil Bahr und Kum Kalessi mit Kanonenschlägen protokollmäßig salutiert, bei Gallipoli von den lokalen Behörden und dem k. k. österreichischen Konsul persönlich begrüßt, langte am 3. Mai 1840 ins Marmarameer und ankerte am folgenden Tag im Hafen von Konstantinopel, wo der Erzherzog über zwei Monate verbleiben sollte.

Den ersten Eindruck vom Schiff aus, den der Anblick der alten und berühmten, damals rund 750.000 Einwohner zählenden Weltstadt mit ihren Häusermassen auf drei Seiten des Hafens, mit ihren Minaretten der Moscheen, mit ihren vielen glänzenden Kuppeln, dem großen Serailpalast mit seinen Gärten und die lebhafte Schiffahrt im Hafen auf den Erzherzog machten, beschreibt dieser in seinem Tagebuch als unbeschreibliches Bild. Und unser Kanonier Vimercati schrieb:

„Wer nie Gelegenheit gehabt, Konstantinopel zu sehen, könnte selbst bei der überschwenglichsten Phantasie keine Ahnung von den Empfindungen haben, welche der Anblick dieses Panoramas in dem für Naturschönheiten empfänglichen Reisenden erweckt."

Es ist in diesem Rahmen leider unmöglich, im einzelnen wiederzugeben, was der Erzherzog und Vimercati an interessanten Eindrücken aufgezeichnet haben.

Das Konstantinopel des Jahres 1840 unterschied sich von der heutigen, der Touristen bekannten verkehrsinfarktbelasteten Stadt wesentlich. Die byzantinische Stadtstruktur mit ihrem Mauerring und den Gebäuden, die von den Osmanen errichtet worden waren, prägten das Zentrum des Reiches in einem wesentlich stärkeren islamischen Sinne, als dies heute der Fall ist. Bei noch fehlender Eisenbahn und modernem Straßenverkehr bildeten die Häfen in und um Stambul die zentralen Verkehrsflächen und den Hauptumschlagplatz für Waren und Reisende.

In Konstantinopel wurde Erzherzog Friedrich von dem dort residierenden österreichischen diplomatischen Vertreter, dem Internuntius Freiherr von Stürmer, und dem Gesandtschaftsattaché Georg von Isfordink, der Friedrichs ständiger abgestellter Begleiter in Konstantinopel werden sollte, sowie auch vom türkischen Außenminister Reschid Pascha, einem kleinen, aber geistreichen Mann mit gutmütigem Äußeren, an Bord besucht, um sein Besuchsprogramm vorzubereiten.

Im Hafen von Konstantinopel lagen unter anderen Kriegsschiffen auch die zur Verfügung der österreichischen Gesandtschaft stehende Brigg USSARO – Husar – unter ihrem Kapitän Bujacovich sowie eine holländische Fregatte mit dem Prinzen von Oranien an Bord, den Friedrich besuchte und auch dessen Gegenbesuch empfing. Zahlreich waren auch die Besuche und Gegenbesuche der beziehungsweise bei den Gesandten und Konsuln der europäischen Mächte und der Schiffskommandanten. Erwähnenswert ist jedoch der Besuch Erzherzog Friedrichs und seiner Begleiter am 9. Mai 1840 bei dem um fast zwei Jahre jüngeren erst kürzlich zu seiner Würde erhobenen Sultan Abdul Medschid im Palast von Tschiragan im Stadtteil Besiktaš, den er in seinem Tagebuch wie folgt beschrieb: *„Um neun Uhr kam der Internuntius mit drei seiner Beamten: v. Kletzl, Heinrich Baron v. Testa und v. Isfordink. Ausserdem begleitete mich der gesammte Etatmajor der Guerriera und des Ussaro, in allem 20 Personen. Wir fuhren um halb zwölf Uhr in sechs grossen Schaluppen ab, in der ersten mit dem kaiserlichen Pavillon fuhren ich, Baron Stürmer, Oberst v. Lebzeltern, Kletzl, Major Marinovich und Bujacovich. Meine Fregatte und Brigg salutirten den kaiserl. Pavillon. Es war ein herrlicher Tag. Als wir uns dem Palaste von Tschiragan näherten, konnte ich die äussere Fassade ganz übersehen. Er ist ganz neu und erst vor kurzem beendet und bezogen worden. Er besteht aus fünf grossen separirten Gebäuden. Wenn gleich dem Ganzen strenge Symmetrie und regelmässige Architektur fehlen mag, so machte er doch durch seine Originalität und Grossartigkeit einen höchst angenehmen Eindruck auf mich. Nach der ganzen Länge führen Stufen zu dem ebenerdigen Geschosse, welches schöne Colonnaden von weissem Marmor zieren. Das obere Stockwerk ist zwar im türkischen Geschmacke überladen, aber im Ganzen doch nicht ohne gute Wirkung. Der Palast ist fast ganz aus Holz gebaut, und mit Firniss steinfarb bemalt. Rechts und links des Hauptgebäudes führen grosse eiserne Gitterthore mit reichen Vergoldungen in den Hofraum. Diese Gitter sind aus England, die Zeichnung daran demungeachtet plump und geschmacklos. Am Landungsplatze war eine Compagnie Infanterie en parade aufgestellt. Hier emp-*

fingen mich die Grossen des Reichs, als Halil-Pascha, Seriasker, Reschid-Pascha, Minister des Auswärtigen, Said-Pascha, Grossadmiral, Achmet Fethi-Pascha, Minister des Handels, Razit-Pascha, Maréchal du Palais und Garde-Capitän, und Ali-Efendi, Dragoman der Pforte. Der orientalischen Sitte gemäss muss der Sultan erst von dem Besuche unterrichtet werden, um sich zum Empfange vorzubereiten, was immer gegen eine halbe Stunde dauert. Während dieser Zeit führte man uns in ein Zimmer, wo man uns Tabackpfeifen und Kaffee reichte und wo eine lebhafte Conversation Statt hatte.

Dann wurden wir zum Sultan geführt. Ich und alle meine Begleiter traten in einen herrlichen Saal, in welchem der Sultan vor einem Canapé mit dem Rücken unmittelbar vor dem mittleren Fenster der Hauptpforte stand. Er empfieng mich äusserst freundlich und liess mich in einem grossen Armsessel zu seiner Linken Platz nehmen. Der Sultan ist einer kleine unansehnliche Gestalt, blasser magerer Miene, nicht hübsch aber geistvoll und nicht unangenehm. Er hat ein anständiges ungezwungenes Benehmen. Er war in Uniform, der rothe Kragen mit Brillanten gestickt, auf dem Haupte den gewöhnlichen Fes mit einem hübschen Reiger und auf den Schultern einen leichten blauen Mantel. Reschid-Pascha war der Dolmetsch. Der Sultan äusserte seine Freude, mich bei sich zu sehen. Die Fragen, welche er an mich stellte, waren einfach, passend und vernünftig. Sie bezogen sich auf meinen Aufenthalt in Constantinopel und die Reise hierher, auf das Befinden unsers Kaisers und meines Vaters, auf Smyrna, ob ich mit seinen dortigen Behörden zufrieden sei u. dgl. mehr. Nach diesem kurzen Gespräche ersuchte er mich ihm meine Begleiter aufzuführen. Ich stellte ihm Oberst von Lebzeltern, Major Marinovich und Bujacovich, Hauptmann Viscovich und J. Nekich einzeln, die übrigen aber als den Etat-major der beiden Schiffe zusammen vor. Hernach entliess mich der Sultan und lud mich ein das Palais zu besichtigen. Die Grossen des Reiches begleiteten mich dabei. Das ganze Ameublement der fast durchaus grossen Säle und Zimmer ist mit den reichsten orientalischen und europäischen Stoffen bedeckt: schwellende Divane, Spieluhren, Spiegel, ägyptische Matten, welche die Fussböden bedecken u. s. w. Unter den zahlreichen Gemächern zeichnet sich der Empfangssaal der fremden Gesandten aus, der mit zwei Reihen Säulen versehen, übrigens nicht sehr geschmackvoll ist. Ferner verdient ein Saal bemerkt zu werden, der in der Mitte ein grosses Bassin mit Springbrunnen hat. Er ist reich an weissem Marmor und hat geschmackvolle Bildhauerarbeiten. Ausgezeichnet schöne Lustres, prächtige Candelabres, ganze Wände bedeckende aus einem Stücke bestehende Spiegel, schöne Porzellanvasen u. dgl. m. sind sämmtlich ausländische Producte und meistens Geschenke der Souveraine Russlands, Englands und Belgiens. Die Aussicht auf den Bospor ist unvergleichlich. Der grosse Hof des

Hauptgebäudes ist ein orientalischer Garten, d. h. reich an Blumen und pyrami-
denartig zugestutzten Bäumchen, in kleinen symmetrischen Beeten ohne allen
Schatten. Das ganze Palais soll über 50 Millionen Piaster (5 Millionen Gulden)
gekostet haben. Der Architekt ist ein Türke. Nachdem wir das, was man uns zeigen
konnte, gesehen hatten, nahmen wir von den Ministern Abschied, bestiegen in der
vorigen Ordnung die Schaluppen und kehrten auf die Fregatte zurück."

Die kommenden Tage und Wochen benützte Erzherzog Friedrich, um als
Gast des Sultans und begleitet von seinem Stab die Stadt abschnittsweise
eingehend zu besichtigen. Er besuchte hiebei die fünfeckige Zitadelle der
berüchtigten sieben Türme, die Hagia Sophia und alle großen Moscheen,
die tanzenden Derwische, die Irenenkirche, zu jener Zeit ein Arsenal, die
hübsche griechische Patriarchalkirche mit ihren schönen Holzschnitzarbei-
ten, das griechische Kloster Balikli vor der Stadt, die zahlreichen Friedhöfe
und den riesigen, auf dem Gebiet des alten Byzanz erbauten Serail. Dieser
stand jedoch seit kurzer Zeit leer, da ihn der junge Sultan nach den
unerfreulichen intriganten Ereignissen nach seinem Machtantritt fluchtar-
tig verlassen und sich in den Tschiragan-Palast begeben hatte. Besonders
beeindruckt war Friedrich als geschichtsinteressierter, begeisterter Leser
von den wertvollen Bibliotheken und Archiven, die man, wie er besonders
bemerkte, wie die Moscheen nur ohne Schuhe betreten durfte.
Als marinegeschichtlich bewanderter Seefahrer interessierte ihn auch besonders das Turbé, das Grabmahl des wahrscheinlich größten Admirals
des osmanischen Reiches, Chaireddin Barbarossa. Dieser, ein Grieche, war
vom christlichen Renegaten, Seeräuber und Korsaren zum Herrscher von
Algier und zum Großadmiral der osmanischen Flotte aufgestiegen und
hatte mit dieser in der ersten Hälfte des 16. Jahrhunderts die christliche
Herrschaft an den europäischen Küsten ernsthaft in Frage gestellt. Er war
zum großen, nie endgültig überwundenen Gegenspieler Kaiser Karls V. im
Mittelmeer und dessen dortiger Herrschaften, Andrea Dorias sowie auch
des Malteser-Ritter-Ordens geworden. Seine Schiffe hatten sogar den nördlichsten Teil der Adria mit dem kurzen österreichischen Küstenstreifen
bedroht und diesen zu Rüstungsmaßnahmen veranlaßt.
Friedrich und sein Gefolge besuchten auch den Basar und den dort befindlichen Sklavenmarkt, wo, wie Vimercati schrieb, „die der Sklaverei anheim-
gefallenen weiblichen Geschöpfe despotischen Käufern feilgeboten wurden". Die Sklaverei wurde in der Türkei erst dreieinhalb Jahrzehnte später
abgeschafft, wobei auch Schiffe des Österreichischen Lloyd noch Sklaven-

transporte innerhalb des osmanischen Hoheitsgebietes durchführten. Der Besuch des Narrenhauses berührte den empfindsamen Prinzen tief, und er schrieb in sein Tagebuch:

„In einem ziemlich großen Hofe sieht man durch die Fenster zu ebener Erde diese Unglücklichen mit grossen schweren Ketten am Hals wie wilde Thiere befestiget, elend und in Lumpen gehüllt – ein schaudervoller Anblick und abscheulicher Geruch. Als wenn man der Menschheit Hohn sprechen wollte, sind gegenüber, ganz in der Nähe in einem wie es scheint dazu gehörigen Hause, in Schoppen wirklich wilde Thiere: eine Löwin, ein Wolf, Bären, Füchse u. s. w., ebenfalls an Ketten gebunden, aber besser daran als diese Menschen, denn sie können doch herumgehen und bewohnen grössere und luftigere Räume."

Besonderes berufliches Augenmerk wandte Schiffskapitän Friedrich naturgemäß den militärischen Einrichtungen zu, die jahrhundertelang die organisatorische Grundlage der Existenzbedrohung auch der österreichischen Länder gewesen waren. Er besichtigte am 18. Mai das Marine-Collegium, in einem schönen und auffallend reinlichen Gebäude, in dem die Eleven in den nautischen Fächern unterrichtet wurden. Der Erzherzog konnte sich nur nicht erklären, wie, da er nirgendwo nautische Instrumente, Seekarten und ähnliches sah. Die praktische seemännische und Gefechtsausbildung wurde durch den englischen Kapitän Walker geleitet, dem wir später noch als Kommandanten der türkischen Streitkräfte begegnen werden und der mit den Leistungen seiner Kadetten recht zufrieden war. Zum Marine-Arsenal bemerkte Friedrich, daß es zwar groß und mit Waffen aller Art gefüllt, jedoch in großer Unordnung und voll von Rost und Schmutz war.

Am folgenden Tag visitierte er das vor Besiktoš liegende türkische Linienschiff MOKKADAME, das einzige, das der Pforte nach dem erst kürzlich erfolgten Abfall der türkischen Hochseeflotte an den aufständischen Vizekönig Mehmet Ali von Ägypten noch übriggeblieben war. Friedrich fand das Schiff, dessen Namen ins Deutsche übersetzt „Vorläufer der Fruchtbarkeit" bedeutete, jedoch modern, mit guter Artillerie versehen, rein und navigatorisch gut ausgerüstet, bemerkte aber in seinem Tagebuch auch etwas verwundert, daß alle Mannschaftsmitglieder vom Schiffsjungen bis zum Kapitän barfüßig waren. Was Friedrich offensichtlich nicht wußte, war, daß diese Art natürlicher und praktischer seemännischer Fußbekleidung im warmen Mittelmeer von alters her klimabedingte Tradition war, die auch heute noch von den Berufsseeleuten auf kleineren hölzernen Schiffen in der Levante fortgesetzt wird.

Eingehend besichtigt wurden auch verschiedene Kasernen, die neue Ge-

wehrfabrik und mehrere Schulen, so die Ingenieurschule, die Infanterie-
und Artillerie-Militärschule und die Ausbildungsanstalt für Stabsoffiziere.
Über alle diese Schulen berichtete der auf den österreichischen vergleichbaren Instituten basierende Erzherzog wenig Schmeichelhaftes. Ausrüstung und Lehrmethoden erschienen ihm ineffizient.

Positiver beeindruckt war er in seinen Aufzeichnungen von der vom österreichischen Arzt Dr. Bernard erst vor eineinhalb Jahren eingerichteten Me-
dizinschule, dem mit aus Wien stammenden Geräten eingerichteten Physi-
kalischen Institut und dem mit Hilfe aus Wien eingerichteten Mineralien-
Kabinett. Über das Anatomische Institut berichtete er, daß es mit einer Art
von Papiermachépräparaten eingerichtet war und durch die Vorurteile der
Zöglinge mit großen Ausbildungsschwierigkeiten zu kämpfen hatte.

Der Besuch einer Elementarschule blieb ihm in Erinnerung, da sowohl
Kinder als auch Lehrer erst nach Leistung eines Bakschisch mitteilsam
wurden.

Auch die schöne Umgebung Konstantinopels wurde besucht und per
Schiff eine Fahrt durch den Bosporus zum Ufer des Schwarzen Meeres
unternommen.

Der geschichtsinteressierte Erzherzog äußerte auch den Wunsch, die alte
Hauptstadt des Osmanischen Reiches, Brussa, zu sehen. Er reiste Ende Mai
per Schiff und Pferd dorthin, bestieg den inmitten von fruchtbaren Ebenen
gelegenen dortigen Olymp, besuchte die durch ihre Konzilien bekannte
antike Stadt Nicaea, jetzt ein Schutthaufen, sowie die alte Großstadt Niko-
medeia, das moderne Izmit.

Auf dem armenischen Friedhof der Stadt ruhte auch der 1705 verstorbene
ungarische König Emmerich Thököly, der 1683 mit den Osmanen an der
Belagerung von Wien teilgenommen hatte. Hier soll auch Hannibal, der
große Punierkönig, 183 v. Chr. Gift genommen haben, woran eine kleine
unbedeutende Säule im Ort Gebisae erinnerte.

Vor, während und nach seinem Aufenthalt in Konstantinopel beschäftigte
sich Erzherzog Friedrich eingehend mit den historischen Grundlagen der
Region, aber auch mit politischen, wirtschaftspolitischen und militärischen
Fragen in diesem Zusammenhang, war Österreich ja gerade in den Jahren
nach dem Wiener Kongreß und insbesondere in den letzten Jahren in
immer engeren freundschaftlichen Handels- und Schiffahrtskontakt mit
der Pforte getreten.

Das Osmanische Reich, das von Nordafrika über den arabischen Raum, die
Levantehäfen, den Persischen Golf, über das Schwarze Meer bis an die

Grenzen der k. k. Monarchie auf dem Balkan reichte, war ein wichtiger Handelspartner Österreichs geworden und versprach in Zukunft ein noch wichtigerer zu werden.

Dem Besuch des österreichischen Erzherzogs, einem Mitglied des Kaiserhauses und Kapitän eines österreichischen Kriegsschiffes, beim Sultan und in der Metropole des türkischen Reiches kam daher eminente politische und wirtschaftspolitische Signalwirkung zu.

Während seines Aufenthaltes in Konstantinopel hatten Erzherzog Friedrich und sein Stab, aber auch die österreichischen Schiffsbesatzungen Gelegenheit, an mehreren Festen mit orientalischem Gepränge teilzuhaben. So erstrahlte Konstantinopel am 13. Mai, am Vorabend des Geburtstages des Propheten Mohammed, in festlichem Lichterglanz. Friedrich hatte am folgenden Morgen Gelegenheit, von den Fenstern des großherrlichen Palastes von Beschiktasch aus den feierlichen, zeremoniellen Ritt des Sultans zur Moschee von Topchane zu beobachten und am 25. Juni den feierlichen Zug mit den Verlobungsgeschenken, die die Schwester des Sultans von ihrem Verlobten, einem Pascha, erhielt. Im Juli nahm die Mannschaft der GUERRIERA an den Festlichkeiten teil, die durch die Geburt einer Tochter des Sultans veranlaßt wurden.

Das freudige Ereignis wurde in der ganzen Stadt mit Beleuchtung, Feuerwerk, Tänzen und Vergnügungen gefeiert, ja es schien Vimercati in seinen Erinnerungen, „daß die allgemeine Trägheit durch einen unerwarteten Stoß abgeschüttelt worden sei, da das Herz des Türken nur für materielle Genüsse schneller schlägt". Wenngleich diese Bemerkung Vimercatis schon durch die gegebene Sprachbarriere oberflächlich erscheinen muß, so spiegelt sie doch den Eindruck wieder, der über die Türken im Mannschaftsdeck vorherrschte.

Vimercati faßte seine Impressionen über Konstantinopel in seinem Tagebuch jedenfalls wie folgt zusammen:

„ . . . So vortheilhaft sich Constantinopel von ferne gesehen ausnimmt, so unangenehm wird man enttäuscht, wenn man in dessen Inneres eintritt. Schmutzige, unregelmäßige und ungepflasterte Straßen, eine unzweckmäßige Vertheilung der Häuser, welche größtentheils aus Holz gebaut sind, schlecht angelegte und noch übler gehaltene Kaufmannsläden und Waarenniederlagen, so wie die geschlossenen Thore und das überall, außer an den für den Handel bestimmten Orten herrschende Stillschweigen stellen sich vor den Augen eines an reges Leben gewöhnten Italieners im größten Contraste mit den blühenden Umgebungen* *heraus. Nichtsdestoweniger ist der Handel sehr lebhaft, und der geräumige und sichere Hafen erleichtert die Ein- und Ausfuhr der Erzeugnisse aller Länder ..."*

Unterstellung unter die Allianzflotte

Nachdem auch die GUERRIERA die vorgesehene Ladung Holz und Materialien längst übernommen hatte, wurde Erzherzog Friedrich mit seinem Stab vom Sultan am 7. Juli zur Abschiedsaudienz empfangen, die im wesentlichen ein Spiegelbild der Begrüßungsaudienz war.

Am folgenden Tag schickte ihm der Sultan als Ehrengeschenk einen mit Gold montierten und am Griff mit Brillanten besetzten Säbel und ein goldemailliertes Sarf, eine zeremonielle Kaffeeuntertasse, an Bord. Der Erzherzog war mit seinem Besuch in Konstantinopel äußerst zufrieden, und fühlte sich im dortigen frischen Klima sehr wohl. Der österreichische diplomatische Vertreter, Baron von Stürmer, schrieb am selben Tag einen Brief an Erzherzog Karl, der die folgenden Worte enthielt:

„Der Herr Erzherzog ist bei guter Gesundheit, zufrieden, heiter und wohlgemuth, kurz wie das Herz eines Vaters es nur wünschen kann. Während der zwei Monate, die er hier zubrachte und die er trefflich zu benützen wusste, hat nur Eine Stimme über die edle Einfachheit, Anmuth und Würde Seines Benehmens geherrscht."

Am 9. Juli lichtete die GUERRIERA ihren Anker und stach nach dem protokollgemäßen Salut mit günstigen, zu dieser Jahreszeit üblichen nördlichen Winden in See, durchlief das Marmarameer und die Dardanellen, währenddessen Friedrich seine historischen Studien fortsetzte, und langte am 13. Juli auf der schwülen Reede von Smyrna ein.

Hier befiel Friedrich alsbald ein heftiges Unwohlsein, und er mußte infolge eines Fiebers und der großen Hitze das Bett hüten. Die Temperaturen wie auch die Luftfeuchtigkeit im Hafen von Smyrna waren erheblich höher als im nördlicheren Konstantinopel und ließen auch in der Nacht wenig nach. Auf ärztlichen Rat begab er sich in den begrünten und klimatisch etwas angenehmeren, idyllisch gelegenen Ort Bournabat, entwarf dortselbst eine Einteilung seiner weiteren Studien, setzte dieselben fort, befaßte sich mit Dienst- und Privatkorrespondenzen und schrieb seinem Vater Erzherzog Karl einen detaillierten Bericht über die Dardanellen. Hiebei mag er auch an die dortige große Seeschlacht von 1656 zwischen der osmanischen Zentralflotte und einer siegreichen christlichen Allianzflotte, an der der Malteserorden wesentlichen Anteil hatte, gedacht haben.

Das ruhige Hafenleben fand ein plötzliches Ende, als am 6. August das österreichische Flaggschiff MEDEA mit Konteradmiral Bandiera gerade dabei war, von Smyrna Richtung Westen auszulaufen und sich noch in Kanonenschußweite der Forts befand, und als ein englischer Offizier von einem britischen Dampfboot an Bord der GUERRIERA erschien, um dem Konteradmiral eine höchst dringliche Depesche zuzustellen. Die GUER-RIERA verständigte hierauf die MEDEA durch zwei Kanonenschüsse und telegraphische Zeichen von der neuen Situation.

Als Bandiera die vom österreichischen Internuntius am 4. August verfaßte Depesche in Händen hielt, wurde er durch sie über den am 15. Juli 1840 in London abgeschlossenen Vertrag der vier Großmächte, England, Öster-reich, Rußland und die Türkei, zur Niederschlagung des Aufstandes des ägyptischen Vizekönigs Mehmet Ali gegen die Hohe Pforte sowie über die befohlene Unterstellung der österreichischen Levante-Eskader unter den Oberbefehl des die britische Mittelmeerstation befehligenden Admiral Sir Robert Stopford in Kenntnis gesetzt.

Was war geschehen?

VI
MIT DER LEVANTE-ESKADER IM
SYRISCHEN KRIEG 1840/41

Mehmet Ali von Ägypten und
die Ursachen des Syrischen Kriegs

Die Ursache für die kommenden kriegerischen Ereignisse hieß zweifelsohne Mehmet Ali von Ägypten, eine der herausragendsten Persönlichkeiten seiner Zeit. 1769 im türkischen Kawala geboren, konnte er sich bereits im Alter von 14 Jahren bei der Niederschlagung eines griechischen Aufstandes gegen die türkische Garnison auszeichnen, so daß er in den türkischen Militärdienst aufgenommen wurde. Wenige Jahre später ergriff er in Kawala in Partnerschaft den Beruf eines Tabakhändlers und kaufte und verkaufte die feinsten, Blatt für Blatt einzeln sortierten, edlen thrazischen Tabake. Der Beruf des Tabakhändlers, schwierig zu erlernen, versprach andererseits zu allen Zeiten bei Geschick und etwas Glück ein außerordentlich gutes Einkommen. Mehmet Alis Stern stieg.

In der Zwischenzeit hatte Napoleon nach der Okkupation Maltas 1798 sein Expeditionsheer in Ägypten gelandet, die Mamelucken bei der Schlacht bei den Pyramiden geschlagen, selbst jedoch seine Flotte durch den Angriff Admiral Nelsons bei Abukir verloren. Osmanische Gegenmaßnahmen setzten ein, um Ägypten von den französischen Okkupationstruppen zu befreien. Im Jahr 1800 wurde Mehmet Ali, der bereits einiges politisches Gewicht gewonnen hatte, an die Spitze des nach Ägypten bestimmten Militärkontingents aus Kawala gestellt. Bei den nachfolgenden Befreiungskämpfen in Ägypten zeichnete er sich derartig aus, daß er bald an die Spitze aller Truppenkontingente gestellt wurde. Mit diesen unterdrückte er nach und nach die sich seit Jahrhunderten als die Herren Ägyptens gebärdenden Mamelucken, eine rund 10.000 Mann zählende Kriegerkaste, die ihre eigenen Oberhäupter wählte.

Da Mehmet Ali immer besonders auf das Wohl der Bevölkerung Kairos geachtet hatte, wurde er von dieser im Jahre 1804 zum Pascha von Ägypten ausgerufen, nahm aber dieses Amt geschickterweise erst an, als es 1806 auch von der Pforte bestätigt wurde.

In den folgenden Jahren bemühte sich Mehmet Ali insbesondere die ägyptischen Finanzen wieder in Ordnung zu bringen, deren schlechter Zustand zu Aufruhr und zu einer neuen Bedrohung durch die Mamelucken führte. In einer drastischen und grausamen Aktion entledigte sich Mehmet Ali dieser Gefahr, als er im Jahre 1811 insgesamt 470 Mamelucken zu einem großen Feste in die Zitadelle von Kairo lud, wo er sie nach dem Festmahl entweder erschießen oder enthaupten ließ. Nur ein einziger Mameluck konnte sich auf ein Pferd schwingen und mit diesem über die mehr als zehn Meter hohe Festungsmauer entfliehen.

Auch die in der Stadt befindlichen rund 500 Mamelucken wurden niedergemacht, die restlichen im Land befindlichen Mamelucken geschlagen und nach Nubien zurückgeworfen.

Durch die Vernichtung jener politischen Gruppe, die die Sultane jahrhundertelang immer wieder genötigt hatte, durch die Hebung der Finanzen und durch die zeitweilige Zufriedenheit der ägyptischen Bevölkerung erhielt Mehmet Ali ein derartiges Maß an Ansehen und politischer Macht, daß er eher wie ein selbständiger Herrscher, weniger als ein Vasall der Pforte regierte.

Ein Versuch der letzteren, Mehmet Alis Macht durch einen befohlenen Kriegszug gegen die aufständischen und schwer zu bekämpfenden arabischen Wahhabiten zu vermindern, endete in einem Sieg und der Unterstellung des Hedschas und der Heiligen Städte unter die Herrschaftsgebiete Mehmet Alis. Die Pforte war ratlos.

In der Folge befestigte Mehmet Ali durch gezielte innenpolitische Maßnahmen und Aufrüstung seine militärische Macht derart, daß sie zu größeren auch überseeischen Expeditionen befähigt wurde.

Als daher der griechische Freiheitskampf 1821 durch einen Aufstand ausbrach, beauftragte die Pforte Mehmet Ali mit dessen Niederschlagung. Die unter Mehmets Sohn Ibrahim Pascha stehenden ägyptischen Truppen wurden aber schließlich durch die vereinten Streitkräfte der Engländer, Franzosen, Russen und Griechen geschlagen und die türkisch-ägyptische Flotte in der Seeschlacht von Navarino – heute Pylos – im Jahre 1827 vernichtet.

Als Entschädigung erhielt Mehmet Ali von der Pforte die Insel Kreta. Seine

Wünsche waren mittlerweile aber offensichtlich auf ein neues, von Kairo aus beherrschtes islamisches Imperium gerichtet. Als seinem Ersuchen an die Pforte, seinem Sohn Ibrahim den Paschalik Syrien zu unterstellen, nicht entsprochen wurde, rückte er dort bald darauf unter einem politischen Vorwand mit seiner Militärmacht unter Ibrahim Pascha ein, der die türkischen Truppen aus dem Land vertrieb und nach zwei erfolgreichen Gefechten 1832 Herrscher Syriens bis zum Taurusgebirge wurde.

Die darauffolgende türkische Reaktion war die Ächtung Mehmet Alis, worauf dessen Truppen über den Taurus vorrückten und das türkische Heer mitten im Kerngebiet türkischer Herrschaft, bei Konieh – heute Konya – im Dezember 1832 vernichtend schlugen.

Die Pforte war darüber so fassungslos, daß sie sich zu allen Konzessionen bereit zeigte, Mehmets Sohn Ibrahim den gewünschten Paschalik von Syrien samt der nördlich davon gelegenen Gebiete von Adana und Merasch übertrug und Mehmet Ali im übrigen in allen vorherigen Rechten bestätigte.

Mehmet Ali war jedoch noch unzufrieden, da ihm die angestrebte Erblichkeit der Würden für seine Familie nicht zugesagt worden war. Die Pforte erachtete ihrerseits den Friedensschluß nur als unerwünschte taktische Interimslösung. Beide Herrscher rüsteten daher wieder auf. Im Jahr 1839 griffen die türkischen Land- und Seestreitkräfte Mehmet Ali in Syrien und Alexandrien an. Die türkischen Landtruppen wurden nach Überquerung des Taurus jedoch am 24. Juni 1839 bei Nissib vernichtend geschlagen. Schmählicher noch war der Ausgang des beabsichtigten Angriffs der Flotte auf Alexandrien verlaufen.

Unter ihrem Oberbefehlshaber, dem Kapudan Pascha Ahmed Fewzi Pascha lief die türkische Flotte aus innenpolitischen Gründen aber auch aufgrund eines sehr geschickten Verhaltens Mehmet Alis am 14. Juli 1839 vor dem Hafen von Alexandria zur Gänze zu diesem über, ein unerhörter Vorgang in der gesamten Marinegeschichte.

Die militärische Lage hätte es nun dem ägyptischen Heer ermöglicht, sowohl zu Lande als auch zu Wasser in Konstantinopel einzumarschieren, jedoch machte sich nun der energische Widerstand der Großmächte, insbesondere Englands bemerkbar. Diese wollten im Sinne der am Wiener Kongreß getroffenen Grundsätze einerseits nicht die legitime türkische Herrschaft, andrerseits aber auch nicht den für England so wichtigen Landweg nach Indien durch ein neues islamisches Großreich gefährdet wissen.

Es war daher dem hauptinteressierten, unter Leitung Lord Palmerstons stehenden britischen Kabinett nicht schwer, am 15. Juli 1840 in London eine Quadrupelallianz der Großmächte England, Österreich, Rußland und Türkei zu formieren und an Mehmet Ali ein Ultimatum zu formulieren. Bei Nichtannahme desselben sollten durch kombinierte Seekriegs- und Landkriegsmaßnahmen der Alliierten die Truppen Mehmet Alis zum Rückzug aus Syrien gezwungen werden.

Dies war der Stand der Dinge, den die österreichische Levante-Eskader und Schiffskapitän Erzherzog Friedrich durch die am 6. August eingetroffene Depesche aus Istanbul erfuhren, die sie auch unter den Oberbefehl des englischen Admirals Sir Robert Stopford stellte.

Die Allianzflotte

Der Oberbefehlshaber der alliierten See- und Landstreitkräfte, der Admiral und Befehlshaber der britischen Mittelmeerflotte Sir Robert Stopford, war bereits im Alter von zwölf Jahren 1770 in die englische Marine eingetreten und hatte in seiner 70jährigen Karriere zahreiche Seeschlachten mitgemacht.

In seiner Person vereinigten sich die Erfahrungen eines langen Seeoffizierslebens mit der zögernden Vorsicht eines über Siebzigjährigen, mit welcher sich nicht nur die österreichische Eskaderführung und Erzherzog Friedrich in den kommenden fünf Monaten immer wieder auseinanderzusetzen hatten. Auf dem Flaggschiff des Admirals, dem Segellinienschiff und Dreidecker PRINCESS CHARLOTTE, befand sich unter anderem auch sein Chef des Stabes und sein gleichzeitiger Stellvertreter für alle alliierten Landoperationen, Sir Charles Smith, ein älterer Oberst, der zumeist die Meinungen Stopfords teilte.

Die englische Flotte umfaßte im kommenden Syrienkrieg einen Maximalstand von vierzehn Linienschiffen, sechs Fregatten, zwei Korvetten, zwei Briggs und insgesamt elf Kriegsdampfern, von welchen insgesamt 1400 Marineinfanteristen für den Landeinsatz abgegeben werden konnten. Eine besondere Rolle bei den kommenden Kampfhandlungen sollte der aktive und so anders als sein Admiral geartete Commodore Sir Charles Napier spielen.

Die österreichische Eskader unter dem Kommando des Konteradmirals Freiherr von Bandiera, dem als Adjutant Fregattenleutnant Freiherr von

Bourgignon diente, umfaßte neben dem Flaggschiff MEDEA noch die von Schiffskapitän Erzherzog Friedrich befehligte Fregatte GUERRIERA und die beiden Korvetten LIPSIA und CLEMENZA sowie den Kriegsdampfer MARIANNE und konnte plangemäß insgesamt 400 Mann Marineinfanterie für den Landeinsatz abgeben.

Die türkische Eskader unter dem Kommando des englischen Kapitäns und türkischen Konteradmirals Walker Bei setzte sich aus den Resten der in türkischer Hand verbliebenen Flotte, einem Linienschiff, einer Fregatte, einer Korvette, einem Kriegsdampfer und 26 Segel-Transportschiffen zusammen, die vorerst 5000 Mann Infanterie an die syrische Küste befördern sollten. Chef des türkischen Generalstabes und später Kommandant aller türkischen Truppen an Land war der in türkischen Diensten stehende deutsche General Jochmus, ein sehr fähiger Offizier.

Die angegebenen Stärken der Allianzflotten unterlagen durch Zu- und Abgänge ständigen Änderungen. Zusätzlich wurden noch zahlreiche Versorgungsschiffe, die die Verbindung zu den Basen der einzelnen Flotten hielten, eingesetzt. Die Kampfflotte selbst war zumeist auf verschiedene Kriegsschauplätze bzw. diverse Operationen aufgeteilt.

Die Gesamtstärke der auf der Allianzflotte eingeschifften vorwiegend türkischen Erstlandungstruppen betrug insgesamt rund 6800 Mann, die durch spätere Zufuhren noch um geplante 18.000 türkische Soldaten und Freischärler aus dem Libanon verstärkt werden sollten. Insgesamt betrug die Stärke der alliierten Truppen unter Einrechnung der Freischärler aber zu keinem Zeitpunkt mehr als 33.000 Mann.

Diesen alliierten Truppen standen, wie man aus Meldungen des österreichischen Konsuls in Ägypten, Herrn Laurin, wußte, insgesamt 85.000 türkische Truppen, hievon ein erheblicher Teil ausgezeichnete Kavallerie, sowie 150 Feldgeschütze unter dem Oberkommando von Mehmet Alis Sohn, Ibrahim Pascha, gegenüber. Die ägyptischen Seestreitkräfte bestanden einschließlich der übergelaufenen türkischen Einheiten aus 21 Linienschiffen, 16 Fregatten, mehreren Korvetten und Briggs sowie zwei Dampfern, wovon sich die meisten Schiffe im Hafen von Alexandrien befanden. Auf den ersten Blick war die anfängliche numerische Überlegenheit der ägyptischen Landstreitkräfte mit einem Verhältnis von etwa zwölf zu eins eklatant, wobei der Vorteil Ibrahim Paschas noch darin bestand, daß er sich in Verteidigung, und das noch dazu auf sozusagen eigenem Land befand. Auf den zweiten Blick sah die Situation jedoch etwas anders aus. Die alliierte Flotte war durch ihre Beweglichkeit, die überraschende Operatio-

Die Allianzflotte 1840

Bezeichnung		Name der Schiffe	Zahl der Geschütze	Gattung der Schiffe	Charge und Name der Commandanten

Oberbefehlshaber aller Streitkräfte der Verbündeten, insbesondere der englischen Mittelmeerflotte: Admiral Sir Robert S t o p f o r d. Sein Chef des Generalstabes und sein Stellvertreter zur Leitung der Landoperationen: Oberst Sir Charles S m i t h.

E n g l ä n d e r

		Name der Schiffe	Zahl der Geschütze	Gattung der Schiffe	Charge und Name der Commandanten
+	o	Princess Charlotte	104		Capitän Fanshawe
+	o	Powerful	84		Commodore Charles Napier
+	o	Thunderer	84		Capitän Berkeley
+	o	Bellerophon	80		„ Austin
+	o	Revenge	76		„ Waldegrave
+	o	Benbow	72		„ Stewart
+	o	Edinburgh	72	Linienschiffe	„ Henderson
5	.	Asia	72		„ Fischer
5	.	Implacable	72		„ Harvey
.	.	Rodney	92		„ R. Mansell
+	.	Ganges	84		„ Reynolds
.	.	Vanguard	80		„ Sir David Dunn
.	.	Cambridge	72		„ Barnard
+	.	Hastings	72		„ Lawrence
+	o	Pique	36		Capitän Boxer
+	o	Castor	36		„ Collier
+	o	Carysfort	36	Fregatten	„ Martin
.	o	Talbot	36		„ Codrington
+	.	Dido	18		„ Davies
+	.	Magicienne	24		„ Michell
.	o	Hazard	18	Cor-vetten	Capitän Elliot
5	.	Daphne	18		„ Dalling
+	o	Wasp	16	Briggs	Capitän Mansel
+	.	Zebra	16		Commander J. Stopford
+	o	Gorgon	6		Capitän Henderson
.	o	Stromboli	6		„ Williams
.	o	Vesuvius	6		„ Henderson
+	o	Phönix	6		„ Stopford
5	.	Cyclops	6		„ Austin
+	.	Hydra	4	Dampfer	„ Robinson
.	.	Hecate	4		Commander Ward
+	.	Alecto	1		Lieutenant Hoseason
.	.	Megara	2		„ Goldsmith
.	.	Medea	4		Commander Warden
.	.	Prometheus	1		Lieutenant Spark

Bezeichnung		Name der Schiffe	Zahl der Geschütze	Gattung der Schiffe	Charge und Name der Commandanten
		Oesterreicher			
		Commandant der Escadre: Contre-Admiral Freiherr von B a n d i e r a. Sein Adjutant: Fregatten-Lieutenant Freiherr von B o u r g i g n o n.			
+	o	Medea	46	Fregatten	Fregatten-Capt. Buratovich
+	o	Guerriera	46		1. Commandant Liniensch.-Capt. Erzh. Friedrich von Österreich 2. Commandant Corv.-Capt. Maddalena
+	o	Lipsia	18	Cor-vetten	Fregatten-Capt. Maddalena
5	.	Clemenza	18		„ Logoteti
.	.	Marianne	6	Dam-pfer	Schiffslieutenant Manessi
		Türken			
		Commandant der Escadre: Contre-Admiral W a l k e r - B e i , Chef des Generalstabes: General J o c h m u s , später Commandant der türkischen Truppen.			
+	o	Mokaddemé-i-heibét, (der Vorläu-fer der Fruchtbarkeit)	72	Linien-schiff	unbekannt
+	.	Dewan, (der Schnell-Läufer)	unbekannt	Fregatte	„
+	.	Güli Sefid, (die weisse Rose)		Corvette	„
.	.	Tekéri Bahri, (das Meer-Rad)		Dampfer	„
+	.	26 Segeltransportschiffe			„

Teilnahme der Schiffe: + = Erstlandung Syrien, 5 = Alexandria, o = Angriff Akkon.
Zusammengestellt vom Verfasser nach Unterlagen von Scholl, s. Bibliographie.

nen an einem beliebigen Punkt der langen syrischen Küste erlaubte, durch die Möglichkeit, die ägyptische Flotte in Alexandrien zu blockieren und damit die Seenachschublinien der Ägypter zu durchschneiden, begünstigt. Bei längerem Verlauf des Krieges erwartete man überdies das Überlaufen stärkerer syrischer Truppenkontingente von den Ägyptern zu den Türken.

Vor Alexandria und Beirut

Nach dem Befehl Admiral Stopfords sollte der österreichische Eskader-kommandant, Konteradmiral Baron Bandiera, mit den Fregatten MEDEA und GUERRIERA nach Alexandria segeln, um sich dort mit der Allianzflotte zu vereinigen. Die beiden österreichischen Fregatten lichteten daher Mitte August 1840 die Anker auf der Reede von Smyrna und stachen in See. Ein aufkommender Sturm zersplitterte jedoch die Großrah der Fregatte GUERRIERA, so daß infolge der notwendigen Reparaturarbeiten erst am 16. August von Smyrna endgültig ausgelaufen werden konnte.

Am 18. August nahmen die beiden österreichischen Fregatten im Hafen der seit 1523 unter türkischer Herrschaft stehenden Stadt Rhodos Wasser auf, wo der Erzherzog und die Mannschaften die Mauern und Türme dieser von 1309 bis 1522 unter der Herrschaft der Johanniter gestandenen und unter ihr erbauten mächtigen Seefestung bewundern konnten.

Nach zwei Segeltagen kam am Horizont die weiß schimmernde Häuserfront Alexandrias in Sicht, vor dessen Hafen Anker geworfen und die ägyptische Flagge mit 21 Kanonenschüssen gegrüßt wurde, die Schuß für Schuß von der Hafenfestung erwidert wurden. Schon vor der Ankunft der Fregatten waren diese in Gefechtsbereitschaft gesetzt worden. Der ringförmig angelegte, gut geschützte Hafen von Alexandria war durch die Besonderheit ausgezeichnet, daß die einzige relativ schmale Hafeneinfahrt nur eine geringe Wassertiefe aufwies, wodurch die ägyptischen Linienschiffe gezwungen waren, im Falle ihres Auslaufens zur Verminderung ihres Tiefganges ohne die schwere Bewaffnung und Ausrüstung aus dem Hafen auszusegeln und erst vor diesem die gesamte Ausrüstung zu übernehmen. Dies machte eine kriegsmäßige Blockade dieses Hafens relativ einfach, und tatsächlich hatten sich das englische Linienschiff BELLEROPHON und der englische Kriegsdampfer CYCLOPS bereits vorsorglich vor die Einfahrt gelegt, um ein Auslaufen ägyptischer Schiffe zu verhindern.

Am 24. August langte auch der alliierte Oberbefehlshaber auf der mächtigen PRINCESS CHARLOTTE, die die Admiralsflagge im Großtopp gesetzt hatte, mit weiteren britischen Kriegsschiffen sowie mit der österreichischen Korvette LIPSIA vor Alexandria ein.

In der nun folgenden zweiwöchigen Ankerliegezeit beschäftigte sich Schiffskapitän Erzherzog Friedrich mit Kriegsvorbereitungen für seine Fregatte und studierte die Geschichte Alexandrias.

Der junge Vimercati zeigte sich in seinen Memoiren besonders vom plötzlichen Tod eines österreichischen Marineinfanteristen auf der GUERRIERA berührt, der in der Nacht ein stimmungsvolles Seebegräbnis unter der Leitung von Erzherzog Friedrich erhielt, bei welchem die Mannschaft im Sternenschein auf dem Halbdeck der Fregatte angetreten war und dem Verstorbenen durch drei Gewehrsalven die letzte Ehre erwies.

Eine Einladung des Herrschers von Ägypten Mehmet Ali an Erzherzog Friedrich zum Diner lehnte dieser wohl aus politischen Gründen mit dem Hinweis eines Unwohlseins ab. Vielleicht traute er den berüchtigten Gastmählern des Paschas auch nicht. Es kam dem treuen Adjutanten Lebzeltern zu, sich durch einen Besuch beim Vizekönig für die Einladung zu bedanken.

Das Leben an Bord der kriegsmäßig gerüsteten Fregatte GUERRIERA wurde durch die Geburtstagsfeier aufgelockert, die der Kommandant Erzherzog Friedrich am 4. September zu Ehren seines Vaters Erzherzog Karl veranstaltete, der durch Kanonenschüsse und Gewehrsalven geehrt wurde. Am Achterdeck wurde ein Festzelt aufgeschlagen, unter welchem die Mannschaft durch Trunk und Trinksprüche ihre Glückwünsche zum Ausdruck bringen konnte.

Nachdem die Verhandlungen und das Ultimatum gegenüber dem ägyptischen Vizekönig erfolglos verlaufen waren und die Konsuln der Alliierten am 5. September Alexandria unverrichteter Dinge verlassen hatten, betrachteten sich die Verbündeten als im Krieg stehend.

Der Oberkommandierende, Admiral Stopford, ließ zur Blockade des Hafens zwei englische Linienschiffe, zwei Korvetten, darunter die österreichische CLEMENZA, und einen englischen Kriegsdampfer zurück, während er mit seinen zwei englischen Linienschiffen, den beiden österreichischen Fregatten MEDEA und GUERRIERA sowie einer englischen Brigg am 6. September 1840 nach Beirut auslief, dessen Reede, die St. Georgs Bucht, zum Sammelpunkt der alliierten Flotte vorbestimmt worden war.

Dort angekommen, legte Admiral Stopford nach einem Kriegsrat der alliierten Kommandeure die acht Seemeilen nördlich von Beirut gelegene flache Bucht von Jounieh, und zwar zwischen dem dort mündenden Kelbfluß, dem Hundsfluß, und dem nördlich davon gelegenen Dorf Jounieh, als ersten Landeplatz fest. Bemerkenswert hiebei ist, daß die Engländer zwar über Seekarten, aber keine entsprechenden militärischen Landkarten der syrischen Küste verfügten, so daß die österreichische Eskader rasch veranlaßte, daß die österreichische Karte von Berghaus auch dem Oberkommandierenden zur Verfügung gestellt wurde.

Am 10. September 1840 verlegte auch die GUERRIERA unter ihrem Kommandanten Erzherzog Friedrich von der St. Georgs Bucht nach der Bucht von Jounieh, und die Ausschiffung mittels Schiffsbooten und Landung von 5000 Türken mit zwölf Feldgeschützen, 1500 Engländern und 200 Österreichern erfolgte noch am selben Tag nach dem kurzen Flaggensignal Stopfords: „Land the troops" – Landet die Truppen –, ohne daß irgendwelche Detailinstruktionen gegeben worden waren.

Dieses komplizierte militärische amphibische Manöver geschah in Angesicht des Feindes unter Vernachlässigung elementarer militärischer Vorsichtsmaßnahmen, schlecht vorbereitet und unkoordiniert durch die Angehörigen dreier verschiedener Nationen, von denen sich die wenigsten untereinander verständigen konnten. Das Ergebnis war ein schreckliches Durcheinander auf dem Landungsstreifen an der Küste, wo die verschiedenen Truppenkörper, Schiffbrüchigen gleich, mit ihrem Material die Küste bedeckten und ein ausgezeichnetes Ziel für ihre Feinde boten. Diese hatten aber offensichtlich eine Landung südlich von Beirut erwartet und versäumten die einmalige Gelegenheit, ihre Feinde ins Meer zurückzuwerfen. Die Überraschung durch die Verbündeten war also offensichtlich bestens gelungen. Das Durcheinander in ihrem Landungskopf war aber so groß, daß Admiral Stopford noch am 23. September alle Truppen einschiffen und nach Cypern verlegen lassen wollte, was aber durch das energische Einschreiten Commodore Napiers verhindert wurde, der nach der angeblichen Erkrankung des englischen Obersts Smith als Seeoffizier auch den Oberbefehl über die Landtruppen übernommen hatte. Napier erhielt auch das Kommando über die bei Jounieh verbleibenden Schiffe. Stopford segelte mit dem Großteil der Flotte wieder zurück auf die nahe Reede von Beirut. Linienschiffskapitän Erzherzog Friedrich wurde mit seiner Fregatte GUERRIERA der Eskader Napiers zugeteilt, während Konteradmiral Bandiera bei Admiral Stopford stand.

Erzherzog Friedrich trat damit das erste Mal unter den direkten Befehl von Commodore Sir Charles Napier, eines Mannes, der zu den farbigsten Figuren der englischen Flotte und des Syrischen Krieges zählte, der immer wieder den energischen und aktiven Gegenpol zum alten, zögernden und entschlußunfreudigen Admiral Stopford bildete und der mit diesem auch immer wieder in Gegensätze geriet, die Napier im Laufe des Krieges bis an den Rand eines Kriegsgerichtsverfahrens bringen sollten.

Charles Napier war 1786 in Schottland geboren worden, mit 13 Jahren in die Navy eingetreten, hatte an zahlreichen Seeschlachten teilgenommen, war 1805 Leutnant geworden und hatte sich 1808 als Kommandant einer Brigg bei der Eroberung eines französischen Linienschiffes so ausgezeichnet, daß er zum Kapitän befördert wurde. Als Kommandant einer Fregatte eroberte er im Mittelmeer die französische Insel Ponza. Nach den Napoleonischen Kriegen verlor er durch ein schlecht verlaufenes Projekt einer

Dampfschiffahrtsgesellschaft auf der Seine sein Vermögen, trat 1833 in portugiesische Dienste und errang als Offizier der Königin im dortigen Bürgerkrieg einen Seesieg über die Flotte des Regenten Miguel bei St. Vincent. 1836 wieder in den britischen Seedienst eingetreten, wurde er als Commodore dem Mittelmeergeschwader zugeteilt, bei dem er sich im Syrischen Krieg durch große Initiative auszeichnete. Später wurde er 1846 zum Konteradmiral, 1854 zum Vizeadmiral und trotz seiner mäßigen Erfolge während des Krimkriegs 1858 noch zum Admiral befördert.

Die unter Admiral Stopford vor Beirut stehenden Schiffe hatten nach einer vergeblichen Aufforderung an den örtlichen Befehlshaber Soliman zur Übergabe der Stadt am 11. September mit einer dreiviertelstündigen Beschießung der Stadt durch die Schiffsartillerie begonnen, die an den nächsten zwei Tagen fortgesetzt wurde. Diese war aber so ungenau, daß sie keinen Erfolg für die Belagerer, sondern eher eine Ermunterung für die Verteidiger bedeutete, und dies, obwohl die eingesetzten sechs Linienschiffe je 1000 Schuß und die österreichische Fregatte MEDEA 300 Schuß und einige Raketenanlagen abgefeuert hatten. In der Erkenntnis, daß eine Fortsetzung der Beschießung Beiruts durch die Schädigung der Zivilbevölkerung der verbündeten Sache politisch mehr schaden als nützen könnte, zog Stopford seine Schiffe aus der Kanonenschußweite zurück und ankerte weiter entfernt von der Stadt. Die MEDEA wurde dann am 14. September ebenfalls nach Jounieh verlegt.

Noch während der Beschießung war es zu einem denkwürdigen Fall gegenseitiger Höflichkeit gekommen, als ein mit einer weißen Parlamentärsflagge versehener Vertreter des Stadtkommandanten von Beirut Admiral Stopford die aus Ostindien auf dem Landwege eingelangte britische Kurierpost übergab, während dieser sich bei Soliman durch die Übersendung mit einem höflichen Schreiben und einer Kiste Wein bedankte. Ob der Moslem Soliman, dem die Religion den Weingenuß verbot, sich über dieses Geschenk sehr freute, bleibt ungewiß, um so mehr, als der Wein von einem wenig vorher eroberten ägyptischen Schiff stammte.

In den nun folgenden Tagen begann der ägyptische Oberkommandierende Ibrahim Pascha den Großteil seiner zahlenmäßig überlegenen Truppen hufeisenförmig um die immer stärker werdende christliche Landungsstelle zusammenzuziehen, ohne diese jedoch anzugreifen. Ein Versuch ägyptischer Kräfte, sich am linken Ufer des Kelbflusses in einer Stellung festzusetzen, wurde durch einen Gegenangriff Commodore Napiers mit türkischen Truppen und unter Beteiligung einer österreichischen Raketenbatterie unter Führung des Schiffsfähnrichs Baldisserotto zunichte gemacht.

Die Zusammenziehung der ägyptischen Kräfte im Gebiet um Beirut hatte auch zur Folge, daß die entlastete türkische Front im Norden immer mehr Truppen an die verbündete Streitmacht in Syrien abgeben konnte, während gleichzeitig auch die Zahl der libanesischen Überläufer in das verbündete Lager durch die Nähe der beiden Streitmächte sich ständig vermehrte.

Auf den Befehl Commodore Napiers legte Linienschiffskapitän Erzherzog Friedrich die GUERRIERA unweit des Kelbflusses und unweit der Küste in eine Position, von der aus er den feindlichen Verkehr an der Küstenstraße beobachten und stören sowie eventuelle Angriffe auf derselben gegen den alliierten Landeplatz bekämpfen konnte. Hiebei wurde eines Nachts von der GUERRIERA aus eine Zusammenrottung zahlreicher Personen auf der Küstenstraße wahrgenommen und daher mehrere Kanonen- und Kartätschenschüsse abgegeben, worauf man eine an Land geschwenkte weiße Fahne erblickte. Ein über Veranlassung Erzherzog Friedrichs ausgesetztes Boot brachte wenig später einen arabischen Soldatensprecher an Bord, der sich und seine Kameraden als Überläufer von den ägyptischen zu den türkischen Fahnen zu erkennen gab und um Aufnahme ersuchte. Friedrich veranlaßte die Aufnahme der Überläufer durch die Schiffboote der GUERRIERA und befreite jene hiedurch aus ihrer exponierten und gefährlichen Position im feindlichen Herrschaftsbereich. Der ägyptische Befehlshaber war gegenüber Fahnenflüchtigen bereits mit drakonischen Strafen vorgegangen und ließ diese ohne viel Federlesens enthaupten oder erschießen.

Bald darauf erhob sich in der Nacht ein starker Ostwind, dessen Fallböen mit großem Getöse und großer Wucht die Wellen peitschten. Ein plötzlicher lauter Ruf der Wache ließ die gesamte Mannschaft der GUERRIERA an Deck eilen, die im verglimmenden Schein eines Holzfeuers mehrere Menschen auf einer isolierten und dem Sturm ausgesetzten Klippe bemerkten. Erzherzog Friedrich ließ ein Boot mit den acht besten Ruderern bemannen, die bei dem herrschenden Unwetter ablegten, die Einsamen bargen und bald darauf mit ihnen wieder an Bord waren. Es handelte sich um eine aus Beirut unter Zurücklassung ihres gesamten Hab und Gut geflüchtete griechische Familie, die von Erzherzog Friedrich auf das freundlichste aufgenommen und auch noch später während der gesamten Dauer des Syrischen Feldzuges großzügig und mit echter Humanität unterstützt wurde.

Schiffskapitän Erzherzog Friedrich an der Spitze der österreichischen Schiffsbesatzung
bei der Erstürmung von Saida in Syrien am 26. September 1840.
Lithographie von F. Herr nach einem Entwurf von K. Schindler.

Zwischenzeitlich hatte Commodore Napier einen erfolgreichen Aufruf an die syrische Bevölkerung erlassen, sie zum Überlaufen aufgefordert und ihr Schutz und Waffenhilfe zugesagt. Dieser Aufruf hatte viel Erfolg und verstärkte laufend die Truppenstärke der Verbündeten.

Gleichzeitig wurden immer mehr türkische Truppen von der entlasteten Nordfront nach Syrien verlegt. So stieß beispielsweise der österreichische Kriegsdampfer MARIA ANNA mit 500 in Cypern aufgenommenen türkischen Soldaten am 19. September zur Flotte vor Beirut.

Die von Erzherzog Friedrich gegenüber Stopford und Napier angebotene persönliche Teilnahme sowie der Teilnahme seiner Truppen an den Operationen der Alliierten wurden von den beiden britischen See- und Landbefehlshabern akzeptiert.

Stopford dankte dem österreichischen Konteradmiral Bandiera und auch Erzherzog Friedrich schriftlich auf das verbindlichste für den Eifer, mit welchem letzterer und seine Fregatte der gemeinsamen Sache dienten, und versprach auf dessen Bitte hin, ihn und sein Schiff auch in Zukunft tätig zu verwenden.

Die Einnahme von Saida

Da nun seitens der Verbündeten die ersten strategischen Positionen erfolgreich besetzt waren und sich langsam die schlechte Jahreszeit näherte, war es eine vordringliche Aufgabe des Oberkommandos, für die Truppen möglichst rasch zumindest eine Stadt als festes Winterquartier an der syrischen Küste sicherzustellen, die ihnen auch feste Verteidigungsstellungen bot, da es klar war, daß die Flotte während der schlechten Jahreszeit diese Funktion nicht lückenlos würde erfüllen können. So klar das Prinzip war, so sehr gingen jedoch die Meinungen darüber, welche Hafenstadt zuerst eingenommen werden sollte, auseinander. Nachdem bereits am 12. September der kleine Platz Djebail durch drei englische Schiffe besetzt worden war, erging von Stopford am 14. September ein Befehl an den englischen Kapitän Collier, die Hafenstadt Tyrus zu besetzen. Dieser Befehl wurde jedoch durch das energische Einschreiten des immer sehr bestimmten Commodore Napier widerrufen, der als erstes eine Einnahme der Hafenstadt Sidon – Saida – durchsetzen konnte, ein Plan, der bereits vorher einmal beschlossen und verworfen worden war.

Admiral Stopford übertrug am 24. September dem Protagonisten dieses Operationsplanes, Commodore Napier, auch dessen Durchführung und teilte ihm hiezu unter anderen neben dessen eigenem Linienschiff THUNDERER, der Brigg WASP und drei englischen Kriegsdampfern mit Landungstruppen auch die österreichische Fregatte GUERRIERA unter dem Kommando Schiffskapitäns Erzherzog Friedrichs sowie den türkischen Konteradmiral Walker Bei mit einer Korvette zu.

Am 26. September, knapp vor Mittag, kam Erzherzog Friedrich mit seiner Fregatte vor Saida an. Das antike Sidon machte im Jahre 1840, wie Vimercati schrieb, einen ziemlich trostlosen Eindruck, wirkte verfallen, nur an zwei Punkten durch neuere Militärforts befestigt, und machte nicht den Eindruck, als ob es einem entschlossenen Angriff längere Zeit Widerstand leisten könnte.

Neben der GUERRIERA ankerten am 26. September auf der Reede von Saida noch die englischen Schiffe THUNDERER, WASP, STROMBOLI, CYCLOPS, GORGON und HYDRA sowie die türkische Korvette GUELI SEFID. Aufgrund der herrschenden Windstille mußten die Segelschiffe durch den britischen Kriegsdampfer STROMBOLI in Schußposition geschleppt werden. Erzherzog Friedrich wurden von dem auf die österreichische Fregatte gekommenen Commodore Napier die Artillerieziel-punkte für GUERRIERA bekanntgegeben und die Bereitstellung eines Landungsdetachements befohlen.

Nach Ablehnung der durch einen Parlamentär Commodore Napiers überbrachten Aufforderung zur Übergabe der Stadt wurde von der GUERRIE-RA und den britischen Schiffen das Feuer über Befehl Napiers um die Mittagszeit eröffnet und schwerpunktmäßig die neue Kaserne als Ziel aufgefaßt. Nach etwa einer dreiviertel Stunde erhielt die GUERRIERA dann den Befehl zur Feuereinstellung, weil das erste türkische Landungs-detachement beim neuen Seekastell an Land ging und dieses, da es schwach besetzt war, trotz lebhaftem Gewehrfeuer rasch nahm. Das Feuer der Schiffsartillerie der GUERRIERA wurde nun befehlsgemäß verlegt und auch das südliche Kastell beschossen. Die Salven der GUERRIERA wurden anfangs mit vollen Artilleriesalven von seiten der Ägypter beantwortet, die jedoch nach etwa einer Stunde aufhörten, woraus der Schluß gezogen wurde, daß die Mannschaften entweder gefallen oder geflüchtet waren. In der Zwischenzeit hatte sich das aus 30 mit Gewehren und Säbeln bewaff-neten Matrosen zusammengesetzte und von Schiffsfähnrich Pöltl, Kadett Chinca und Guardiano Boncallo geführte österreichische Landungsdeta-chement gemeinsam mit den übrigen Kriegsschiffbooten beim Kriegs-dampfer STROMBOLI gesammelt. Wenig später kam der Kommandant der englischen Brigg WASP, Commander Mansell, an Bord der GUERRIE-RA und teilte Erzherzog Friedrich mit, daß er von Commodore Napier mit der Leitung des alliierten Landungsunternehmens gegen das Südkastell beauftragt worden war. Gleichzeitig ersuchte er um Bereitstellung einer zweiten österreichischen Landungsgruppe. Vom Dampfer STROMBOLI aus setzten sich nun das österreichische und englische Landungsdetache-ment, die österreichische und britische Flagge führend, in zwei Bootskolonnen Richtung Südtor in Bewegung, wo sie unter Hilfestellung durch die eigene Schiffsartillerie trotz heftigen Gewehrfeuers landen und dieses nehmen konnten. Von Bord der GUERRIERA aus konnten Erzherzog Friedrich und die übrigen Besatzungsmitglieder den weiteren Vorgang der Landung sehr gut beobachten. Die weitere Entwicklung wollen wir daher der unmittelbaren Schilderung des Tagebuches Erzherzog Friedrichs überlassen, der bald selbst mitten im Kampf stehen sollte:

„Cadet Chinca mit der österreichischen Fahne, die er aus der Schaluppe mitnahm, zog voran, ihm folgte das Detaschement der 30 österreichischen Matrosen mit ihrem Commandanten Schiffsfähnrich Pöltl an der Spitze, und erstieg rasch und unaufhaltsam die steile Höhe des Ufers. Den Oesterreichern folgten unmittelbar die Engländer unter allgemeinem Hurrah und Vivatrufen. Von der Guerriera konnten wir diess alles deutlich sehen und jeden einzelnen Mann unterscheiden. Da bei dem Eindringen in die Stadt das Kleingewehrfeuer zunahm und heftiger Widerstand von Seite der Vertheidiger zu vermuthen war, so liess ich sogleich ein zweites Detaschement von 40 Mann unter dem Schiffsfähnrich Dembowsky auf der Fregatte in Bereitschaft setzen, mit welchem ich selbst in Begleitung des Obersten v. Lebzeltern unverzüglich zu landen gedachte: zu welchem Ende ich das Boot, welches den schwer verwundeten Matrosen Bagotti an Bord brachte, zurückbehielt und auch noch ein Boot der türkischen Corvette holen liess. Das Schiffscommando aber übergab ich einstweilen dem Corvetten-Capitän Marinovich.

In diesem Augenblicke kam der Commander Mansell zur Fregatte, dem ich mein Vorhaben mittheilte. Er bedeutete mir, dass es noch nicht Zeit sei mit der Verstärkung, auf welcher er sehr rechne, nachzurücken. Ich hielt also noch inne; einige Minuten darauf bestieg ich mit dem Obersten v. Lebzeltern meine Yole um dem Commodore Napier zu folgen, der sich eben dahin begab. Ich landete und verfügte mich dahin, wo unsere und die englischen Truppen auf der Höhe am Eingange in die Gasse Posten gefaßt hatten. Hier verlangte Mansell ein zweites Detaschement, indem er beisetzte, dass er auf diese Verstärkung um so mehr rechne, da er nicht genug Worte finden kann, die Bravour unserer Leute zu loben, welche gleich anfangs den Feind mit solcher Entschlossenheit angriffen. Ich sandte gleich darnach und es wurde mir auch durch Corvetten-Capitän Marinovich unverweilt zugesendet, welcher noch mehrere Raketen unter Commando des Marine-Artillerie-Lieutenants Schewczick hinzufügte. Ungeachtet des aus einigen Häusern am Ufer unterhaltenen feindlichen Gewehrfeuers landeten sie ohne Anstand und Zeitverlust. Nachdem dieses zweite Detaschement, vereint mit einer Abtheilung Engländer, in dem grossen und sehr solid gebauten Hause unsers Viceconsuls Cattafago am Eingange der Stadt als Reserve und Deckung eines allenfallsigen Rückzuges

Beschießung der ägyptischen besetzten Stadt und Festung Saida in Syrien
durch die Fregatte GUERRIERA, Kommandant Erzherzog Friedrich (Bildmitte),
und andere Schiffe der britisch-österreichisch-türkischen Flottenallianz, September 1840.

aufgestellt wurde, drang ich an der Spitze meines ersten Detaschements und einiger Engländer gegen das Bergcastell vor, welches ich erstieg und wohin auch bald eine andere Abtheilung Engländer kam, die von der Nordseite in die Stadt eingedrungen war. Die türkischen Truppen rückten hier auf der Seite des Wasser-castells in die Stadt. Um 6 Uhr waren wir im vollen Besitze desselben. Die noch in den Häusern befindlich gewesenen Araber kamen nach und nach zum Vorschein und ergaben sich, andere wurden in den Gassen angegriffen. Von den 2000 Mann, in welchen die Besatzung bestanden haben mochte, wurden 1500 Mann gefangen genommen. Des Feindes Verlust an Todten und Verwundeten muss nicht unbedeutend gewesen sein, da wir deren mehrere in den Gassen fanden, durch welche wir giengen. Ich liess die Verwundeten durch den Chefarzt Dr. Minonzio, der mich freiwillig begleitet hatte und nicht von meiner Seite gewichen war, verbinden und auf die Guerriera bringen. Ich kann nicht umhin hier zu erwähnen, dass auch meine braven Dienstleute, Kammerdiener Baracovich und der Leiblakai Mancini es sich erbaten mich begleiten zu dürfen und mir bewaffnet stets zur Seite waren. Der Verlust unsererseits bestand in dem Matrosen dritter Classe Ciriello, welcher gleich beim ersten Eindringen in die Stadt von vier Kugeln getroffen wurde. An Verwundeten hatten wir bloss den Matrosen Bagotti, welcher noch vor dem Debarquement im Boote durch die Brust geschossen wurde. Die Engländer hatten einen Offizier und vier Mann getödtet und einen Offizier und sechs Mann verwundet. Der Verlust der Türken ist mir unbekannt geblieben, er kann aber nicht sehr beträchtlich sein." „Ich kann" – sagt der Prinz weiter – „die Bravour, die Kaltblütigkeit des Schiffsfähnrichs Pöltl nicht genug loben, welcher ungeachtet der Schwierigkeiten des Terrains das Ufer kühn erstieg und mit seinem Detaschement trotz des heftigen Feuers aus den Häusern in die Stadt eindrang, und so den nachfolgenden Engländern den Weg bahnte, um in die engen und finsteren Gassen vorzurücken."

Dieser schlichten Tagebuchschilderung durch Erzherzog Friedrich stellt der Autor die Eindrücke seines Untergebenen, des Artilleriesoldaten Vimercati, gegenüber, der von Bord der GUERRIERA aus die Vorgänge an Land wie folgt empfand:
„ . . . Die von Soliman Pascha angeführte Besatzung zog sich in daß Fort zurück. Obwohl der Widerstand der Egyptier schon gebrochen war, so schien es doch durch letztere Maßregel unmöglich gemacht, das so glücklich begonnene Unternehmen zu Ende zu bringen, als Erzherzog Friedrich mit frischer Mannschaft ans Land getreten, den tapferen Kadetten Chinca mit seinen Gefährten zu einem entscheidenden Wagnisse aneiferte, und nachdem Hochderselbe an die Spitze eines Häufleins getreten war, über die Bruchstücke einer alten Mauer stürmend, an der äußeren Schutzwehre hinankletterte. Alles gab Ihn verloren, die Anwesenheit einer selbst sehr kleinen feindlichen Schaar an diesem Punkte hätte ganz unvermeidlich den Untergang sämtlicher Emporklimmenden herbeiführen müssen. Über ihre Häupter stürzend fällt unter heftigem Gekrach eine Masse Mauerwerk herab, eine geräumige Bresche wird von Ferne sichtbar und für einen Augenblick schien es, als wäre Seine kais. Hoheit mit dem größten Theil seiner Schaar verschüttet: aber das Glück war ihnen günstig: unverletzt entrannen sie der Gefahr und verfolgten

ihr begonnenes Werk mit so ausdauernder Kühnheit, daß sie trotz eines Kugelregens, dem sie Zielscheibe dienten, auf der Zinne eines hohen Thurmes zu unserer höchst freudigen Ueberraschung die österreichische Flagge aufpflanzten und stolz wehen ließen. Eine mit solchem Heldenmuthe vollführte That verdient wahrlich als höchst ruhmwürdig von der Geschichte verewigt zu werden. . . ." Soweit Vimercati.

Faßt man die Berichte und Eindrücke über die Beteiligung Friedrichs bei dem Landungsunternehmen, insbesondere auch jene seiner vorgesetzten Nichtösterreicher, des Commodores Napier und des Oberkommandierenden Admiral Stopford, mit dem Versuch objektiver Distanz zusammen, so muß man konstatieren, daß die Einnahme Saidas sicherlich nicht vom persönlichen Eingreifen Erzherzog Friedrichs abhing. Ebenso Tatsache ist aber auch, daß er durch sein Eingreifen ein hohes Maß an persönlichem Mut, Kampf- und Führungswillen unter Beweis gestellt hat und damit die Einnahme Saidas mit Schwung und spektakulär für die österreichischen Farben und die österreichische Flotte zu Ende führen konnte. Marine und Kaiserhaus zogen Prestige aus dem mutigen Einsatz ihres Mitglieds Erzherzog Friedrich.
Die Belohnung für den Einsatz des Linienschiffskapitäns Erzherzog Friedrich ließ dementsprechend auch nicht lange auf sich warten. Kaiser Ferdinand verlieh ihm als erstem Mitglied der k. k. Marine das Ritterkreuz des Militär-Maria-Theresien-Ordens, der begehrtesten österreichischen Kriegsauszeichnung, die er dem Vater Friedrichs mit folgenden Begleitworten zur Weiterleitung an seinen Sohn überreichte:
„Es kann für Euren Liebden nur ein erhebendes Gefühl sein, so früh einen Ihrer Söhne die Heldenlaufbahn betreten zu sehen, auf welcher Euer Liebden so viele Lorbern gepflückt und nicht ohne Grund und Hoffnung nähren zu können, daß auch in ihm Unserem Hause und dem Vaterlande eine Stütze heranwächst, die für Österreich die Waffen mit Ruhm zu führen wissen wird. Schönbrunn, den 25. October 1840. Ferdinand"

Zar Nikolaus von Rußland übersandte Friedrich mit den schmeichelhaftesten Ausdrücken den St.-Georgs-Orden IV. Klasse, von der Königin Victoria von England erhielt er anläßlich seines späteren dortigen Aufenthaltes das Großkreuz des Bath-Ordens und von König Wilhelm von Preußen den preußischen Militär-Verdienst-Orden, das Pour le Merite. Außerdem erhielt er später im Zusammenhang mit seiner Waffentat in Saida noch weitere 15 Orden. Den treuen Mitstreitern Friedrichs, darunter Oberst von Lebzeltern, wurde der Orden der Eisernen Krone II. Klasse, Korvettenkapitän Marinovich und k. k. Schiffsfähnrich Joseph Pöltl jener der III. Klasse verliehen. Dem Marinekadetten Dominik Chinca verlieh der Kaiser die Goldene und den Matrosen Miani und Baldo die Silberne Tapferkeitsmedaille.

Nach der erfolgreichen Eroberung von Saida wurde dieses sofort durch alliierte Truppen besetzt, die Verteidigungsstellungen wurden repariert und vor allem landseitig verstärkt und ausgebaut. Anfang Oktober wurden von der GUERRIERA zehn Kanoniere und zehn Angehörige der Raketenabteilung samt ihrem Kampfgerät unter Befehl Leutnant Schewcziks zur Verstärkung an Land gesetzt, um die Verteidigung Saidas gegen einen eventuellen Gegenangriff Ibrahim Paschas zu verstärken. Dieser Angriff fand wahrscheinlich eben wegen der stattgefundenen Verteidigungsverstärkungen nicht statt.

Wenige Tage später schloß der mächtige Herrscher des Libanongebirges, der Emir Beschir, mit den Türken unter der Garantie Admiral Stopfords einen Friedensvertrag ab, der es ihm ermöglichte, unter Wahrung seiner alten Rechte zu den Türken überzutreten. Gegen Saida ziehend, kampierte er etwa eine halbe Wegstunde vor der Stadt in einem Gezelte, wo ihn Erzherzog Friedrich in einer mondhellen Nacht inkognito besuchte und wo er das orientalische Gepränge in einer romantischen Atmosphäre auf sich wirken lassen konnte. In einem Gespräch mit Friedrich teilte diesem der Emir mit, daß Ibrahim Pascha unter starken Truppenverlusten leide und laufend schwächer werde.

Trotz der bedeutenden an der syrischen Küste bereits erzielten strategischen Erfolge tendierte Admiral Stopford bis Anfang Oktober dazu, nun nichts mehr weiter zu unternehmen, während Commodore Napier wie üblich zum Gegenteil neigte.

Nach dem Sieg, den Emir Beschir Kassim am 4. Oktober bei Meruba über ägyptische Truppen erzielt hatte, glaubten nun sowohl Admiral Stopford als auch Commodore Napier, daß die Zeit zum Handeln gekommen wäre, jedoch wollte ersterer Beirut direkt angreifen, um es zu erobern, während Napier die um die Stadt lagernden Landtruppen angreifen und besiegen wollte, wodurch sie automatisch in die Hände der Verbündeten fallen würde.

Ohne viel zu fragen und später gegen die einlangenden ausdrücklichen Befehle seines Admirals führte Napier den einmal von ihm beschlossenen,

Schiffskapitän Erzherzog Friedrich nach der von ihm angeführten Eroberung des Bergkastells von Saida inmitten österreichischer, englischer und türkischer Truppen am 26. September 1840. Federzeichnung von J. Dallinger.

mit den türkischen Truppenbefehlshabern abgestimmten Aufmarschplan am 7., 8. und 9. Oktober aus. Sein Ersuchen an den österreichischen Eskaderchef Konteradmiral Bandiera um Überlassung einer Raketenbatterie konnte von diesem nicht befolgt werden, da Admiral Stopford deren Ausschiffung ausdrücklich verbot. In Ausführung der Gefechtspläne Napiers kam es nun im bergigen Hinterland von Beirut beim Ort Boharsuf am 10. Oktober 1840 zu jenem für ihn siegreichen und entscheidenden Gefecht, welches auch jenes von Calat Meidan genannt wird und bei dem die verbündeten Truppen die ägyptischen Widersacher in harten Kämpfen von Stellung zu Stellung zurücktrieben, bis endlich das Erscheinen des türkischen Truppenführers Omer Bei, dem ehemaligen österreichischen Oguliner Lattas, im Rücken der ägyptischen Truppen letztere zu wilder Flucht veranlaßte. Am gleichen Tag fiel endlich auch Beirut ohne Kanonen-

schuß, nachdem der ägyptische Kommandant die große Hafenstadt flucht-
artig verlassen hatte.

Bei seiner Rückkehr in das Basislager von Jounieh fand Napier ein Schreiben
seines Admirals vom 10. Oktober, dem Beginn der tatsächlichen Kampfhandlungen, vor, das ihm noch einmal jede Offensivbewegung untersagte
und den Rückmarsch ins Lager von Jounieh befahl. Auf dieses Schreiben
antwortete Napier mit drei denkwürdigen Berichten. Der erste, datiert vom
10. Oktober, war eine kurze Mitteilung über das stattgefundene Gefecht und
seinen Sieg über die Truppen Ibrahim Paschas. In seinem zweiten Brief vom
11. Oktober fragte Napier etwas ironisch an, ob er den Befehl zum Rückzug
nun noch befolgen sollte, und in seinem dritten Schreiben vom 13. Oktober
gab er einen detaillierten Bericht über das siegreiche Gefecht.

Am Abend des 11. Oktober ließ sich Napier zum Flaggschiff PRINCESS
CHARLOTTE rudern, um sich mit Admiral Stopford und dem zwischen-
zeitlich gesundeten Oberst Smith zu besprechen und an letzteren die
Leitung der Landoperationen rückzuübertragen und gleichzeitig seinen
Beschluß bekanntzugeben, sich hinkünftig nicht mehr in die Landopera-
tionen einzumischen.

Erzherzog Friedrich widmete sich in jugendlichem Elan dem Dienst auf
der Fregatte, den Befestigungsarbeiten in Saida, Rekognoszierungen und
Ausflügen im Hinterland der geschichtsträchtigen Hafenstadt. Auf Befehl
des österreichischen Konteradmirals nahm die GUERRIERA dann am
22. Oktober ihre gesamte Mannschaft wieder an Bord, lichtete Anker und
traf am 23. Oktober 1840 auf der Reede von Beirut ein.

Die Eroberung von St. Jean d'Acre

Trotz der andauernden militärischen Fortschritte beurteilten Admiral
Stopford und Oberst Smith die allgemeine Lage für die Verbündeten als so
ungünstig und die eigenen Stellungen für so gefährdet, daß sie die Stellungen aufgeben und vor allem die ungeübten türkischen Truppen nach
Cypern zurückziehen wollten. Ähnlich scheinen auch ihre Berichte nach
London gelautet zu haben, und nicht nur dort, sondern auch bei der
verbündeten Flotte mutmaßte man, daß sich Stopford über den Winter
lieber nach Marmaris und Malta zurückziehen wollte, anstatt die schlechte
und auf den Schiffen anstrengende Jahreszeit an der ungeschützten syrischen Küste zu verbringen.

Am 8. Oktober war die österreichische Korvette CLEMENZA, ein 20-Ka-nonen-Schiff von 34,5 Metern Länge, unter ihrem Kapitän Logotetti von ihrer Station vor Alexandria abgezogen worden, wo es ihr gelungen war, das Auslaufen des ägyptischen Flaggschiffes zu verhindern. Die CLEMEN-ZA hatte sich wesentlich am 16. Oktober bei dem von den umliegenden aufständischen Bergbewohnern getragenen Angriff und der Einnahme der syrischen Hafenstadt Tripolis beteiligt, deren Militärbefehlshaber dann der Österreicher Logotetti geworden war.

Dem ständigen Drängen des türkischen Konteradmirals Walker Bei nach-gebend, hatte Admiral Stopford diesem erlaubt, von See aus die allein in ägyptischer Hand noch verbliebene bedeutendste Hafenfestung an der syrischen Küste, Akkon oder St. Jean d'Acre, von See aus zu rekognoszie-ren. Als Walker Bei am 24. Oktober Richtung Süden auslief, schloß sich ihm Konteradmiral Bandiera mit der MEDEA freiwillig an und hatte auch dem erst am Tag vorher vor Beirut eingetroffenen Erzherzog Friedrich und der GUERRIERA Befehl erteilt, nach St. Jean d'Acre zu segeln. Die offensicht-lich sehr schöne Segelfahrt schilderte unser Kanonier Vimercati auf der GUERRIERA folgendermaßen:

„ . . . *Unter einem lachend klaren Himmel, während der Morgenwind die ange-nehmste Kühle verbreitete, und längs einer Küste hinsteuernd, welche reich an den glänzendsten Erinnerungen, und von der Natur mit einer Fülle von Reizen ausgestattet, auf den Reisenden einen doppelt angenehmen Eindruck hervorbringt, entfalteten wir die Segel, und richteten unsern Cours nach St. Jean d'Acre. Unsere Fregatte durchschnitt mit sanftem Wiegen die blauen, durch den Reflex der Sonne zum Theile vergoldeten Wellen, und die herrlichste Briese, die ich je unter diesem Himmelsstriche gefühlt habe, trug dazu bei, das Gemälde von Frieden und heiterer Stille zu vollenden; die Natur schien die durch Leidenschaften und Sorgen gehetz-ten Gemüther zur Ruhe einzuladen. Ich betrachtete schweigend diese heitere und angenehm rührende Scene. Einige Zeit darauf kam ein englisches Dampfschiff mit Schnelligkeit an uns heran, und überbrachte den Befehl, wieder auf die Rhede von Bairuth zurückzukehren, und daselbst vor Anker zu gehen. . ."*

Was war passiert? Bandiera hatte „freiwillig", das heißt ohne ausdrückli-chen Befehl seines Admirals, mit den österreichischen Schiffen die Reede von Beirut Richtung Akkon verlassen, was gegen die Intentionen seines kommandierenden Admirals gewesen war, der sich sofort selbst in Bewe-gung setzte, um seinen österreichischen Konteradmiral mit dessen Schiffen wieder auf die Reede von Beirut zurückzuholen, was auch geschah.

Offensichtlich waren unter anderem auch aus der englischen Flotte – vielleicht durch Napier – Vorstellungen über das Zögern Admiral Stopfords nach London berichtet worden, denn Ende Oktober traf die dringende Depesche Palmerstons bei Admiral Stopford ein, Akkon so bald wie möglich einzunehmen. Daraufhin rief Admiral Stopford am 30. Oktober einen Kriegsrat auf dem Flaggschiff PRINCESS CHARLOTTE ein, zu dem alle Schiffskommandanten einschließlich Erzherzog Friedrich eingeladen waren.

Stopford und Smith sprachen sich hiebei ebenso entschieden gegen einen Angriff auf Akkon aus, wie Konteradmiral Bandiera, Konteradmiral Walker Bei, Commodore Napier und Linienschiffskapitän Erzherzog Friedrich dafür waren. Stopford ließ sich schließlich überzeugen, wollte aber dann die österreichischen Schiffe ihres zu geringen Kalibers wegen nicht in der Kampflinie einsetzen. Deren Einsatz wurde erst befohlen, als sich Erzherzog Friedrich und Oberst von Lebzeltern sehr energisch dafür aussprachen, daß sich die Österreicher auf keinen Fall einer Gefahr entziehen wollten, der sich auch die übrigen Verbündeten aussetzten.

Nun wurden die eingeschifften türkischen Fußtruppen mit ca. 3000 Mann verstärkt, und ab 30. Oktober lichteten die in Beirut liegenden Schiffe die Anker und stachen Richtung Akkon in See. Nach rasch durchgeführter Übernahme von Nachschub vom Dampfer MARIA ANNA passierte die GUERRIERA am 1. November wieder Saida, wo die dort vor Anker liegende Korvette LIPSIA der österreichischen Kampfgruppe für Akkon eingegliedert wurde. Am 2. November 1840 war die alliierte Flotte bestehend aus siebzehn britischen, drei österreichischen und einem türkischen Kriegsschiff in den Gewässern von St. Jean d'Acre außerhalb der Kanonenschußweite der Festungsartillerie versammelt. Während sich Schiffskapitän Erzherzog Friedrich auf der GUERRIERA dem Hafen näherte, konnte er bereits das Feuer der Schiffsartillerie von bereits früher eingetroffenen Schiffen der Verbündeten hören, die zum Teil bewaffnete Aufklärungsfahrten unter die Kanonen von Akkon unternahmen, welche aber nicht antworteten, um ihre Stärke und Stellung nicht zu verraten.

Der ägyptische Oberbefehlshaber Ibrahim Bei wußte durch Kundschafter über die Absichten der Alliierten, Akkon anzugreifen, Bescheid, hielt die Festung aber aufgrund ihrer Ausstattung mit 313 Geschützen, von denen allerdings nur 107 zur See zeigten, durch eine Besatzung von über 4000 Mann, verstärkt durch 1000 Mann Kavallerie, die vor der Festung lagerten, und große Vorräte an Munition und Lebensmittel als für nicht gefährdet. Noch am Abend des 2. November ließen sich sämtliche Schiffskommandanten zu einem Kriegsrat an Bord des Flaggschiffes rudern, wo es in der Folge wieder zu bis in die frühen Morgenstunden andauernden sachlichen Auseinandersetzungen zwischen Stopford und Napier über die Art und Weise des Einfahrens der Schiffe in die Schußpositionen vor den Festungsmauern kam. Während Stopford aufgrund eines vorgefaßten Planes die Segelkriegsschiffe durch die wenigen Kriegsdampfer bei der herrschenden Windstille in die Gefechtspositionen einbugsieren lassen wollte, bewies ihm Napier die Mängel dieses zu zeitraubenden und gefährlichen Konzepts – die Schiffe wären hiebei zu lange dem Beschuß ausgesetzt gewesen – und überzeugte seinen Admiral schließlich von seinem Plan, die Schiffe bei der regelmäßig aufkommenden mittäglichen Brise gleichzeitig in ihre Gefechtspositionen segeln zu lassen.

Die Flotte wurde in drei Divisionen eingeteilt, von denen die erste aus englischen Kriegsschiffen unter Commodore Napier von Norden einsegeln, die zweite unter dem Kommando Kapitäns Colliers mit der österreichischen Eskader unter Bandiera, der türkischen unter Walker Bei und weiteren englischen Schiffen von Süden in ihre Gefechtspositionen segeln, während die vier Kriegsdampfer als quasi dritte Division mit Maschinenkraft etwas zurückgesetzt zwischen den zwei Segelschiffsdivisionen Aufstellung nehmen sollten.

So geschah es im Prinzip dann auch, wobei es aber durch unklare Befehlslinien – Commodore Napiers Schiff hatte Schwierigkeiten und Verzögerungen durch seinen unklaren Anker, Admiral Stopfords Kommandoflagge wehte auf einem Schiff, auf dem er sich nicht befand, überdies erteilte er unter Umgehung der Divisionskommandanten direkte Befehle an einzelne Schiffskapitäne, und außerdem wechselte der Wind zweimal seine Hauptrichtung – zu einem ziemlichen Durcheinander beim Einsegeln der multinationalen Flotte kam.

Schließlich standen die Schiffe aber in etwa in den geplanten Positionen, und die Beschießung von St. Jean d'Acre begann am 3. November 1840 um etwa 14 Uhr 30. Die erste Division unter Commodore Napier vereinigte auf ihren sechs Schiffen insgesamt 464 Geschütze, während die zweite Division, bei der die Fregatten MEDEA, GUERRIERA und LIPSIA standen, auf ihren elf Schiffen insgesamt über 468 Geschütze verfügte. Das Artilleriefeuer der Schiffe dauerte in größter Lebhaftigkeit etwa dreieinhalb Stunden. Auf der Fregatte Erzherzog Friedrichs, der GUERRIERA, wurden in dieser Zeit 854 Kanonenkugeln und auf der gesamten Flotte der Verbündeten rund 40.000 Kanonenkugeln verschossen.

Die ägyptische Festungsartillerie schoß anfangs konzentriert zurück, wobei völkerrechtswidrig eingesetzte Kettenkugeln Teile der Takelage der verbündeten Schiffe abrasierten, doch lag das Feuer im allgemeinen zu hoch, war wenig wirkungsvoll und wurde nach und nach zum Schweigen gebracht.

Die LIPSIA erhielt keinen einzigen Treffer, während die MEDEA und die GUERRIERA mehrere Treffer einstecken mußten. Die Verluste unter den österreichischen Besatzungen waren gering.

Der auf der GUERRIERA als Schiffsartillerist dienende Vimercati schilderte, daß beim wohlgeregelten Feuer der Kriegsschiffe und ihren vollen Lagen Himmel, Erde und See erschüttert zu werden schienen und das Bombardement das Tageslicht durch Pulverdampf verdunkelte, aus dem die Blitze der einzelnen Abschüsse aufleuchteten.

Die regelmäßigen Lagen der auf der GUERRIERA von Schiffskapitän Erzherzog Friedrich geleiteten Kanonade wurde plötzlich um ca. 16 Uhr 30 durch eine furchtbare Explosion im Inneren der Festung unterbrochen, die durch einen Treffer oder durch Sabotage mit den schrecklichsten Folgen ausgelöst worden war. Einem Vulkanausbruch gleich flogen unter entsetzlichem Gekrache, Feuer und Rauch Tausende von Bruchstücken, Mauerresten, Eisen- und Holzteilen, Feldstücken, die verbrannten Leichenteile von Männern, Frauen und Kindern, Pferden und anderen Lebewesen in die Luft und anschließend auch teilweise um die ankernden Schiffe, darunter auch die GUERRIERA, in die See. Die Luft war von rötlich-schwarzen Rauchwolken und einer großen Menge Sandes verdunkelt, und auf der GUERRIERA war ein herzzerreißendes Wehgeheul aus der Stadt zu hören. Nach nie genau festgestellten Unterlagen sollen um die 1500 Personen bei dieser Explosion umgekommen sein. Unmittelbare Folge war, daß ein Teil der militärischen Besatzung und der Bewohnerschaft in Panik aus der Stadt zu flüchten begann, obwohl nach Meinung der Alliierten die Verteidigungsfähigkeit der Festung St. Jean d'Acre trotz des schrecklichen Unglücks militärisch nicht wesentlich vermindert worden war.

Während des Abends und der Nacht wurden auf der Flotte der Verbündeten die Vorbereitungen getroffen, um am kommenden Morgen Breschen in die Mauern zu schießen und Landungstruppen zum Sturmangriff auf Akkon bereitzustellen. So auch auf dem Schiff Erzherzog Friedrichs.

Plötzlich, um 3 Uhr 30 des grauenden Morgens des 4. November, kam der türkische Konteradmiral Walker Bei zur GUERRIERA gerudert und teilte Erzherzog Friedrich mit, daß nach seinen Informationen eine gute Möglichkeit bestünde, noch vor dem Sonnenaufgang St. Jean d'Acre hand-streichartig zu besetzen. Da sich Walker Bei mit den ihm zur Verfügung stehenden Kräften von nur 300 Mann türkischer Marineinfanterie zu schwach für diesen Handstreich fühlte, ersuchte er den Erzherzog um dessen Hilfe, die ihm von Friedrich auch sofort zugesagt wurde, indem er gleichzeitig den Schiffsfähnrich Pöltl zu seinem Konteradmiral Bandiera entsandte, um dessen Erlaubnis bat und diese auch erhielt. Nachdem das schon am Vorabend eingeteilte Landungsdetachement in die Boote gegan-gen war, bestieg auch Schiffskapitän Friedrich sein Boot, und die Flotille näherte sich zum vereinbarten Zeitpunkt so leise und so rasch wie möglich der Mole beim Wassertor, jener Stelle, wo 1190 Herzog Leopold von Öster-reich gelandet war und so erfolgreich gekämpft und gesiegt hatte. Walker Bei war mit seinen Türken etwas weiter westlich gelandet.

Das österreichische Landungsdetachement bestand neben seinem Kom-mandanten Erzherzog Friedrich aus Oberst von Lebzeltern, Alfons Frei-herr du Mont von Monten, einem Kriegsfreiwilligen, der vom Oberkom-mando auf die GUERRIERA geschickt worden war, dem Schiffsfähnrich Dembowsky, dem bewährten Artillerieleutnant Schewczick, dem Piloto Vuketich als Führer, der die Lage in der Nacht ausgekundschaftet hatte, den Kadetten Hochkofler und Kohen, dem Oberarzt Dr. Minonzio, aus 56 bewaffneten Matrosen und 4 Unteroffizieren, 35 Infanteristen sowie 11 Schiffsartilleristen mit zwei Raketengestellen und 16 Raketen, alles in allem 114 Mann. Am Wassertor angekommen überlassen wir die weitere Schilderung wieder der Tagebuchfeder Erzherzog Friedrichs:

„Dort fanden wir den Grafen Nugent mit vier englischen Matrosen. Von den Türken aber waren kaum 10 bis 12 Mann am Fusse der Mauer zu sehen. Das Stadtthor war fest verschlossen und alles in der tiefsten Stille. Graf Nugent sagte mir, dass seitwärts vom Thore eine Oeffnung (oder ein Fenster) wäre, welche die Aegyptier als Schiesscharte benützt und eine Kanone dahinter aufgestellt hatten, und durch die man hineinkriechen könne. Diess thaten wir auch sogleich und kamen in den grossen Hof eines im Baue begriffenen Mauthgebäudes. Dort formirten wir unsere Leute. Unsere Absicht war nun, da wir nichts von den Türken sahen, welche entweder von einer anderen Seite in die Stadt gedrungen und einen Punct besetzt, oder was wahrscheinlicher sich verlaufen und verschlossen hatten, wo möglich die im Innern der Stadt gelegene Citadelle durch Ueberfall zu nehmen und uns so lange darin zu halten, bis die übrigen Truppen nachgerückt wären. Zu diesem Ende war es aber nothwendig, das Festungsthor zu öffnen, um den Rückzug gesichert zu haben. Diess fanden wir nicht nur allein fest verriegelt, sondern auch

mit grossen Bausteinen verrammelt. Wir liessen zwar diese Steine durch einige Einwohner, die wir fanden, wegräumen, zum Eröffnen des Thores selbst fehlten uns aber die Brechstangen und Hacken, welche wir mizunehmen vergessen hatten. Nach einigen vergeblichen Versuchen sandten wir ein Boot an die Guerriera zurück, um das Erforderliche zu holen, und beschlossen einstweilen doch in die Stadt einzudringen, da uns Graf Nugent sagte, dass er den Weg zur Citadelle aus frühern Zeiten her wisse. Wir formirten eine Avantgarde, mit welcher der Graf gieng, und folgten der Colonne. Bald stiessen wir auf kleine Haufen bewaffneter ägyptischer Soldaten. Ich wollte sie sogleich angreifen lassen, Oberst v. Lebzeltern hielt mich aber davon ab, indem er mir vorstellte, dass es zweckmässiger wäre, durch die Dunkelheit des noch nicht grauenden Morgens begünstigt, ruhig an ihnen vorüber zu ziehen und von ihnen unerkannt zu bleiben als durch Schiessen Lärm zu machen, die Uebrigen noch in der Stadt befindlichen Aegyptier herbeizu- locken, und um so gewisser unser Verderben zu bereiten, als wir noch keinen andern Rückzug hatten als die kleine Öffnung, durch welche wir hereingekrochen waren. Man liess uns wirklich unangefochten weiterziehen, und ungeachtet Graf Nugent sich des Weges nicht mehr recht erinnerte und uns irriger Weise an ein anderes grosses Gebäude führte, das der Garnison als Spital diente, so gelangten wir doch glücklich an die Citadelle. Wir fanden sie ohne Besatzung und erstiegen sie sogleich im Sturmschritte. Dort setzten wir uns unverweilt fest und machten unsere Anstalten zur Vertheidigung. Da die Citadelle in einem grossen, gänzlich unersteiglichen Thurme besteht, so hatten wir blos die einzige Aufgangstiege zu besetzen. Auch stellten wir unsere zwei Raketen-Maschinen auf, um den Rest der Garnison, wenn er Lust zur ferneren Vertheidigung der Festung hätte, damit zu beschiessen.

Der Tag brach bald darauf an. Es war der Namenstag meines hochverehrten Vaters, ein Umstand der mir den Werth dieses gelungenen Unternehmens unendlich erhöhte. Ich liess eine grosse türkische (landesherrliche) Flagge auf den Flaggen- stock aufziehen, rechts daneben die österreichische Fahne, die wir aus der Schalup- pe mitgebracht, und links die englische, welche Nugent mitgebracht hatte, auf- stecken. Corvetten-Capitän Marinovich, welcher auf der Guerriera ununterbro- chen auf den Erfolg unserer Landung aufmerksam war, erblickte diese drei Fahnen bald, und begrüßte sie sogleich mit 21 Kanonenschüssen, welchem Beispiele un- verzüglich das türkische Linienschiff und dann die Princess Charlotte wie auch die Medea folgten."

Der an Bord der GUERRIERA verbliebene Schiffsartillerist Vimercati be- richtete, daß beim Setzen der Flagge Österreichs und der Verbündeten auf

Die österreichische Eskader bestehend aus den Fregatten MEDEA (Konteradmiral Bandiera), GUERRIERA (Erzherzog Friedrich) und LIPSIA bei der Beschießung der von Ägypten besetzten Seefestung St. Jean d'Acre (Akkon) am 3. November 1840.

seinem Schiff ein Freudengeschrei erscholl, dem bald jenes auf den anderen Schiffen folgte. Nach Abfeuerung der bereits erwähnten Salutschüsse setzte sich ein Gewimmel von Hunderten von Booten und Flößen mit Besetzungsmannschaften von den Schiffen der Flotte aus über den Hafen in Richtung Akkon in Bewegung, um die Stadt zur Gänze zu übernehmen, was auch in Kürze gelang, und bald wehten von allen Türmen die Flaggen der Verbündeten.

An Bord der GUERRIERA brachte Erzherzog Friedrich mit seinem ganzen Gefolge einen Toast auf Europas Wohl und auf das Gedeihen des dem Sultan zurückgegebenen Syrien aus. Hierauf beschäftigte sich alles mit der Ausbesserung und Instandsetzung der österreichischen Schiffe. Gegen

Mittag traf auf der GUERRIERA die Nachricht ein, daß sich der Rest der teilweise in Gewölben versteckten Verteidigungstruppen ergeben habe und in der Stadt vollkommene Ruhe eingekehrt sei.

Die in der Festung vorgefundenen militärischen und Zivilvorräte waren enorm. Die Stadt selbst bot insbesondere durch die Explosion des Pulvermagazins ein Bild des Jammers. Da hörte man das Stöhnen der Verwundeten und das Wehklagen der Überlebenden, dort lag still ein ganzes Bataillon vernichteter arabischer Kavalleristen samt ihren Pferden in einer riesigen Explosionsgrube.

Am nächsten Morgen machte Erzherzog Friedrich dem Oberkommandierenden Admiral Stopford auf dessen Flaggschiff einen Besuch. Stopford sagte ihm viel Verbindliches über seine Unternehmung vom Vortag. Daraufhin ließ sich der Erzherzog mit Oberst von Lebzeltern und Korvettenkapitän Marinovich zur Festung rudern, um sie in ihrem derzeitigen Zustand zu besichtigen, den er auch in seinem Tagebuch im Detail beschrieb. Besonderes Augenmerk widmete der Prinz einer mit türkischen Soldaten belegten Moschee, die einst die Kirche und das Hospital des Johanniterordens gewesen war, welcher von 1191 bis 1291 seinen Hauptsitz hier hatte und diesen nach einer heldenhaften Verteidigung der Stadt nach Cypern verlegen mußte. Erzherzog Friedrich von Österreich gedachte in aller Ausführlichkeit des Herzogs Leopold von Österreich, aus dessen Kampf um Akkon jene rotweißroten Farben nach der Legende hervorgegangen waren, denen auch der junge Schiffskapitän zum Sieg verholfen hatte.

Im Nachhang zur überraschend schnellen und erfolgreichen Eroberung von St. Jean d'Acre gab es noch viele Verärgerungen zwischen den kommandierenden Offizieren und Vertretern der verbündeten Mächte, die aber doch durch den gemeinsamen Erfolg überdeckt wurden. Auf englischer Seite waren dies die unklare Befehlskette zwischen Admiral Stopford, der zeitweise nicht auffindbar war, und den ihm unterstellten Eskaderkommandanten und Schiffskapitänen, die teilweise widersprechende Befehle erhielten. Admiral Stopford und der für alle Landoperationen zuständige Oberst Smith beschwerten sich wiederum über die ohne ihren Befehl durch den türkischen Konteradmiral Walker Bei und den Linienschiffskapitän Erzherzog Friedrich so erfolgreich durchgeführte Landungs- und Stoßtruppunternehmen.

Die britischen Verantwortlichen waren sich auch der historischen Symbolik der Landung Erzherzog Friedrichs am Wassertor und der Hissung der österreichischen Flagge als erster in Akkon bewußt.

Im Jahr 1191 hatte der englische König Richard Löwenherz die Waffentat Herzog Leopolds nicht entsprechend gewürdigt, worauf dieser Richard Löwenherz auf seiner Rückreise nach England durch Österreich gefangengesetzt und bis zur Aufbringung einer riesigen Lösegeldsumme in Dürnstein eingekerkert hatte.

Daß die nun von den österreichischen und türkischen Verbündeten in Akkon so spektakulär gepflückten reifen Früchte des militärischen Erfolges den mächtigen britischen Seeoffizieren und Politikern nicht allzusehr schmecken konnten, lag aus vielerlei Gründen auf der Hand.

Die Retourkutsche erfolgte in der von England beherrschten internationalen Presse, die die Leistungen der österreichischen Eskader und die Unternehmungen Erzherzog Friedrichs kaum erwähnten, obwohl diese Leistungen im bilateralen Schriftverkehr zwischen den verantwortlichen Diplomaten, Offizieren und Politikern der beiden Großmächte England und Österreich von ersterer immer wieder ausdrücklich herausgestrichen wurden.

Am 6. November kam es noch zu einem dramatischen Zwischenfall, als der von Erzherzog Friedrich sehr geschätzte Oberst von Lebzeltern in Begleitung des Schiffskadetten Rotta das Innere der Festung besichtigte und einen Grundriß des Kastells aufnehmen wollte, als unweit der Stelle, an der er sich mit Rotta befand, eine Nachexplosion, ähnlich schrecklich wie die erste, die Stadt erschütterte und 400 weiteren Menschen das Leben kostete.

Friedrich war natürlich um das Schicksal Lebzelterns und Rottas äußerst besorgt und ließ sich trotz der Gefahr von Nachexplosionen sofort an Land rudern, wo ihm aber Lebzeltern bald wohlbehalten entgegenkam.

Am Nachmittag desselben Tages lichteten die österreichischen Fregatten MEDEA und GUERRIERA ihre Anker, um befehlsgemäß nach Beirut zurückzusegeln, wo sie am 10. November eintrafen.

Beim ersten Landgang der Österreicher in der eroberten Stadt wurde auch dem türkischen Gouverneur Izzet Mehmet Pascha, einem Offizier, der sich aus Versehen selbst in den Fuß geschossen hatte und daher verwundet war, ein offizieller Besuch abgestattet.

Die Fregatte GUERRIERA blieb bis zum 10. Dezember auf der Reede von St. Georg vor Beirut liegen, und der Erzherzog nützte die Zeit zu zahlreichen Ausflügen in das Landesinnere um Beirut, auf den Libanon, auf die Bekaa-Ebene mit den imposanten Ruinen von Baalbek und zu anderen Sehenswürdigkeiten.

Mit der Eroberung von St. Jean d'Acre war die Macht Mehmet Alis von Ägypten und seines militärischen Oberbefehlshabers und Sohnes Ibrahim Pascha in Syrien gebrochen, und das hatte für sie den Verlust des Landes zur Folge. Die Rückeroberung desselben durch die türkischen Truppen und die aufständische einheimische Bevölkerung ging nun unter dem Oberkommando des türkischen Generals Jochmus rasch vorwärts, wobei ihm auch die aus Österreich stammenden Offiziere Omer Pascha, Graf Szechinyi und du Mont von großer Hilfe waren.

Als Erzherzog Friedrich am 15. November durch einen österreichischen Dampfer die Nachricht erhielt, daß der Kaiser ihm, dem 19jährigen, den Maria-Theresien-Orden verliehen hatte, schrieb er in der ihm eigenen Bescheidenheit in sein Tagebuch:

„So großes Lob, das man mir von allen Seiten erteilt, legt mir die heilige Pflicht auf, es auch ganz zu verdienen und den Erwartungen zu entsprechen, die man in mich setzt."

Sicherlich ein schöner Gedanke des jungen Erzherzogs anläßlich der Verleihung einer hohen Auszeichnung.

Admiral Stopford war nach der Eroberung von Akkon wieder einmal der Meinung, nun genug getan zu haben, und versammelte den Großteil seiner Schiffe auf der Reede von Beirut.

Wie auch Erzherzog Friedrich und die österreichische Eskader bald erfahren sollten, war der von Stopford dorthin befohlene Commodore Napier mit seiner THUNDERER am 23. November drohend bei der Blockadeflotte vor Alexandrien aufgetaucht und hatte, ohne dazu beauftragt zu sein, nach zweitägigen Verhandlungen mit einem Bevollmächtigten Mehmet Alis am 27. November eine Konvention abgeschlossen und unterzeichnet, laut welcher der ägyptische Vizekönig gegen Herausgabe Syriens, Kretas und der türkischen Flotte seine Funktion, und zwar erblich, in Ägypten behalten sollte.

Überzeugt, alles menschenmögliche getan zu haben, segelte Napier – nicht ohne einige vorangegangene Lustbarkeiten in Kairo – Richtung Marmaris ab und informierte Lord Palmerston und Admiral Stopford gleichzeitig durch Kuriere von seiner, allerdings ohne Auftrag abgeschlossenen Konvention. In der Marmarisbucht am 23. Dezember angekommen, erfuhr er, daß der erzürnte Admiral Stopford sowie die türkische Regierung seine ohne Vollmacht abgeschlossene Konvention für null und nichtig erklärt, Mehmet Ali durch Kapitän Fenshawe mit dem Linienschiff MEGARA davon verständigt und ihm gleichzeitig ein Unterwerfungsultimatum zu-

Erzherzog Friedrich an der Spitze der Landungstruppen bei Saida, 1840.

gestellt hatten, das dieser noch vor Mitte Dezember 1840 schließlich akzeptierte.

Damit war der Syrische Krieg im wesentlichen beendet. Am 6. Januar entsandte Stopford Napier neuerlich, diesmal mit entsprechenden offiziellen Vollmachten nach Alexandria, um die nunmehr von den alliierten Diplomaten ausformulierte schriftliche Konvention, die im übrigen seiner eigenen Fassung weitgehend entsprach, unterfertigen zu lassen, was seinem Verhandlungsgeschick auch gelang. Am 11. Januar 1841 wurde die übergelaufene türkische Flotte von Konteradmiral Walker Bei im Hafen von Alexandria für die türkische Zentralflotte zurückübernommen. Die aus derartigen Anlässen bei den Orientalen übliche Freudenkundgebung nahm in diesem Fall den Charakter von großen Salutkanonaden an, bei welchen ungeheure Mengen von Pulver verschossen worden sein sollen. Nun, sowohl die Schiffe des Vizekönigs als auch die der türkischen Zentralflotte hatten es ja an Bord, war doch von dieser vereinigten ägyptischen Schiffsmacht während des ganzen Kriegs gegen die Alliierten infolge der funktionierenden Blockade von Alexandria kaum ein Schuß abgegeben worden.

Für die siegreichen Offiziere regnete es Ehren und Auszeichnungen. Admiral Stopford wurde zum Gouverneur des Marinehospitals von Greenwich ernannt, ein hohes Ehrenamt in der britischen Marine; von Österreich wurde er mit dem Kommandeurkreuz des Maria-Theresien-Ordens ausgezeichnet.

Sein lebhafter Commodore Napier erhielt den Bath-Orden und wurde zum Vizeadmiral der Roten Flagge ernannt. Österreich zeichnete ihn mit dem Ritterkreuz des Maria-Theresien-Ordens aus.

Alle englischen Kapitäne, die vor Akkon dabei waren, wurden befördert. Der türkische Konteradmiral, der englische Captain Walker Bei, erhielt den Admiralsrang. Oberst Smith war noch vor Abschluß der Kämpfe zum General befördert und abgerufen worden. Die wesentlichen Auszeichnungen Erzherzog Friedrichs und der führenden österreichischen Offiziere wurden bereits weiter oben erwähnt.

Der „Spiritus rector" des Kriegs in Syrien, Mehmet Ali von Ägypten, erhielt vom Sultan die von ihm so sehr angestrebte Erblichkeit des Vizekönigamtes von Ägypten, mußte aber bereits im Jahre 1848 für irrsinnig erklärt werden und starb noch im selben Jahr. Sein Nachfolger wurde sein Sohn und ehemalige ägyptische Generalissimus im Syrischen Krieg, Ibrahim Pascha, dem auch kein langes Leben mehr beschieden war.

Die von Mehmet Ali so sehr angestrebte eigenständige und erbliche ägyptische Monarchie überlebte jedoch bis nach dem Zweiten Weltkrieg.

Mit dem Friedensschluß war auch die Mission der österreichischen Eskader im Syrischen Krieg 1840/41 beendet. Er hatte für die noch junge österreichisch-venezianische Marine den bedeutendsten Kampfeinsatz seit ihrem Bestehen und die Bestätigung gebracht, daß sie in der politisch schwierigen Situation einer multinationalen Allianz eine Eskader fern von den Heimathäfen unter allen Witterungsbedingungen einsatzfähig halten und ordnungsgemäß versorgen konnte und daß Material, Mannschaften und Offiziere den gesetzten Kampfanforderungen, und dies im direkten Vergleich mit der allerdings wesentlich größeren britischen Flotte, voll entsprechen konnten. Die Flotteneskader unter der Führung Konteradmirals Bandieras und mit tatkräftiger Unterstützung Schiffskapitän Erzherzog Friedrichs konnte sich bei den verschiedenen Operationsarten, zur See, amphibisch und zu Lande, durch ihre Vielseitigkeit und vor allem auch durch den hohen Ausbildungsstand ihrer Offiziere international profilieren.

Für den erst 19jährigen Schiffskapitän Erzherzog Friedrich bot der Seekrieg an Syriens Küste eine einmalige Gelegenheit, seine theoretische Ausbildung in die Praxis umzusetzen, am Einsatz einer großen Flotte Anteil zu haben, deren Führungsprobleme hautnah kennenzulernen und sich in einer Art und Weise persönlich auszuzeichnen, die ihm den Ruf großer Einsatzfreude, großer persönlicher Tapferkeit und eine ausgezeichnete Ausgangsbasis für seine spätere hohe Verantwortung in der österreichisch-venezianischen Marine verschuf.

Für die österreichische Außenpolitik bedeutete die Teilnahme ihrer Marine an diesem Krieg eine Verstärkung ihres politischen Gewichtes bei den europäischen Großmächten, insbesondere aber auch die bedeutsame Verstärkung ihres Gewichtes in der Levante. Dieses sollte für Österreich im Osmanischen Reich und insbesondere auch in Syrien in Zukunft noch politische und kommerzielle Früchte tragen.

Sturm und Heimkehr

Ungeachtet der zu jenem Zeitpunkt noch nicht abgeschlossenen Friedenskonvention hatte Admiral Stopford bereits Anfang Dezember in Erwartung jahreszeitlich bedingter Wetterverschlechterungen der vor Beirut ankernden Allianzflotte den Befehl erteilt, nach Marmaris zu segeln.

Wie Vimercati berichtete, brach am 2. Dezember 1840 nach einigen Tagen übler Witterung an der syrischen Küste ein heftiger Sturm aus. Der Nordostwind war so stark, daß acht Kauffahrer auf Sandbänke geschleudert wurden, wo sie mit gespaltenem Rumpf festlagen. Die von den Wellen herumgetriebene Korvette LIPSIA, die kleinste der drei österreichischen Einheiten vor Beirut, verlor im Sturm den Fockmast, hatte starken Wassereinbruch, und ihre Mannschaft rief die GUERRIERA um Hilfe an. Je mehr sich letztere unter dem Kommando von Schiffskapitän Erzherzog Friedrich der LIPSIA zu nähern versuchte, umso mehr wurde jene vom Wind weiter abgetrieben, überstand aber schließlich den Sturm. In demselben mußten bei Akkon die englische Fregatte PIQUE ihre Masten kappen und die englische WASP bei Jaffa ihre Kanonen über Bord werfen, um nicht zu stranden, während die ebenfalls dort stehende Brigg ZEBRA unter Verlust von zwei Mann Schiffbruch erlitt und drei vor Alexandria kreuzende, mächtige englische Linienschiffe erhebliche Sturmschäden erlitten. Die Fregatte Erzherzog Friedrichs GUERRIERA kam mit kleineren Havarien davon. Gegen Abend des 2. Dezember legten sich Sturm und Wellengang allmählich.

Am 3. Dezember lief der mit seiner winterlichen Wettervorsicht Recht behaltende Admiral Stopford mit der PRINCESS CHARLOTTE von Beirut Richtung Marmaris aus, und nach Ausbesserung ihrer Schäden folgten ihm die drei österreichischen Schiffe MEDEA, GUERRIERA und LIPSIA, die am 6. Dezember 1840 um 9 Uhr morgens vor Beirut auf Anker gingen. In den nächsten vier Segeltagen lösten sich Gegenwinde und Windstillen mit drückender Gewitterschwüle ab, bis am 10. Dezember unweit Cyperns ein Orkan losbrach, der insbesondere auf dem Schiff Erzherzog Friedrichs dramatische Ereignisse hervorrief. Doch überlassen wir dem an Bord befindlichen Artilleriesoldaten Vimercati, der den Orkan wie durch ein Wunder überlebte, das Wort:

„ . . . düsteres Roth färbte den hin und wieder mit dichten schwarzen Wolken bedeckten Himmel, und die dunklen Fluthen schienen peinlich gedrückt, der drohenden Windsbraut, welche sie baldigst peitschen sollte, gewärtig zu sein. Aus der Ferne ertönte dumpfes Rollen, ähnlich einem in unterirdischen Höhlen wiederhallenden Gebrülle; jene finstern Wolken, von den Windstößen herumgewirbelt und getrieben, schienen den Kampf der Elemente eröffnen zu wollen, und bald vernahmen wir das Heulen des wüthend einherbrausenden Sturmes. Mit eingezogenen Segeln, bereit jeder Gefahr entgegenzutreten, sahen wir von der Ferne Wassermassen heranrollen, die sich in wenigen Augenblicken über unsere Häuptern brechend, allgemeine Besorgnis erregten; der Raum zwischen Himmel und Meer schien von einem dichten, zuweilen von Blitzen durchzuckten Nebel erfüllt, welcher sich zuletzt in mächtige Regenströme verwandelte. Ich hatte mich mit einem Freunde am Fuße des Hauptmastes niedergekauert, bereit bei jedem unvorhersehbaren Ereignisse beizuspringen und schützte mich indeß so gut als möglich vor dem gleich einem Wolkenbruche herabstürzenden Regen. Wie hätte ich denken können, daß jene Augenblicke die letzten waren, die ich an der Seite meines Freundes und Waffengefährten zubrachte! Zwei Blitze zuckten durch die Wolken, der Donner folgte rollend darauf, ein dritter Wetterstrahl beraubte mich der Besinnung, und machte mich kraft- und regungslos. Als ich von jener tödlichen

Eine k. k. Fregatte im Sturm. Schwere Winterstürme sind im Mittelmeer häufig.
Schiffskapitän Erzherzog Friedrich erlebte einen derartigen schweren Sturm als Kommandant der
Fregatte GUERRIERA am 10. Dezember 1840 auf der Rückreise von der syrischen Küste.
Litographie Verlag Joseph Trentsensky, Wien (1823).

Betäubung erwachte, hatte der düstere Aufruhr der Elemente aufgehört; das
Tageslicht beleuchtete die besänftigten Wogen, das Knarren der von den Fluthen
gerüttelten Raaen und Spiren betäubte nicht mehr die aufgeregte Bemannung, ein
Gefühl von Trost und Kälte hatte sich meiner bemächtigt. Der erste Gedanke,
dessen ich fähig war, hatte meinen Freund zum Gegenstande, mein erster Blick
suchte ihn, den ich zu meinem namenlosen Schrecken nun entseelt und halbver-
kohlt an meiner Seite liegend fand. Nie hatte sich mir der Tod im Gegensatze zum
Leben in grauenvollerer Gestalt gezeigt, und die Abspannung der Verzweiflung
ergriff mich. Meine Bewegungen waren convulsivisch; meine Körperkraft war
gelähmt, mein Kopf wüst; meine Leiden wurden jedoch durch die wahrhaft herz-
erhebende Nächstenliebe der mich Umgebenden gelindert, und ich ward dem Leben
zurückgegeben. Gott möge jenen wackern Freunden die mir gewidmete Sorgfalt
reichlich vergelten! . . ."

Der Blitzschlag, den Vimercati überlebt hatte, war im übrigen nur sechs

Schritt neben dem unweit davon stehenden Erzherzog Friedrich einge-
schlagen und neben dem Pulverkasten in den Schiffsbauch hinabgefahren,
ohne weitere Schäden zu verursachen. Die GUERRIERA hatte zweifellos
Glück gehabt, denn eine nur geringe Ablenkung des Blitzes in den Pulverkasten hätte das Schiff unzweifelhaft in die Luft gejagt. Das Unwetter flaute
danach rasch ab.

Unter wechselnden Winden, Regen und trübem Wetter langten die österreichischen Schiffe vor der Bucht von Marmaris ein, vor welcher sie wegen
der engen Einfahrt und ungünstigem Wind ankern mußten. Schließlich in
die malerische Bucht eingelaufen, fanden sie dort dreizehn englische Linienschiffe unter Stopford und Napier vor, die sich bereithielten, um im
Bedarfsfall wieder an die syrische Küste auszulaufen. Unserem italienischen Artilleriesoldaten Vimercati gefiel der Aufenthalt in Marmaris „wegen der unfreundlichen Lage der Stadt und Einsamkeit der Stadt" nicht –
eine für die Touristen von heute kaum vorstellbare Aussage.

Hier in Marmaris erhielt Erzherzog Friedrich Ende Dezember auch ein
persönliches Schreiben des Sultans, in dem er sich für die Leistungen des
Prinzen im Syrischen Krieg bedankte.

Nach der endgültigen, bereits weiter oben geschilderten Sicherstellung des
Friedens mit Mehmet Ali wurde die österreichische Eskader ab Mitte
Januar von Stopford entlassen, und der Kommandant der GUERRIERA
segelte mit dieser am 20. Januar 1841 um 7 Uhr morgens unter dem Donner
der Salutschüsse und unter Hurrarufen Richtung Heimathäfen ab. Nach
einer 17tägigen Quarantäne auf den Reeden von Zante und Korfu kam die
GUERRIERA nach einer schnellen Reise bereits am 13. Februar abends auf
der Reede von Triest an, wo sie einer weiteren 14tägigen Kontumaz unter-
worfen wurde.

Die alte österreichische Hafenstadt empfing Erzherzog Friedrich, seine
Mannschaft und die GUERRIERA mit Festbeleuchtung und Freudenkund-
gebungen. Friedrichs Bruder Erzherzog Albrecht, der ein Wiedersehen
nicht mehr erwarten konnte, war aus Graz herbeigeeilt und begab sich zu
seinem Bruder auf dessen Schiff ebenfalls in die Quarantäne, die endlich
am 26. Februar 1841 zu Ende ging.

An diesem Tag ließ Schiffskapitän Erzherzog Friedrich die gesamte Mannschaft der GUERRIERA auf deren Halbdeck antreten, um sich von dieser
mit einer, wie Vimercati bemerkte, gehaltvollen Rede zu verabschieden.
Friedrich gedachte der Gefallenen, der gemeinsamen angenehmen Erinnerungen, der Kampfhandlungen, lobte jene, die sich in der Gefahr ausge-

zeichnet hatten, und ermutigte alle, indem er sich anerkennend über die mustergültige Schiffsdisziplin aussprach. Die persönlichen Aufzeichnungen Vimercatis über seine Reise auf der Fregatte GUERRIERA gehen mit der Schilderung der weithin hallenden Vivatrufe zu Ende, mit denen die offensichtlich berührte und ihrem Kommandanten Erzherzog Friedrich zugetane Mannschaft diesen ehrte und verabschiedete.

Friedrich gab nun das Kommando über die GUERRIERA ab und fuhr mit einem Boot zum Molo San Carlo – rund hundert Jahre vorher über dem versenkten Rumpf eines österreichischen Linienschiffes gleichen Namens

Kaiser Ferdinand im Kreise der österreichischen Erzherzöge. Zweiter von links Konteradmiral Erzherzog Friedrich, fünfter von links sein Vater Erzherzog Karl, siebenter von links der spätere Kaiser Franz Joseph (ca. 1843).

erbaut –, wo er von einem großen Teil der festlich gestimmten Triestiner Bevölkerung erwartet wurde. Alle Schiffe im Hafen hatten Flaggengala gesetzt, und vom Kastell von Triest wehte die große Festflagge. Als der seine Galauniform mit dem kürzlich verliehenen Maria-Theresien-Orden tragende Erzherzog in Begleitung seines Bruders Albrecht um neun Uhr früh nach eineinhalbjähriger Abwesenheit unter dem Jubel der Bevölkerung wieder österreichischen Boden betrat, hallte der Donner von 21 vom Kastell abgefeuerten Salutschüssen, die von den Salutschüssen der Schiffe des Österreichischen Lloyd und privater Kauffahrtschiffe erwidert wurden, weit über die Bucht von Triest. Unter den Klängen der angetretenen Musikkapelle begab sich dann Erzherzog Friedrich durch das Spalier der Truppen und nach Begrüßung durch die Militär- und Zivilbehörden in sein Quartier an der Piazza San Pietro.

Braungebrannt und in kraftvoller Jugendfrische nahm Schiffskapitän Erzherzog Friedrich anschließend gemeinsam mit seinem Bruder Albrecht eine Parade der militärischen Truppen ab, bevor er sich zurück an Bord der GUERRIERA begab, wo ein Festdiner in Anwesenheit der hohen See- und Landoffiziere sowie der zivilen Würdenträger stattfand. Am Abend wurde eine Festvorstellung im prachtvoll erleuchteten Teatro Grande zu Triest gegeben. Auch alle Straßen, die zu dem Theater führten, glänzten in festlicher Illumination, und die Bevölkerung von Triest feierte den großen Tag ihrer Stadt und ihrer siegreichen Marine persönlich mit.

Schiffskapitän Erzherzog Friedrich fuhr noch während der folgenden Nacht mit einem Dampfboot nach Venedig, um sich dort beim Marineoberkommandanten zu melden. Dort wurde ersterer mit demselben Enthusiasmus empfangen wie in Triest. Nach dreitägigem Aufenthalt in der Lagunenstadt reiste Friedrich nach Wien ab, wo er am 6. März 1841 ankam und nach so langer Abwesenheit glücklich seine Familienmitglieder umarmen konnte. Im kaiserlichen Hofburgtheater erschien der junge, hochdekorierte und braungebrannte Erzherzog Friedrich in seiner in Wien selten zu sehenden Marine-Galauniform das erste Mal wieder am 9. März 1841. Als Kaiser Ferdinand die Kaiserloge betrat, begrüßte er den Prinzen und ließ ihn dann an die Brüstung treten. Mit einem nicht endenwollenden Applaus hieß das Publikum den Helden von Saida willkommen. Als dann der Kaiser auch Erzherzog Karls Hand aufnahm, um anzudeuten, daß dem Vater gleiche Ehre wie dem Sohn gebühre, nahm der Jubel noch zu. Dieser schien aber alle Schranken zu durchbrechen, als der tief berührte Friedrich seinem Vater in die Arme sank und dessen Hand küßte. Diese zugleich feierlichen und bewegenden Minuten, in denen einheitlich auftretende Mitglieder des Herrscherhauses in einem glücklichen Augenblick ihrer Geschichte sich gleichsam mit der jubelnden Öffentlichkeit mythisch wiedervermählten, gehörten sicherlich zu den beeindruckendsten Momenten im Leben Friedrichs und blieben auch jenen, die diese miterleben durften, zeit ihres Lebens in lebendiger Erinnerung.

Nach einem schönen und befriedigenden, für ihn sicher zu kurzen Aufenthalt in Wien kehrte Schiffskapitän Erzherzog Friedrich bald darnach nach Venedig zurück, um eine neue Aufgabe zu übernehmen.

VII
AUF DEM WEG ZUM ADMIRALSTAB

Kommandant des Seebezirks Venedig

Nach Venedig zurückgekehrt, übernahm Schiffskapitän Erzherzog Friedrich das Kommando über den I. Seebezirk, das war jener von Venedig. Die Seebezirkskommanden waren regionale militärische Kommandostellen, denen die Aufsicht über ein bestimmtes See- und Küstengebiet oblag und denen auch mehrere Schiffe direkt unterstellt waren. Zu den Aufgaben der Seebezirkskommandanten gehörten seepolizeiliche, sanitäre, zollüberwachende und andere ähnliche regionale Kompetenzen. Schiffskapitän Erzherzog Friedrich hatte im Rahmen seines Kommandos über den Seebezirk von Venedig, dem wichtigsten unter den drei Seebezirken – die beiden anderen waren Triest und Zara in Dalmatien –, unter anderem auch die Befehlsgewalt über eine Korvette und mehrere Prahmen, Pirogen und Obusieren, die am Canale San Marco in Venedig, in Chioggia, am Lido, in den Tre Porti und an anderen Küstenorten stationiert waren.
Mit seinem festen Dienstaufenthalt in Venedig nahm Erzherzog Friedrich auch stärker am Leben der prächtigen Lagunenstadt teil.

Mit der Fregatte BELLONA
in Algier, Portugal und England

Mitte des Jahres 1842 erhielt Schiffskapitän Erzherzog Friedrich nach gründlicher diplomatischer Vorbereitung den allerhöchsten Befehl, mit der funkelnagelneuen Fregatte BELLONA und einem größeren Schiffsstab eine Missionsreise über Algier und Portugal nach England anzutreten, die

125

neben dem Hauptzweck des Kennenlernens der maritimen Einrichtungen der ersten Seemacht der Welt auch außenpolitische und dynastische Zwecke verfolgen sollte. Im Anschluß daran sollten noch holländische Häfen besucht werden. Friedrich konnte damit schon im Alter von 20 Jahren gegenüber der Beherrscherin der Meere auf diesem Element Aufgaben für Österreich übernehmen, die für ein Mitglied des Erzhauses in dieser Form bis dahin neu waren.

Die Fregatte BELLONA war unter den Augen Erzherzog Friedrichs von 1840 bis 1842 im Arsenal von Venedig gebaut worden, erst am 21. April vom Stapel gelaufen, mit 52 Metern Länge und 12,6 Metern Breite geringfügig größer als die uns bereits bekannten Fregatten MEDEA und GUERRIERA und war mit 52 Kanonen, darunter zwei neue Granatkanonen des Typs Paixhans, das neueste und kampfkräftigste Schiff der österreichischen Flotte. Es verdrängte 1260 Tonnen und hatte im Frieden eine Mannschaft von 207 und im Kriegsfall von 360 Mann an Bord.

Die BELLONA war beschleunigt fertiggestellt und zur Endausrüstung – einer alten venezianischen Tradition entsprechend – nach Piran in Istrien gebracht worden. Dort traf Schiffskapitän Friedrich am 29. Juni ein. Auch sein Vater und seine in den Erblanden lebenden Geschwister waren zu dem großen Ereignis, das in Piran mit Festen und einer eindrucksvollen Beleuchtung des ganzen Hafens gefeiert wurde, ans Meer gereist und kamen vor dem Ankerlichten der Fregatte zur Verabschiedung an Bord der neu glänzenden BELLONA, die gegen Abend des 30. Juni 1842 auslief.

Mit an Bord bei der denkwürdigen Reise waren neben den sechs Schiffsoffizieren und den Mannschaften, bei denen Erzherzog Friedrich den Großteil seiner Kameraden aus dem Syrischen Krieg auswählte, sein maritimer Mentor Korvettenkapitän Marinovich, der Vorsteher seiner Kammer Oberst Freiherr von Lebzeltern, der aus dem Syrienkrieg bekannte Hauptmann du Mont von Monten und sein von Friedrich eingeladener früherer Erzieher Dr. Köchel. Die Dienerschaft und das sonstige Personal bestand aus acht Personen. Dieser Troß beanspruchte ziemlich viel Platz auf der BELLONA, und der ebenfalls in der Schiffsrolle eingetragene Schiffbau-Oberleutnant Chiavacci, der insbesondere die englischen Arsenale und Werften studieren sollte, mußte sich, wie die Akten berichten, mit einer Koje im Vorraum der tief im Schiffsraum liegenden Pulverkammer begnügen. Ob dessen Schlaf angesichts der gefährlichen Nachbarschaft dort immer ruhig war, wird nicht vermeldet.

Die ersten Tage und Wochen nach dem Auslaufen wurden insbesondere

*Schiffskapitän Erzherzog Friedrich als Kommandant des Seebezirks Venedig 1841,
dekoriert u. a. mit dem Militär-Maria-Theresien-Orden und dem preußischen Pour le Merite.
Litographie nach Kriehuber, 1841 (Ausschnitt).*

für eine optimale Trimmung der Segel und des neuen Schiffes, die Beobachtung der Segeleigenschaften und für Schnelligkeitsvergleiche, etwa beim Zusammentreffen mit der Korvette CAROLINA und mit österreichischen Handelsschiffen, mit denen man zu Vergleichszwecken auf Parallelkurs ging, verwendet. Dadurch und bedingt durch die anfangs schwachen und widrigen Winde wurde das erste Reiseziel Algier erst nach drei Wochen, am 21. Juli erreicht. Mit allen zustehenden Ehren und Kanonensaluten durch den französischen Generalgouverneur Bugeaud empfangen, konnte nun Friedrich die vier Jahre vorher nicht mögliche Besichtigung der Stadt von Algier sowie ihrer näheren und weiteren Umgebung durchführen. Begleitet durch eine starke, 60 Chasseurs d'Afrique umfassende Eskorte, ritten Friedrich und sein Stab bis tief ins algerische Hinterland. In einem Orangenhain bei Blihda, am Fuße des kleinen Atlas, bewirtete Erzherzog Friedrich seine französischen Gastgeber.

Durch Schlechtwetter, das bereits seinem Vorfahren Karl V. den greifbar nahen Sieg vor Algier 1541 vereitelt hatte, gezwungen, mußte die BELLONA bereits am 27. Juli auf Anker gehen und erreichte infolge widriger Winde erst zehn Tage später ihr nächstes Reiseziel, die Reede von Gibraltar. In der Zeit der Segelschiffe war der Reiseplan auch eines großen Schiffes wie einer Fregatte in wesentlich höherem Maß von Wind, Wetter, Wellen und Strömung abhängig, als dies im Zeitalter maschinengetriebener Schiffe der Fall ist. Das Mittelmeer ist wegen seiner sommerlichen Flauten, aber auch wegen seiner oft plötzlich einsetzenden großen Gewitter und Stürme auch heute noch bei jenen, die sich unter Segeln über die blauen Fluten bewegen, berüchtigt. Wenn man sich von Algier aus in Richtung Westen der Straße von Gibraltar nähern wollte, so machten eine an der nordafrikanischen Küste in Richtung Osten ziehende Strömung und vorwiegend aus dem Atlantik in das Mittelmeer wehende westliche Gegenwinde oft ein langwieriges Aufkreuzen erforderlich, bei dem ein nicht sehr hoch am Wind laufender Rahsegler wie die BELLONA sich durch oftmaliges Wenden nur indirekt und unter Zurücklegung einer wesentlich größeren zickzackartigen Wegstrecke, als die Luftlinie es war, dem im Wind liegenden Ziel nähern konnte.

Auf der Fahrt wurde Friedrich von einer Grippe befallen, unter der er anfänglich sehr zu leiden hatte, die sich aber bald abschwächte. Am 7. August in der Bucht von Gibraltar vor Anker gegangen, blieb die BELLONA eine Woche dort liegen, und Friedrich besichtigte eingehend die ihm zugänglich gemachten Marineeinrichtungen dieses strategisch bis heute bedeutsamen Stützpunktes der englischen Seemacht. An Bord der BELLO-

NA wurde Friedrich von seinem Waffengefährten aus dem Syrischen Krieg, General Sir Charles Smith, dem ehemaligen Stabschef Admiral Stopfords und zeitweiligen Oberkommandierenden aller alliierten Landstreitkräfte, besucht, und groß war die Wiedersehensfreude auch zwischen letzterem und den zahlreichen Mitgliedern der Schiffsmannschaft der österreichischen Fregatte, die ebenfalls in Syrien gewesen waren. Am vorletzten Tag seines Aufenthaltes in Gibraltar statteten Friedrich und seine Begleitung dem pensionierten, sich guten Humors erfreuenden General einen Gegenbesuch in seinem Haus in San Rocco ab, wo dieser abgeschieden von seinen englischen Landsleuten in einem kleinen, hübschen Haus wohnte, nur von spanischen Bediensteten umgeben war und selbst nur spanisch sprach. Am Abend desselben Tages waren der Erzherzog und sein Gefolge zu einem Abschiedsdinner, das der Gouverneur Sir Alexander Woodford, seit 1815 auch Ritter des Maria-Theresien-Ordens, in der Felsenfestung von Gibraltar gab, eingeladen. An dem Essen nahm auch der dem Erzherzog bei dieser Gelegenheit vorgestellte Fürst Felix Lichnowsky teil, der abenteuerreisend von Lissabon kam und nach Marseille weiterreiste und der dann so unglücklich im Jahre 1848 in Frankfurt ermordet werden sollte.

Unter den üblichen Kanonensaluten segelte die BELLONA am 14. August in der Früh von Gibraltar ab, durchkreuzte die Meerenge und gelangte um elf Uhr das erste Mal in den offenen Atlantik und nach viertägiger Segelfahrt nach Lissabon, wo sie vor der am Tejo gelegenen österreichischen Gesandtschaft Anker warf. Diese wurde durch Feldmarschalleutnant Baron Wenzel Philipp von Mareschall unter Assistenz des k. k. Legationssekretärs und späteren österreichischen Botschafters in Paris, des Intimus Metternichs, Dr. Josef Alexander Freiherr von Hübner, geleitet. Die Einladung des portugiesischen Hofes, im königlichen Schloß zu Belem Quartier zu beziehen, lehnte Friedrich höflich ab. Am folgenden Tag wurden der Erzherzog und die wichtigsten Personen seines Gefolges von Hofkutschen abgeholt und in das königliche, im 16. Jahrhundert in maurischem Stil errichtete Schloß zu Cintra gebracht und dort mit vollem Zeremoniell von König Ferdinand und der Königin, Friedrichs Cousine Maria II., aufs herzlichste empfangen. Friedrich und sein Gefolge nahmen für die nächsten Tage Quartier im Schloß und lernten hiebei auch die königliche Familie näher kennen.

Die portugiesische Königin Maria II. da Gloria war die Tochter der österreichischen Erzherzogin Leopoldine, einer Tante Erzherzog Friedrichs, die im Jahre 1817 von den österreichischen Fregatten nach Brasilien gebracht worden war und dort Kaiser Dom Pedro von Brasilien, den nachmaligen König von Portugal, geehelicht hatte. Maria hatte nach der Abdankung ihres Vaters die portugiesische Krone geerbt und diese mit ihrem Gemahl Ferdinand Herzog von Sachsen-Coburg-Gotha-Kohary geteilt. Friedrich nahm am Familienleben des Königspaares teil und vertraute seinem Tagebuch an:

„Der König ist ein sehr guter, freundlicher junger Mann. Die Königin ist, wenn sie zum ersten Male fremde Leute sieht, so verlegen, daß sie kein Wort redet, später aber wird sie angenehm im Umgang und man sieht, daß es ihr durchaus nicht an Verstand fehlt. Aus der trefflichen Behandlung ihrer Kinder ersieht man auch, daß sie eine sehr gute Mutter ist. Im Gesicht ist sie etwas dem Prinzen von Salerno (einem Habsburgersproß) ähnlich.“

Am folgenden Tag besuchte der Prinz die ehemalige Landesregentin, die Infantin Isabella Maria, welche im königlichen Lustschloß Ramalhao lebte, und anschließend in Cintra die Infantin Anna, Marquise von Loulé, von der der Prinz in sein Tagebuch schrieb, daß sie eine sehr angenehme und artige Dame wäre, die noch Reste ihrer bekannten Schönheit zeigte.

In den darauffolgenden Tagen besuchte Friedrich zweimal den nahen Felsenberg mit dem Kloster St. Maria dela Penna – einmal hievon zum Kirchweihfest –, welches im 15. Jahrhundert vom portugiesischen König anläßlich der glücklichen Rückkehr der reichen Flotte Vasco da Gamas, einem Ritter des Christusordens, der 1497 den Seeweg nach Indien erschlossen hatte, erbaut worden war. Auch besichtigte Friedrich das königliche Schloß eingehend, empfing Mitglieder des hohen portugiesischen Adels und Gesandte fremder Höfe, die den Sommer über in Cintra, unweit des königlichen Sommerschlosses wohnten. Er besuchte auch einige wunderschöne Gärten des nahe wohnenden Adels, der ihm zu Ehren mehrere Ballfeste gab.

Am 22. August in das heiße Lissabon zurückgekehrt, erwies er noch mehreren Mitgliedern der königlichen Familie seine persönliche Reverenz und widmete sich die darauffolgenden Tage vorwiegend den Einrichtungen der portugiesischen Marine, von denen er später sagte, daß man sähe, daß diese einst etwas dargestellt hätten, aber nun wegen Geldmangels verfielen. Insbesondere besichtigte er die Marineschule, das Arsenal, die Marineinfanterie, die Kanonengießerei und die Zeughauswerkstatt, die Seildreherei in Belem und den heute noch dort stehenden alten Marineturm. Beeindruckt war Friedrich von dem schönen Marinespital, das geräumige

Terrassen mit Aussicht auf den Tejo und Küchen und Badezimmer ganz von Marmor besaß und den Kranken durch seine Bauweise viel Luft bot. Im botanischen Garten unweit des Schlosses von Belem begegnete er dessen Direktor, dem aus Klagenfurt stammenden Dr. Welwich. Der Besuch, den der rastlose Prinz zahlreichen Sehenswürdigkeiten und Aussichtspunkten der 1755 von einem schwersten Erdbeben heimgesuchten Stadt Lissabon abstattete, schloß auch einen Stierkampf und eine Aufführung im großen Theater San Carlo ein, in dem man „Die Vestalin" von Mercadante gab. Die Solopartien, erinnerte sich Friedrich, sangen nicht schlecht, doch wurde das Ballett derartig vom Publikum ausgepfiffen, daß er das Theater verließ.

Zwischen 25. und 30. August weilte der Erzherzog wieder beim Königspaar in Cintra, besuchte Mafra mit seinen königlichen Prachtbauten sowie das sogenannte Korkkloster in Collares, dessen Zimmerdecken und Möbel aus Kork waren, und kehrte dann nach Lissabon zurück. Am Nachmittag des letzten Tages besuchte das portugiesische Königspaar die BELLONA, und Schiffskapitän Erzherzog Friedrich gab an Bord ein kleines Frühstück. Beim An-Bord-Kommen und Von-Bord-Gehen des Königspaares wurden protokollgemäß alle 52 Kanonen der österreichischen Fregatte abgefeuert. Anschließend begab sich der Erzherzog in den königlichen Palast von Necessidades, um vom Königspaar, das größte Herzlichkeit bewies, Abschied zu nehmen.

Man kann wohl sagen, daß der Besuch des Erzherzogs, dessen politische und protokollarische Bedeutung weit über jene des Kommandanten einer Fregatte hinausging, für die österreichisch-portugiesischen Beziehungen seinen Zweck voll erfüllt hatte. Portugals höchste Marineoffiziere und der gesamte Hof waren von der Liebenswürdigkeit, insbesondere auch durch die fundierten Kenntnisse und Urteile des erzherzoglichen Schiffskapitäns in Marineangelegenheiten, die weit über das Dienstalter des 21jährigen hinausgingen, beeindruckt. Am 31. August 1842 ließ Friedrich die Anker der BELLONA lichten, die unter Wahrung der protokollarischen Seemannsbräuche aus dem Tejo auslief, um Nordkurs Richtung England zu nehmen.

Nach Norden kreuzend stand die Fregatte BELLONA am 9. September vor der englischen Küste, es herrschte aber ein so dichter Nebel, daß man am Morgen dieses Tages nicht einmal Englands südlichstes Vorgebirge, das Kap Lizard, sehen konnte. Nach stundenlangem Blasen des Nebelhorns an dieser stark befahrenen Seestrecke hob sich um Mittag endlich der Nebel, und die österreichische Fregatte nahm Kurs auf den nun auszunehmenden wogenumtobten Leuchtturm von Eddystone und ankerte abends in der Bucht von Plymouth. Diesen aus drei Teilen bestehenden großartigen Hafen der englischen Kriegsflotte beschrieb Schiffskapitän Erzherzog Friedrich in allen Details in seinem Tagebuch.

Am darauffolgenden Tag wurde Erzherzog Friedrich am Landeplatz vom kommandierenden Admiral David Milm, dem Konteradmiral Sir Samuel Pilm und General Murray mit allen ihm gebührenden protokollarischen Ehren empfangen. Es darf an dieser Stelle daran erinnert werden, daß Friedrich Englisch, und zwar mit besonders guter Aussprache, sprach. Am 11. September traf dann der berühmte Marineoffizier und Weltumsegler Captain Fitzroy in Plymouth ein, wurde Friedrich vorgestellt und diesem für die Dauer seines Aufenthaltes in Großbritannien als fachkundiger und ständiger Begleiter in Marineangelegenheiten zur Seite gestellt.

In den nun folgenden Tagen besuchte der wißbegierige Friedrich unter Führung Fitzroys und in Begleitung seines Schiffsstabes die verschiedenen Einrichtungen dieses großen englischen Kriegshafens, der ihm mit seinen 18 allein dort in Reserve liegenden Linienschiffen einen neuen Eindruck über die Stärke Englands zur See geben sollte, ein Eindruck, der durch die späteren Besichtigungen der Kriegshäfen und deren Einrichtungen in Portsmouth, Woolwich, Greenwich Sheerness und anderen noch nachdrücklich unterstrichen werden sollte.

Friedrich begab sich auch in das große Marinespital, interessierte sich dort auch für die Verpflegung der Kranken und war besonders von der großen Marinewaschküche beeindruckt.

Wiedersehensfreude und angeregte Unterhaltungen gab es, als am 18. September der in der Nähe wohnende Vizeadmiral Sir Napier, Friedrichs zeitweiser energischer und origineller Vorgesetzter an der syrischen Küste, den Schiffskapitän und die BELLONA besuchte.

Am nächsten Tag rollte Friedrich mit seinem persönlichen Gefolge, darunter Captain Fitzroy und Oberst von Lebzeltern, vom nahe gelegenen Hafen Gosport aus mit dem Zug nach London, wo er am Bahnhof vom österreichischen Botschafter Fürst Paul Esterházy und seinen diplomatischen Mitarbeitern empfangen und nach dem Logis des Prinzen im Mivarts-Hotel Nr. 43 geleitet wurde. Hier wurden dem kaiserlichen Prinzen in den folgenden Tagen der Marineminister, der erste Lord der Admiralität, Lord Haddington, ein ruhiger und verständiger Mann, wie Friedrich in seinem

Tagebuch vermerkte, der ihm alle seine dienstliche Hilfe offerierte, zwei weitere Lords der Admiralität und Lord Aberdeen, der Außenminister Ihrer britischen Majestät, vorgestellt. Ebenso ergaben sich Besuche, Gegenbesuche und gemeinsame Unternehmungen mit dem mit seiner ganzen Familie in London weilenden regierenden Fürsten Alois von Liechtenstein. Erste Besichtigungen Londons wurden unternommen.

Am 21. September nachmittags fuhr der kaiserliche Prinz mit seinem Gefolge nach Schloß Windsor, wo er von Ihrer Majestät der Königin Victoria von England und Schottland, Herrscherin über ein maritimes weltweites Imperium, und ihrem Gemahl Prinz Albert aufs freundlichste und herzlichste empfangen wurde.

Nach einem Spaziergang im Park kleidete sich Friedrich zum Bankett um, bei dem er, wie er bemerkte, nach Sitte am englischen Hof zivilen Frack, Culotte – Kniehosen – und Ordensband, jedoch keine Handschuhe trug. Anschließend wurde er formell in die Gemächer der Königin geleitet, wo er ihr und Prinz Albert die von Kaiser Ferdinand mitgegebenen Briefe persönlich übergab. Nach Vorstellung seines Gefolges durch den Erzherzog in einem angrenzenden Salon wurde vom Obersthofmeister ihrer Majestät Graf Liverpool das Dinner formell angesagt, zu dem Friedrich in seinen Erinnerungen festhielt, daß es sehr zeremoniell und für ihn ungewöhnlich war. Besonders beeindruckte ihn der Eintritt der Königin in den Speisesaal, bei dem vor Ihrer Majestät sechs Ehrenkavaliere einherschritten, die letzten beiden jedoch, mit der Königin zugewandtem Gesicht rückwärts schreitend. Friedrich führte Königin Victoria zu Tisch, Prinz Albert die Herzogin von Kent. Die jeweils von ihrem Tischherrn geführten Hofdamen, wie täglich in großer Toilette, folgten der Königin unter den Klängen der Hymne „God save the Queen", die von der in prachtvollen roten Uniformen aufgezogenen Militärmusik unüberhörbar intoniert wurde. Sobald die Königin an ihrem Platz bei Tisch angelangt war, mußte ihr die diensthabende Ehrendame ein Bukett weißer Blumen überreichen. Das Tafelservice war „magnifique", große silberne und goldene Aufsätze, silberne und porzellanene Teller, geschmückt mit dem Stern des Hosenbandordens und ähnlichen Symbolen. Beständig – und laut – spielte die Militärmusik während des Essens. Beim Nachtisch stand Graf Liverpool auf und brachte einen Toast auf die Gesundheit der Königin, anschließend auch auf jene des Prinzen Albert aus. Nach dem Dinner hielt die Königin einen kleinen Cercle, anschließend wurden verschiedene Kartenspiele gespielt, um Punkt elf zog sich die Königin zurück, und die Gesellschaft war beendet.

Die anschließende Woche hielt sich Erzherzog Friedrich vorwiegend auf Schloß Windsor auf, das er unter Führung von Prinz Albert eingehend kennenlernte. Beeindruckt war Friedrich hiebei auch durch die von vielerlei exotischen Kostbarkeiten gefüllte Schatzkammer sowie von dem 150 Pferde umfassenden Gestüt Alberts, mit dem er auch Reitausflüge und Jagden unternahm. In Windsor wurden ihm auch der britische Premierminister Sir Robert Peel, der Herzog von Wellington und Sieger von Waterloo gegen Napoleon, der ihm schon bestens bekannte Admiral Sir Robert Stopford und weitere Persönlichkeiten des britischen öffentlichen Lebens vorgestellt. Nach London zurückgekehrt, empfing Erzherzog Friedrich in den letzten Septembertagen das dort residierende diplomatische Corps und stattete unter anderem dem Prinzen Georg von Cambridge – auf diesen wird die Rede noch später kommen – im St. James Palast, der mit erstaunlich wenig Personal trefflich verwalteten Britischen Admiralität und Admiral Sir Robert Stopford in Greenwich, wo er eingehend das Marinehospital, die 700 Zöglinge umfassende Marineschule und die Marinesternwarte inspizierte, Besuche ab.

Die nun folgende Studienreise Erzherzog Friedrichs durch England, Schottland und Wales diente dem Kennenlernen des Landes und seiner Geschichte, vor allem aber bei vielen Zwischenaufenthalten auch seiner fortschrittlichen industriellen und natürlich seiner maritimen Einrichtungen.

Da es zu weit führen würde, dem Leser hiebei alle im Tagebuch Friedrichs akribisch festgehaltenen Eindrücke wiederzugeben, werden nur die wichtigsten Stationen und denkwürdigsten Eindrücke dieser mehr als fünf Wochen dauernden Studienreise durch Großbritannien, bei der ihn Captain Fitzroy, Oberst von Lebzeltern und sein übriger Stab begleiteten, wiedergegeben.

Die mit der Eisenbahn in das nördliche England begonnene Reise führte Friedrich über Derby, Chesterfield nach Chatsworth, dem Schloß des sehr begüterten Herzogs von Northumberland, über die alte Bischofsstadt York nach Wynand zu Marquis Londonderry, weiter über die Industriestadt Newcastle nach Alnwick, wo er beim gebildeten Herzog von Northumberland, der über bedeutende, darunter auch ägyptische Sammlungen verfügte, Aufenthalt nahm.

Die Reise führte über Berwick, den nördlichsten Ort Englands, von dort betrat die Reisegruppe Friedrichs schottischen Boden, besuchte im Vorbeifahren den Ersten Lord der Admiralität, den Grafen Haddington, auf seinem dortigen Landsitz, und erreichte noch am selben Abend Edinburgh, die Hauptstadt Schottlands, wo man für einige Tage Quartier nahm. Von hier aus wurden das alte Schloß der schottischen Könige, Holirood House, in dem originalgetreu noch die Zimmer Maria Stuarts vorhanden waren und wo die Reste der vertriebenen französischen Königsfamilie während der großen Revolution und auch noch 1830 Unterschlupf gefunden hatten, besichtigt. Auf der Zitadelle von Edinburgh sah Friedrich die alten königlichen Insignien Schottlands, nämlich Krone, Zepter, Schwert und die Kollane des Ordens von der Distel, welche, nachdem sie vor hundert Jahren versteckt und vermauert worden waren, erst 1827 durch einen Hinweis des dann 1832 verstorbenen berühmten schottischen Dichters historischer Werke, Sir Walter Scott, auf höchst romantische Weise wiedergefunden wurden. Mit der Eisenbahn reiste er nach Glasgow weiter, besuchte dort die zeitweilige Residenz der schottischen Könige, das schön gelegene Fort Sterling, und am 17. Oktober weiter in die Stadt Perth am Flusse Tay, wo das schottische Hochland beginnt, das mit Pferden und Wagen durchquert wurde. Friedrich erwähnte hiebei, daß im Gegensatz zu den Erblanden keine eigentlichen Poststationen bestanden, daß aber die Wirte Pferde hielten, die so schön und die sie begleitenden Jockeys so gut adjustiert waren, als ob es sich um herrschaftliche Equipagen handelte. Gleichzeitig fuhr man sehr schnell und wurde sehr gut bedient. Über den Paß Killiecrankie betrat die Reisegesellschaft das eigentliche schottische Hochland mit seinen reißenden Flüssen und vegetationsarmen und bevölkerungsarmen Mooren, überquerte den Hauptrücken des Grampian-Gebirges und nächtigte in einsamen Wirtshäusern, deren Essen und Betten Friedrich schätzte. Nach dem Besuch von Inverness, der größten Stadt des Hochlandes, wurde dann am höchsten Berg Schottlands, dem Mount Nevis, vorbei die Fahrt auf dem erst 1822 beendeten Kaledonischen Kanal, der die Nordsee mit dem Nordatlantik verband und Fregatten bis 32 Kanonen durchließ, fortgesetzt. Die Gegend erinnerte Friedrich stark an das Salzkammergut, die einfachen Behausungen der Landbevölkerung jedoch an die Erdhütten ungarischer Zigeuner.

Bei Dumbarton wurde das Hochland verlassen, und der Erzherzog und seine Begleitung kamen bei Glasgow in das flache Land. Glasgow beheimatete bereits damals eine aufstrebende chemische und metallurgische Industrie sowie die große Dampfmaschinenfabrik für Schiffe des Sir Robert Napier, den Friedrich als einen der intelligentesten und liebenswürdigsten Männer Englands bezeichnete.

Auf einem Dampfpaketboot gelangte dann der Prinz nach Liverpool, einem Zivilhafen, der die größten Docks in England besaß und dessen Aufschwung und Bedeutung für die Schiffahrt durch die Zahl von 1133 im Hafen liegenden und ladenden Schiffen charakterisiert wurde. Von hier aus besuchte Erzherzog Friedrich mit der Eisenbahn die nahe Industriestadt Manchester mit den von ihm als unsauber und unschön beschriebenen Häusern und ihrer Industrie. Über den Kurort Cheltenham sowie Gloucester kam man dann in Bristol an, wo der künftige Marinekommandant insbesondere von der archimedischen Schiffsschraube des Dampfers GREAT BRITAIN beeindruckt war, dessen Konstruktion er eingehend inspizierte und auch in allen Details beschrieb.

An der herrlich gelegenen Stadt Bath vorbei kam die Reisegesellschaft in der alten Universitätsstadt Oxford an, wo die verschiedenen Collegien, Einrichtungen und Bibliotheken, darunter vor allem die an alten Manuskripten reiche Bodleyanische Bibliothek studiert wurden.

Von Oxford aus machte Erzherzog Friedrich einen Ausflug zu dem nahe gelegenen Landsitz des Herzogs von Marlborough, den der berühmte Kampfgefährte des österreichischen Feldherrn Prinz Eugen vom englischen Volk als Dank für den gemeinsamen großen Sieg von Hochstädt oder Blenheim im Spanischen Erbfolgekrieg im Jahre 1704 erhalten hatte. Friedrich bezeichnete diesen Landsitz zwar als großartig, gleichzeitig aber als total herabgekommen, wohl ein Zeichen dafür, daß derartig großangelegte Bauwerke bereits in der damaligen Zeit nicht mehr aus privaten Mitteln erhalten werden konnten. Nach einer Abwesenheit von 37 Tagen kehrte Friedrich mit seiner Begleitung am 9. November wieder wohlbehalten und voll von neuen Eindrücken nach London zurück.

Am darauffolgenden Tag erhielt Schiffskapitän Erzherzog Friedrich von seinem Kaiser in Wien den schriftlichen Befehl, mit der Fregatte BELLONA nicht, wie ursprünglich vorgesehen, nach beendetem Englandaufenthalt nach dem niederländischen Hafen Texel zu segeln, sondern direkt in die Adria zurückzukehren.

Bei seinem nunmehrigen zweiten Aufenthalt in London, der rund einen Monat dauern sollte, entwickelte der Erzherzog wieder sehr lebhafte berufliche, touristische und gesellschaftliche Aktivitäten in und um die Hauptstadt. Des österreichischen Marineurs besondere und schriftlich festgehaltene Aufmerksamkeit galten dem Polytechnischen Institut und seinen 1500 Modellen, den Docks und Arsenalen der Kriegsdampfer in Woolwich, den Geschützgießereien, der Erzeugung von Gewehrkugeln durch Maschinen und von Musketenpatronen durch Kinder.

Die Fregatte BELLONA, das neueste und kampfstärkste Segelschiff der österreichisch-venezianischen Marine, mit dem Erzherzog Friedrich als Kommandant 1842 eine Englandreise unternahm. Fotografie 1858 in Venedig.

Frappiert war Friedrich auch durch das mit 10.000 Sätteln versehene Magazin für Artilleriepferde. Die Seearsenale und Festungswerke von Chatham und von Sheerness am Medway-Fluß wurden eingehend inspiziert. Der Kapitän der kleinen österreichischen Kriegsmarine war erstaunt über die Materialreserve, die dort ständig für zehn Linienschiffe und zwanzig Fregatten in Bereitschaft lagen.

Der Erzherzog besuchte das Trinity House, eine seit 1515 bestehende ehrwürdige Einrichtung der englischen Zivilschiffahrt, bestehend aus, wie er sagte, einer höchst nachahmenswerten Gesellschaft englischer Zivilkapitäne, die die Handelsschiffahrt überwachten, junge Seeleute prüften, Lotsen anstellten, Kanäle, Hafeneinrichtungen und Leuchttürme bauten und ähnliche nützliche Aufgaben erfüllten. Der maritime Begleiter Friedrichs, Kapitän Fitzroy, war hiebei das einzige Mitglied beziehungsweise Ehrenmitglied der Kriegsmarine.

Am 24. November fuhr Friedrich zur nochmaligen eingehenden Besichtigung des Marinehospitals nach Greenwich, wo dann am Abend bei dessen Kommandanten, dem ehemaligen Oberbefehlshaber im Syrienfeldzug Admiral Sir Robert Stopford, recht lustig gespeist wurde. An touristischen Sehenswürdigkeiten sah Erzherzog Friedrich fast alles, was London auch heute noch seinen Besuchern zu bieten hat. Am 26. besuchte er die königliche Münzstätte, die ihn nicht sehr beeindruckte, da deren sehr alte Maschinen den in Gebrauch stehenden österreichischen Maschinen sehr nachstanden. Anläßlich seines Besuches wurde aber eine Medaille zu Ehren des Erzherzogs geschlagen und überreicht.

Auch zahlreiche kommerzielle Unternehmungen und private Fabriken wurden von dem interessierten Erzherzog besucht, so etwa die Verlage und Druckereien der Londoner TIMES und des QUARTERLY REVIEW sowie eine große Brauerei, wo man täglich 2000 Faß Bier braute.

Regelmäßig wurde der österreichische Erzherzog von herausragenden Persönlichkeiten Englands und der internationalen Diplomatie besucht und mußte auch die entsprechenden Gegenbesuche abstatten.

Zweimal weilte er beim damals 73jährigen Herzog von Wellington, dem Sieger über Napoleon bei Waterloo, dem Träger höchster internationaler Kriegsauszeichnungen und von sieben Marschallstäben, einmal zu einem Dinner im Kreise ausgewählter Persönlichkeiten in dessen Asplehouse in London und einmal zur Jagd auf dessen Landsitz Strathfieldsaye, den ihm die englische Nation in Anerkennung seiner Verdienste geschenkt hatte. An der dortigen zweitägigen Fuchs- und Hasenjagd nahmen neben dem Erzherzog 400 in roten Röcken gekleidete Reiter, 300 Damen und weitere Personen, darunter auch zahlreiche Knaben im Alter ab acht Jahren, vor allem aber auch der greise Feldherr lebhaften Anteil. Friedrich schilderte diesen als einen heiteren und äußerst liebenswürdigen alten Herren, dessen Haus zwar sehr klein, aber sehr komfortabel eingerichtet war.

Auffallend ist der oftmalige Besuch Friedrichs bei der Familie des Herzogs Frederick von Cambridge auf dessen Sitz in Kew. Friedrich selbst beschreibt dessen Familie – und nicht nur den Herzog – als gesellig und heiter. Vielleicht bahnte sich da so etwas wie eine Romanze mit der 19jährigen hochadeligen Prinzessin Auguste von Cambridge an. Beim Geburtstag der jüngeren, neunjährigen Schwester Maria Adelaide am 27. November, nach vorangegangenen Besuchen am 13., am 20. und am 23. November, traf man ihn schon wieder sehr vergnügt an.

Weitere Zusammentreffen sollten folgen, so etwa am 11. Dezember und bei einem Abschiedsessen mit der Familie des Herzogs von Cambridge am letzten Abend seines Aufenthaltes in London, bei der Herzogin von Gloucester schon einen Abend später.

Die mindestens sechsmaligen offizell bekannten Treffen Erzherzog Friedrichs mit der heiteren und geselligen „Familie" des Herzogs von Cambridge sind unter Berücksichtigung des strengen Zeremoniells, dem der Erzherzog als Mitglied des kaiserlichen Hauses letztlich auch in all seinen Privatunternehmungen unterlag, jedenfalls auffallend. Über mögliche Rückschlüsse und Konsequenzen einer eventuellen Herzensbindung wird in einem späteren Kapitel noch eingegangen werden. Mit Ende November rückte der Zeitpunkt der Rückkehr Friedrichs auf sein Schiff näher, und am 6. Dezember wurde der Erzherzog von der Königin mitsamt seinem Gefolge nach Windsor zitiert, wo diese den Sieger von Saida auf sehr verbindliche Art mit dem Großkreuz des Bath-Ordens auszeichnete und ihm jenen Ordensstern überreichte, den der britische Admiral, ihr Onkel und Vorgänger auf dem Thron von 1830 bis 1837, Wilhelm IV., getragen hatte. Der auf eine Stiftung König Heinrichs IV. im Jahre 1339 zurückgehende Bath-Orden trug seinen Namen nach dem rituellen Bad, dem sich die Ritter zu unterziehen hatten. Im Jahre 1815 waren dem Orden neue Statuten gegeben worden und zum Zeitpunkt der Verleihung an Friedrich hatte der Orden eine mit 72 limitierte Zahl von Großkreuzrittern, die alle zumindest den Rang eines Generalmajors oder Konteradmirals einnehmen mußten.

An den beiden Tagen nach der Ordensverleihung war eine königliche Hasen- und Fasanenjagd angesagt, und am 9. Dezember in der Früh nahm der kaiserliche Erzherzog Abschied von Königin Victoria in Windsor und fuhr, begleitet von Prinzgemahl Albert, mit der Bahn nach London zurück.

Nachdem er sich am 11. Dezember vom Premierminister Lord Peel, vom ersten Lord der Admiralität, Lord Haddington, und vom Außenminister Lord Aberdeen verabschiedet hatte, fuhr er mit seinem Gefolge im Dampfboot nach Greenwich, um Admiral Sir Stopford ein letztes Lebewohl zu sagen, und weilte zu Mittag schon wieder bei der Familie des Herzogs von Cambridge, wo es wie gewöhnlich, so der Prinz, freundlich und munter herging.

Unmittelbar nach der Soiree, die ihm zu Ehren die Herzogin von Glouce-ster im Gloucester House gab und bei der auch die Familie des Herzogs von Cambridge geladen war, von der Friedrich hier Abschied nahm, fuhr der Prinz um ein Uhr früh des 13. Dezember mit der Eisenbahn von London ab und kam um fünf Uhr früh in Gosport an, wo ihn an der Bahnstation sein Schiffsfähnrich Pavazza von der BELLONA, Admiral Codrington und Marineinfanteriegeneral Pakenham abholten. Auf seine Fregatte BELLONA eingeschifft, fand er diese in vollkommener Ordnung. Die folgenden zehn Tage waren für das Detailstudium der wichtigen und größten britischen Marinebasis Portsmouth und ihrer Einrichtungen vor-gesehen. Zu Ehren des Siegers von Saida wurde hier dem Erzherzog eine Ehrenkompanie aufgestellt, die vorwiegend aus britischen Teilnehmern am Syrienfeldzug bestand. Neben den umfangreichen Marineeinrichtun-gen wie der berühmten Blockmaschine von Brunel, die sechs Zentimeter dicke Eisenplatten stanzen, Blöcke machen und Eichenbohlen sägen konn-te, inspizierte Friedrich alles, was zur Ausrüstung einer Flotte gehört.

Der österreichische Schiffskapitän besuchte auch das Linienschiff VICTO-RY, auf dem Lord Nelson 1805 die große Seeschlacht von Trafalgar gewon-nen hatte und dabei gestorben war, sowie auch als Flaggschiff Admiral Codringtons, das auch als Artillerieschulschiff diente. Beim Besuch des großen Marinespitals, für 2000 Mann gebaut und sehr gut gehalten, beein-druckten ihn die mit Wasser gefüllten Kautschukmatratzen, die für Kranke vorgesehen waren, denen das Liegen Schmerzen bereitete.

Mitte Dezember wurde bei herrlicher und sehr warmer Witterung ein Ausflug zur nahe gelegenen Insel Wight unternommen. Dort ritt die Rei-segesellschaft nach dem zehn englische Meilen entfernten Chanking Chi-na, einem an einem Talausgang direkt am Meer gelegenen idyllischen Ort, wo Jungvermählte ihre Flitterwochen zu verbringen pflegten. Sollte sich Friedrich gewissen Träumen hingegeben haben?

Am Sonntag, dem 18. Dezember, hielt der Schiffskapitän Erzherzog Fried-rich Kirchenparade an Bord seiner Fregatte BELLONA und danach Inspek-tion. Darauf unternahm er mit seinem Stab einen Spaziergang auf den Wällen von Portsmouth und Portsea, um diese großartigen Festungswerke zu besichtigen, die, im System Vaubans konstruiert, in sehr gutem Zustand waren. Zu Mittag hatte der Erzherzog Admiral Codrington samt Sohn, die Admirale Hyde, Parker, General Pakenham mit Sohn, alles in allem 19 Per-sonen in der großen Kajüte der BELLONA zum Essen geladen. Nach Tisch mußte Friedrichs maritimer Begleiter Captain Fitzroy von ihm Abschied nehmen, da er nach London befohlen war. Interessant ist, daß Captain Fitzroy das ihm von Österreich zugedachte Kommandeurkreuz des Leopold-Ordens nicht annehmen konnte, da englischen Offizieren nur die Annahme von im Kriege verliehenen ausländischen Orden erlaubt war.

Zwei Tage später wurden dem Erzherzog Artillerieübungen der englischen Schiffe mit scharfer Munition vorgeführt. Tags darauf besichtigte er die Marinekadettenschule, das Naval-College, in dem die Marineoffiziersaspiranten einen zweijährigen Unterricht in Mathematik, Fortifikation und Physik erhielten und darnach dort auch ihr Offiziersexamen ablegten. Interessant ist die Meinung des Erzherzogs hiezu, daß dieser Unterricht im Seewesen in dieser Offiziersschule sehr kurz und unvollkommen war und daß, wenn ein englischer Marineoffizier wissenschaftlich gebildet war, er es sich allein sich selbst zu verdanken hätte. Der theoretische Unterricht, den die jungen Kadetten auf den Schiffen erhielten, wäre kaum des Erwähnens wert und beschränkte sich auf das Notwendigste. Aus diesen Bemerkungen des österreichischen Schiffskapitäns ging wohl auch indirekt hervor, daß er die österreichische Ausbildung, die die angehenden Offiziere in der Marine erhielten, der englischen Ausbildungsmethode zumindest theoretisch überlegen war. Am 2. Dezember 1842 verabschiedete sich Erzherzog Friedrich vom kommandierenden Admiral Codrington und den anderen Kommandeuren in Portsmouth und ging zur Mittagstunde deselben Tages unter dem königlichen Salut, der ein Abfeuern aller Geschütze im Hafen und auf den Schiffen bedeutete, unter Segel. Die Wälle von Portsmouth waren voll von Zuschauern, welche der österreichischen Fregatte ein Lebewohl zuwinkten. Wenig später mußte die BELLONA wegen sehr starken, genau aus der beabsichtigten Kursrichtung wehenden Westwindes, der sich bald bis zum Sturm steigerte, auf der berühmten Reede von Spithead, dem traditionellen Versammlungsort der englischen Flotte, Anker werfen.

Weihnachten wurde daher an Bord verbracht, wo Codrington und Pakenham den Erzherzog am Stephanitag mit ihren Familien besuchten, während die österreichischen Offiziere über Einladung Pakenhams Silvester in dessen Haus in Portsmouth verbrachten.

Mit dem Kutter am 1. Januar 1843 an Bord der BELLONA zurückgekehrt, lief Erzherzog Friedrich mit der BELLONA schließlich gegen elf Uhr desselben Tages von der Reede von Spithead in den Englischen Kanal hinaus, wo eine frische Brise die österreichische Fregatte in den Atlantik hinausführte. Von da an hatte die BELLONA äußerst günstige Winde. Bis zum Kap St. Vincent segelte die Fregatte vor einem frischen Nordwind, nützte dann den auf West drehenden Wind zu einer raschen Fahrt durch die Straße von Gibraltar, vorbei an den Balearen, den maltesischen Inseln bis zum Eingang der Adria, wo ein starker Schirokko, ein warmer aus Afrika kommender Südwind, der BELLONA neuerlich eine rasche Fahrt vorbei an den dalmatinischen Inseln verschaffte und erst bei Rovigno, dem heutigen Ronvinj, wenige Seemeilen vor dem Zielhafen Triest entfernt, trat erstmals auf dieser Reise eine der im Mittelmeer so häufigen Windstillen ein, so daß die Fregatte bekalmt liegenblieb. Friedrich litt den ganzen Tag unter dem Wetterumschwung und mußte mit einer starken Migräne das Bett hüten. Mit der nach einem Schirokko gewöhnlich eintretenden Bora, einem von den Dinarischen Gebirgen herunterfegenden kalten, oft Sturm-stärken erreichenden Nordostwind, erreichte die BELLONA um ein Uhr früh des 22. Januar vor dem Molo San Carlo Triest. Die Fahrt von Spithead nach Triest war in 21 Tagen zurückgelegt worden, und Erzherzog Friedrich hatte mit seiner Fregatte einen Rekord aufgestellt, denn noch nie war ein Schiff diese Strecke schneller gesegelt.

Die große Jungfernkreuzfahrt der österreichischen Fregatte BELLONA nach Algier, Portugal und Großbritannien war nicht nur zu einem bedeu-tenden Erfolg und Erfahrungszuwachs für das Schiff, seinen Kommandan-ten Schiffskapitän Erzherzog Friedrich und die österreichische Marine geworden, sondern hatte wohl auch erstmals in der Geschichte Österreichs in dieser betont maritimen Form ein Mitglied des Erzhauses bei der Be-herrscherin der Meere, Großbritannien, auftreten lassen.

Konteradmiral und Brigadier
der militärischen Korps

Nach Erhalt entsprechender Befehle übergab Schiffskapitän Erzherzog Friedrich das Kommando über die bewährte Fregatte BELLONA ab und reiste nach Wien, wo er nach großer Wiedersehensfreude mit seiner Familie am 5. Februar 1843 den großen Feierlichkeiten zu Ehren seines Vaters Erzherzog Karl anläßlich dessen 50jährigen Besitzes des Großkreuzes des Maria-Theresien-Ordens beiwohnen konnte. Kaiser Ferdinand I. ließ zu Ehren des großen Feldherrn die ganze Wiener Garnison auf dem Josefstäd-ter Glacis aufmarschieren und überreichte Erzherzog Karl in Anwesenheit des gesamten Hofes die Insignie des Großkreuzes des Maria-Theresien-Kreuzes in einer Ausführung mit Brillanten.

Diesem stolzen Tag für das erzherzogliche Haus folgte einen Tag später, am 6. Februar 1843, die Ernennung des bisherigen Schiffskapitäns Erzherzog Friedrich zum Konteradmiral und zum Brigadier der militärischen Korps der Marine. Damit hatten der Hofkriegsrat und der Kaiser nicht nur ihre Zufriedenheit mit den bisherigen Leistungen, sondern auch die Absicht, Friedrich in Zukunft mit noch höherer Kommandoverantwortung zu betrauen, zu erkennen gegeben. Mit der Beförderung zu einem sogenannten Flaggenrang hatte der nunmehrige Konteradmiral Erzherzog Friedrich auch das äußerlich sichtbare Recht erworben, seine Konteradmiralsflagge auf dem Kreuzmast der Schiffe zu setzen, auf denen er sich jeweils befand, den grünen Federbusch der Admiralstabsoffiziere auf seinem Marinezweispitz, und an Land, wenn er es wünschte, auch die Uniform eines Generalmajors der Landstreitkräfte zu tragen.

Wichtiger war jedoch die wesentliche Erweiterung seiner Befehlsverantwortung auf die sogenannten militärischen Korps, die im personellen Bereich das Marineoffizierskorps einschließlich der Marinekadetten, das Matrosenkorps, das Marineinfanteriebataillon, die Marineartilleriedivision und die Unteroffiziersschule umfaßten. Der Kommandant dieser Marinemilitärkorps hieß in der k. k. Marine auch Brigadier der militärischen Korps.

Durch seinen mit dieser Verantwortung verbundenen Dienstsitz in Venedig stand der 21jährige Konteradmiral in engstem Kontakt zum gesamten Marineoberkommando, dessen Teil er nun selbst war. Es scheint, daß er eine besonders gute Zusammenarbeit mit dem Stellvertreter, dem Adlatus, des Marineoberkommandanten, dem sehr erfahrenen und loyalen Vizeadmiral Sylvester Graf Dandolo, aufbauen konnte. Friedrichs hohe Funktion im Marineoberkommando verschaffte ihm auch einen ausgezeichneten Überblick über die gesamte österreichische Marine und einen tiefen Blick in ihre strukturell vorhandenen und mitgeschleppten Probleme. Seine vorangegangenen praktischen Erfahrungen auf den Schiffen der Flotte und die Einsicht in die genannten Probleme sollten dann auch zweieinhalb Jahre später nach seiner Ernennung zum Marineoberkommandanten die Basis für seine umfangreichen Reformvorstellungen bieten.

Die Dienstzeit Erzherzog Friedrichs als Konteradmiral war bis zum Jahr 1844 in der österreichisch-venezianischen Marine durch keine besonderen kriegerischen Ereignisse begleitet. Bei Bränden in Smyrna hatten sich

Mannschaften und Offiziere der dort stehenden Levante-Eskader aus-zeichnen können, und gegen Ende des Jahres 1843 war die österreichische Levante-Eskader durch kurzfristige Verfassungsunruhen in Griechenland in Alarmbereitschaft versetzt worden. Die Fregatte BELLONA hatte nach ihrer Rückkehr von England in den Jahren 1843 und 1844 größere Missions-reisen unternommen. Die Marine machte Friedensdienst, Schiffsneubau-ten wurden durchgeführt, im inneren Betrieb änderte sich aber unter dem italienischen Marineoberkommandanten wenig.

Eine weitere stürmische Aufwärtsentwicklung nahm in diesen Jahren der Ausbau der österreichischen Donauschiffahrt und der Seeschiffahrt, deren Dampferzahlen laufend ebenso anstiegen wie der österreichische Levante- und der sich entwickelnde Überseehandel. Die Ausbaupläne der Eisen-bahn in Innerösterreich und Lombardei-Venetien wurden in ersten Teilstü-cken fertiggestellt. Handel und Wandel nahmen auch in Venedig ebenso wie der Seeverkehr mit Handelsschiffen stark zu. Der Lebensstandard stieg.

Erzherzog Friedrich hatte sich nun fest in Venedig niedergelassen, fühlte sich als Bürger der Stadt und nahm gerne und häufig an den zahlreichen kirchlichen und weltlichen Festen teil. Im schönen Palazzo Cavalli--Franchetti am Canale Grande kaufte er sich ein Stockwerk und trat selbst als Gastgeber auf. Das Leben in Venedig war in jenen Jahren unterhaltsam, elegant und international. Ab 1843 wurde die erste Gasbeleuchtung, begin-nend am Piazza San Marco, eingeführt. Im Teatro Fenice stellte dessen Protagonist Giuseppe Verdi seit Beginn der vierziger Jahre seine neuen Kompositionen vor. Die Generalität und Admiralität führte in jenen Jahren ein angenehmes Leben. Zu allen Zeiten residierte, wie Alvise Zorzi in seinem ausgezeichneten Venedigbuch schreibt, neben internationalen Per-sönlichkeiten eine ganze Kolonie hoher und höchster Aristokraten des Vielvölkerstaates in Venedig. Über die österreichischen Erzherzöge schrieb derselbe Autor, daß wenn sie sich mit ihrem betreßten und geputzten Gefolge in der Lagunenstadt sehen ließen, die dort anwesenden Damen der internationalen Gesellschaft in Verzückung gerieten.

Dies mag wohl auch für den jungen, gutaussehenden Konteradmiral und Erzherzog Friedrich von Österreich gegolten haben. Trotzdem waren diese zwei Jahre in Venedig jene, die zu einer sehr folgenschweren persönlichen Entscheidung Friedrichs, nämlich die Laufbahn eines Religiosen mit ewi-gen Gelübden im Malteserorden zu ergreifen, führten. Über die Gründe hierüber wird noch später eingehend zu sprechen sein, doch scheint der hier geschilderte Zeitraum die für ihn endgültige Auseinandersetzung mit

Der Palazzo Cavalli-Franchetti am Canale Grande in Venedig,
in dem Erzherzog Friedrich privat ein Geschoß gekauft hatte, um dort zu wohnen.

den Problemen seines Herzens- und seines Geschlechtslebens beinhaltet
zu haben.

In diesem Zeitraum fällt die tiefe Enttäuschung über die Nichtrealisierbar-
keit einer offensichtlich tiefen Herzensbindung, aber auch unter anderen
die eventuelle Affäre mit der Venezianerin Adelaide Turchi einschließlich
unangenehmer Begleitumstände.

Am 24. Juni 1843 nahm Erzherzog Friedrich als Konteradmiral und Erzherzog und als Ehrengast an der ihn offensichtlich tief berührenden feierlichen Wiedereröffnung des Großpriorates Venedig des Malteserordens
teil, das über eine Entschließung Kaiser Ferdinands nach Auflösung durch
Napoleon im Jahre 1839 wiederbegründet worden war.

Hinter der äußerlich glanzvollen Kulisse und eines in der Bevölkerung
österreichfreundlichen Venedig aber begann sich in jenen Jahren in Italien,
der Lombardei und teilweise auch in der österreichisch-venezianischen
Marine das Gedankengut der italienischen Befreiungsbewegung zu entfal-
ten, das wenig später zu dramatischen Ereignissen in dieser Marine und

145

zu einem weiteren Karrieresprung Erzherzog Friedrichs, in der weiteren Folge aber zur Revolution und letztlich zum Schaden Venedigs führen sollte.

VIII
VIZEADMIRAL UND
MARINEOBERKOMMANDANT

Die politische Situation in Italien

In Italien hatte Kaiser Franz I. nach den Napoleonischen Kriegen die Verwaltung der neugewonnenen Provinzen ganz nach absolutistisch-zentralistischer Weise eingerichtet. Die Verwaltung leistete vorzügliches, die neuen Provinzen waren die bestgeleiteten des ganzen Reiches. Schulen und Universitäten wurden errichtet, Straßen und Eisenbahnen gebaut. Besonderer Vorsorge erfreute sich Venedig, dessen Hafenanlagen erweitert, das 1829 zum Freihafen erklärt worden war und dessen Handel und Seeschiffahrt aufblühten. Alle Tendenzen jedoch, die nationalen Eigenschaften des italienischen Volkes stärker zu berücksichtigen, lehnten Metternich und der Kaiser strikt ab. Daher wurden alle positiven Neuerungen von der italienischen Bevölkerung, vorwiegend in den großen Städten der Lombardei, damals nicht wirklich anerkannt, was sich zwischenzeitlich geändert hat. Die einzig wirklich Zufriedenen waren daher die Bauern, die von der drückenden Colonenwirtschaft befreit waren, die Arbeiter, denen der Aufschwung der privaten Industrie zugute kam, und zum überwiegendsten Teil vor 1848 die venezianische Bevölkerung.

Der Druck des innenpolitischen Systems, die strenge Polizeiaufsicht und Zensur und überhaupt die Beschränkung der persönlichen Freiheit waren weiten Kreisen der lombardischen Bevölkerung jedoch unerträglich geworden und lösten eine immer größer werdende Ablehnung Österreichs aus.

Seit dem Regierungsantritt Ferdinands I. und damit des noch stärkeren Eingreifens Metternichs hatte sich die innenpolitische Stimmung in der Lombardei noch weiter verschlechtert. Auch außenpolitisch war Österreich eine Anlehnung an die angrenzenden Länder Lombardei-Venetiens nicht möglich. In Parma und Piacenza hatten die Habsburger keinen Anhang, in der Toskana fehlte der bemühten, jedoch schwachen Regierung durch Friedrichs Cousin, Großherzog Leopolds II., jede Autorität. Savoyen ergab sich dem Einfluß Frankreichs, und das Königreich Sardinien lehnte immer mehr der Freiheitsidee zu. England glitt langsam in eine Oppositionshaltung zur Metternichschen Politik, und selbst die guten Beziehungen zu Rußland waren durch die streng kirchlichen Einstellungen des Wiener Hofes beeinträchtigt.

Als 1844 die Verschwörung der Anhänger Mazzinis, dessen Ziel die Vereinigung ganz Italiens und die Loslösung von Österreich war, aufgedeckt wurde und sich sogar Papst Pius IX. als Oberhaupt des Kirchenstaates in weitem Maß der nationalen Bewegung angeschlossen hatte, bedurfte es nur mehr geringfügiger Anlässe, um Erhebungen gegen die österreichische Staatsgewalt auszulösen.

Die Hochverratsaffäre der Brüder Bandiera

In dieser Atmosphäre des nationalen Aufbruchs ereignete sich in der österreichisch-venezianischen Kriegsmarine die tragische und folgenschwere Hochverratsaffäre der Brüder Bandiera, Söhne des altgedienten, treuen und hochdekorierten österreichischen Konteradmirals und Eskaderkommandanten Freiherrn von Bandiera, der auch Erzherzog Friedrichs Vorgesetzter gewesen war.

Der über eigenen Wunsch auf dem Flaggschiff seines Vaters in der Funktion als Personaladjutant eingeschiffte, bestens beschriebene und sehr begabte Schiffsfähnrich Attilio Freiherr von Bandiera – der Adelstitel war seinem Vater vom österreichischen Kaiser verliehen worden – desertierte im April 1844 von Bord der vor Smyrna ankernden Fregatte BELLONA. Soweit später eruiert werden konnte, verließ er den Hafen auf einem griechischen Fischerboot, fuhr nach Syros und schließlich nach Korfu, um sich mit seinem Bruder Emilio zu treffen. Letzterer war, ebenfalls österreichischer Marineoffizier, als Personaladjutant beim Marineoberkommandanten Paulucci eingesetzt, täuschte eine Erkrankung vor und reiste mit einem gefälschten Paß auf dem Lloyddampfer IMPERATORE von Triest nach Korfu, wo er auch den von der österreichischen Fregatte ADRIA in Malta desertierten Fregattenleutnant Domenico Moro traf.

Diese drei jungen Leute und österreichischen Offiziere gehörten der revolutionären Freiheitsbewegung „Giovane Italia" an, die, die ganze italienische Halbinsel durchsetzend, auch in die Reihen der jüngeren Seeoffiziere der österreichischen Marine Eingang gefunden hatte. Aus österreichischer Sicht stellte dies naturgemäß Hochverrat dar.

Als ab Jahresanfang 1844 bekannt wurde, daß sich Verschwörerkreise in Malta, Griechenland und Albanien sammelten, wurden nach und nach drei österreichische Kriegsschiffe an die italienische beziehungsweise albanisch-griechische Küste entsandt, um Landungen der Revolutionäre in Italien zu verhindern. Die Kräfte waren jedoch für die Aufgabe angesichts der langen zu überwachenden Küste bei weitem zu gering und zu verstreut, so daß es auch am 20. Juni 1844 den Brüdern Bandiera mit einem kleinen Häuflein von Mitverschwörern gelang, aus Korfu auszulaufen und in Kenntnis der Überwachungsgewohnheiten in der österreichischen Marine unbehelligt die italienische Küste zu erreichen. Dort sollte von Crotone aus mit Hilfe der einheimischen Bevölkerung eine Aufwiegelung gegen die Regierung König Ferdinands von Neapel angezettelt werden. Der Putsch scheiterte jedoch an Verrat und an der eigenen Schwäche der Verschwörer. Die drei österreichischen Marineoffiziere wurden gefangengenommen und nach Aburteilung durch ein neapolitanisches Kriegsgericht am 25. Juli 1844 in Cosenza in Süditalien erschossen. Für die italienische Freiheitsbewegung galten die drei Freunde als nationale Märtyrer, für die österreichisch-venezianische Kriegsmarine jedoch sollten diese Ereignisse folgenschwer werden. Erzherzog Friedrich wurde hiebei von den nationalen Italienern – wohl ungerechterweise – persönlich zum Vorwurf gemacht, daß er sich angesichts seiner bekannt guten Beziehungen zum neapolitanischen Hof nicht für eine Begnadigung der Hochverräter eingesetzt hatte. In Venedig wurde der Fall von einem eigenen von der Marine unabhängigen Gericht eingehendst verhandelt. Das Ergebnis der aufs peinlichste geführten Untersuchung brachte über den Fall selbst nicht viel Neues. Weder konnte festgestellt werden, wann und durch wen die drei österreichischen Offiziere der revolutionären Bewegung zugeführt worden waren, noch ob – was wahrscheinlich war – andere Marinepersonen in die traurige Angelegenheit verwickelt waren. Bei der Untersuchung kamen jedoch Dinge an den Tag, die kein gutes Licht auf die inneren, teilweise bereits weiter oben geschilderten Zustände in der Marine warfen. Eine formale österreichische Verurteilung der drei Freunde und Offiziere erfolgte nicht, da der Kaiser das Verfahren einstellen ließ. Gleichzeitig beauftragte er jedoch den Präsidenten des Hofkriegsrates, den Grafen Hardegg, Vorschlä-ge zur Behebung der zutage getretenen Übelstände zu machen.

Der Hofkriegsratspräsident entledigte sich seines Auftrages durch einen umfangreichen schriftlichen Vortrag, dessen Details im Kriegsarchiv in Wien unter den Akten des Hofkriegsrates aus dem Jahre 1844 festgehalten sind. Graf Hardegg führte darin aus, daß der Fall nicht nur Mängel an Haupt und Gliedern, sondern am Organismus der Marine selbst, Mängel die einem engeren Kreis von Personen seit langem bekannt, nun vor aller Augen klargelegt hätte. Und wörtlich führte er aus:

„Die Marine ging daher im Jahre 1814 . . . an uns in einem Zustand über, in welchem . . . ihre tonangebenden Elemente einerseits in altvenezianischen Erinne-rungen, andererseits in den Träumen einer erreichbaren venezianischen Selbstän-digkeit lebten, sich . . . aber in der Sympathielosigkeit für die neue Regierung . . . und in den Wünschen begegneten, ohne . . . sehr ängstliche Gewissenhaftigkeit einen möglichst großen Nutzen aus . . . ihren Stellen zu ziehen.“

Nach grundsätzlichen weiteren Ausführungen über die Notwendigkeit einer österreichischen Kriegsmarine stellte Hardegg auch die Forderung auf, daß sofort etwas geschehen müsse, um der Kriegsmarine ein stärkeres österreichisches Gepräge zu geben. Es müßte daher auch vor allem die strikte Befolgung der ohnehin bestehenden Vorschriften und Reglements durchgesetzt werden. Durch den persönlichen, in keiner Hinsicht beirrten und kräftigen Einfluß des Marineoberkommandanten sei der Umschwung in der Stimmung und Geisteshaltung der Marine herbeizuführen.

Vizeadmiral und Marineoberkommandant

Daß dies bisher nicht geschehen sei, lastete der vorgesetzte Hofkriegsrats-präsident General der Kavallerie Graf Hardegg in erster Linie dem bishe-rigen Marineoberkommandanten Vizeadmiral Marchese Paulucci delle Roncole an. Da sich letzterer schon in früherer, vor allem aber auch in letzter Zeit stark kompromittiert hatte, hielt Hardegg dessen Stellung für überhaupt nicht mehr haltbar und schlug dessen Abberufung vor. Wenn-gleich die österreichische Marineforschung das harte Urteil Hardeggs heute relativiert und teilweise die Verantwortung für die Entwicklung aus verschiedenen Gründen auch bei den, dem Marinekommando übergeord-neten Stellen in Wien sieht, so war doch der Hofkriegsrat 1844 bereits zu der Überzeugung gelangt, daß Vizeadmiral Marchese Paulucci nach 20jähriger Führung des Marinekommandos nun doch nicht mehr der richtige Mann sei, die Geschicke der Kriegsmarine in Zukunft weiterzulenken.

Es war aber für den Hofkriegsrat nicht so leicht, eine geeignete Persönlichkeit für die Übernahme dieses heiklen Postens zu finden.

Der nächste im Rang der Kriegsmarine, Vizeadmiral Sylvester Graf Dandolo, kam schon wegen seines fortgeschrittenen Alters von 78 Jahren für die Verantwortung praktisch nicht in Frage.

Auch von den übrigen höheren Stabsoffizieren der Marine kam niemand wirklich in Betracht. Während sich ein Teil der Mitglieder des Hofkriegsrates – zum wiederholten Mal in der Geschichte der österreichischen Kriegsmarine, und das sicher zu ihrem Nachteil – mit der Absicht trug, eventuell einen geeigneten General des Landheeres auszuwählen, schlug der Hofkriegsratspräsident Graf Hardegg den Berufsmarineoffizier Konteradmiral Erzherzog Friedrich als neuen Marineoberkommandanten vor, wobei dieser gleichzeitig in den Rang eines Vizeadmirals befördert werden sollte.

Obwohl erst 23 Jahre alt, hatte Erzherzog Friedrich seit seinem 14. Lebensjahr eine kontinuierliche militärische Ausbildung genossen, war seit seinem 16. Lebensjahr aktiv in der Marine tätig gewesen, hatte die nautische Offizierslaufbahn vollzogen, sich mit ernstem Eifer dem Dienst gewidmet, Schiffe und Marineabteilungen kommandiert, zahlreiche Auslandsreisen durchgeführt, im Kampfeinsatz gestanden und als bis dahin einziges Mitglied der Marine das Militär-Maria-Theresien-Kreuz verliehen bekommen. Trotz seiner erst 23 Jahre brachte Konteradmiral Erzherzog Friedrich beruflich, aber auch dynastisch und in der gegebenen Situation politisch die Voraussetzungen für sein hohes Kommando mit. Seine vielleicht noch geringe Lebenserfahrung sollte duch einen sehr alten und erfahrenen Stellvertreter und einen brillanten Adjutanten ausgeglichen werden.

Kaiser Ferdinand I. stimmte dem Vorschlag Hardeggs zu und ernannte Erzherzog Friedrich mit 21. August 1844 zum neuen Marineoberkommandanten unter gleichzeitiger Beförderung zum Vizeadmiral.

Der Kaiser wünschte bei seiner Ernennung Friedrichs, daß er „das Oberkommando mit fester Hand führe, den Übelständen Einhalt tue und aller Orten auf den Geist von Pflicht und Ehre, von dem die kaiserlich-königliche Armee durchdrungen ist, nachdrucksamst einwirke".

Mit der Übertragung des Kommandos an Friedrich war gleichzeitig der Auftrag erteilt worden, die Ziele des Hofkriegsrates für die Marine zu verwirklichen und schriftliche Vorschläge für die Änderung der geltenden Marinevorschriften zu machen.

Der bisherige Marinekommandant wurde nach Übergabe der Geschäfte eine Woche später pensioniert. Mit der Übernahme des Marineoberkommandos war Vizeadmiral Erzherzog Friedrich zum Befehlshaber des damals am höchsten technisierten Waffenzweiges der k. k. Monarchie geworden, der bis 1847 rund 131 Seefahrzeuge und umfangreiche Hafenbasen und Arsenale umfaßte. Eine Aufgliederung im Detail findet sich im Anhang. Als Adlatus, Stellvertreter im Oberkommando, stand Friedrich der mit 78 Jahren bereits sehr betagte, aber ebenso erfahrene Vizeadmiral Sylvester Graf Dandolo zur Seite, mit dem Friedrich außerordentlich gut zusammenarbeitete und welcher den jungen, ihm bestens bekannten Befehlshaber an seiner Erfahrung bereitwilligst Anteil nehmen ließ.

Vizeadmiral Dandolo stammte aus einer alten venezianischen Patrizierfamilie, aus der auch Dogen hervorgegangen waren. Er selbst war bereits 1766 geboren worden, war nach gründlicher humanistischer und mathematisch-nautischer Ausbildung bereits mit 16 Jahren in die venezianische Marine eingetreten und hatte bei den Unternehmungen Venedigs 1784 gegen Tunis und Sfax Gelegenheit, sich besonders auszuzeichnen, so daß er vom letzten großen Admiral Venedigs, Emo, besonders hervorgehoben wurde. Mehrmals Malta ansegelnd, war Dandolo auch bei dem festlichen maritimen Trauerkondukt, den der Malteserorden für den auf See verstorbenen venezianischen Admiral veranstaltete, zugegen und hatte – für Friedrichs Geschichtsbewußtsein interessant – nicht nur die alte venezianische Marine in ihrem untergehenden Glanz noch miterlebt, sondern auch die Herrschaft der Ordensritter auf Malta, über welche er mit Friedrich oft sprach. Mit 21 Jahren bereits erhielt Dandolo das Kommando über eine Fregatte und die Regentschaft über die für den Eingang in die Ägäis wichtige Insel Cerigo-Kythera. Später war er in dem für die Lagunenstadt wichtigen Wasserbauamt und im Senat tätig. Mit dem Einmarsch der Franzosen schied er aus dem Dienst aus, trat aber 1802 unter dem Vater Friedrichs, Erzherzog Karl, in österreichische Marinedienste, kommandierte eine Fregatte, wurde Arsenaldirektor und befehligte im österreichischen Krieg von 1805 alle österreichischen Seestreitkräfte. Nach dem Sturz Napoleons trat er wieder in die österreichische Marine ein, bewährte sich als Kommandant der Schiffsdivisionen vor Neapel und in der Levante und wurde in Ausübung verschiedener verantwortlicher Funktionen in der Marine befördert. 1828 wurde er zum Konteradmiral, 1836 zum Vizeadmiral und 1838 zum Stellvertreter des Marineoberkommandanten ernannt. Als solcher verblieb er auch bei Erzherzog Friedrich.

Als Adjutant des Marineoberkommandanten Vizeadmiral Erzherzog Friedrichs fungierte dessen maritimer Lehrer, nautischer Mentor und ständiger Begleiter auf seinen Seereisen, der zum Schiffskapitän beförderte Johann von Marinovich. Dieser, als Adjutant auch als Militärreferent im höchsten Kollegialgremium der Marine, dem Marinerat, tätig, betrieb seine Aufgabe in der Marine – und dies war zum großen Teil auch eine Abstellung der geschilderten Probleme – mit unnachgiebiger Strenge und großer Genauigkeit und drang hiebei gemäß Zeitzeugen „in die verborgensten Winkel der Marine" vor. Dies gab Marinovich bei den italienischen Marineangehörigen und Arbeitern das Image eines ebenso verhaßten wie mächtigen Mannes.

Erzherzog Friedrich hatte daher in seinem Stellvertreter und in seinem Adjutanten erfahrene, Österreich gegenüber loyale und fähige Mitarbeiter an seiner Seite. Weiters unterstützt wurde er durch den unter seinem Vorsitz regelmäßig tagenden, institutionalisierten, fünf Referenten umfassenden Marinerat, dessen personelle Zusammensetzung ebenso wie die folgende organisatorische Zusammenfassung der Marineorganisation im Anhang detailliert aufgeschlüsselt und beschrieben ist. Eine weitere organisatorische Einheit der Marine war die 131 Schiffe (1847) umfassende Schiffsausrüstung, die Flotte, die aus Fregatten, Korvetten, Briggs, Goeletten, Brigg-Goeletten, Kanonieren, Penichen, Pirogen, Prahmen, Obusieren, Pontons und Dampfern bestand.

Das Marinemilitärkorps, das bereits weiter oben einmal anläßlich der Übertragung der Verantwortung über dasselbe an Friedrich dargestellt wurde, umfaßte personell die Militärpersonen der Marine in fünf Verwendungsgruppen, zu denen auch die Marinekadetten gehörten.

Geographisch war die Zuständigkeit der Marine, wie bereits einmal früher anläßlich der Ernennung Schiffskapitän Friedrichs zum Seebezirkskommandanten erläutert, in die drei Marinedivisionskommanden von Venedig, Triest und Zara eingeteilt.

Das sehr große, noch heute baulich in seiner Grundstruktur bestehende Marinearsenal zu Venedig umfaßte organisatorisch die Schiffsbau-, Schiffsausrüstungs- und Artilleriedirektionen sowie die Magazins- und Werftverwaltungen.

Das Marinebeamtenpersonal schloß das Kanzleipersonal, das Rechnungspersonal, Arsenalverwaltungsbeamte, das Marinekriegszahlamt und das Justizpersonal ein.

Unter den sonstigen Marinebranchen fanden sich als organisatorische

Einheiten das Gebäudeamt, die Marinegeistlichkeit, das Marinesanitäts-personal, die Marineunteroffiziersschule, das Waldwesen und das Marine-gefängnis.

Der Verantwortungsbereich des Marineoberkommandanten und Vizead-mirals Erzherzog Friedrich, dessen vorgesetzte Stelle die Marinesektion des Hofkriegsrates war, entsprach in verkleinerter Ausführung dem Befehlsbe-reich eines Capitano Generale da Mar, dem Marineoberbefehlshaber in der alten, größeren venezianischen Marine und beinhaltete eine ganze maritime Welt. Der militärische, Erzherzog Friedrich verliehene Rang des Vizeadmi-rals war zu jenem Zeitpunkt der höchste militärische Marinerang, den Österreich – ebenso wie etwa Frankreich bis zur Revolution – vergab. Der Rang des Vizeadmirals entsprach jenem des Feldmarschalleutnants im Landheer, dessen weiße Uniform Erzherzog Friedrich nun auch an Land tragen durfte.

Kaiserlicher Marinebesuch

Unmittelbar nach Übernahme des Marineoberkommandos begab sich der neuernannte Vizeadmiral am 31. August per Schiff, das erste Mal seine Vizeadmiralsflagge auf dem Fockmast auf See setzend, nach Triest, um hier die Ankunft Kaiser Ferdinands I. und der Kaiserin zu erwarten. Diese trafen mit großem Hofstaat und Pomp, nachdem sie das erste Mal die Eisenbahn von Wien nach Gloggnitz benützt hatten und über Graz, Mar-burg, Cilli, Laibach und Adelsberg gereist waren, am 5. September 1844 in Triest ein. Auf der Höhe von Opcina wurden der Kaiser und seine Entou-rage bei dem schon früher ihm zu Ehren errichteten Obelisken begrüßt. Bei herrlichstem „Kaiserwetter" bot sich den Gästen ein weiter Blick über den Golf von Triest und die dort liegende Schiffsansammlung dar.

Im Hafen lag das Flaggschiff der österreichischen Flotte, die BELLONA, die ebenso wie die anderen Zivil- und Militärschiffe im Hafen große Flaggengala gesetzt hatte und mit allen vorhandenen Geschützen den Kaisersalut schoß. In der Stadt erwarteten neben Erzherzog Friedrich auch Erzherzog Johann, der Großherzog der Toskana Leopold II. und der Erb-prinz von Modena mit ihren Gemahlinnen, weiters Fürst Metternich und Feldmarschall Radetzky die Majestäten.

Der zweite Tag des Aufenthaltes war einem von der Gesellschaft „Öster-reichischer Lloyd" veranstaltetem Ausflug nach Capodistria – Koper – vorbehalten. Während sich das Kaiserpaar auf dem neuen Lloyddampfer

IMPERATORE an Bord begab und dies dort durch das Setzen der Kaiser-standarte auf dem Großmast angezeigt wurde, grüßten die auf Reede liegenden Schiffe das Paar durch Flaggengala, einen Rahensalut, bei dem die Matrosen alle Rahen besetzend salutierten, und durch einen wieder von allen Geschützen abgefeuerten donnernden Kaisersalut, dem sich die Ge-schützsalven des Kastells und der Hafenbatterien anschlossen. Währendd-essen hatten sich neun weitere Dampfer des Österreichischen Lloyd, auf denen sich 3000 geladene Gäste befanden, in zwei Reihen aufgestellt, durch welche der IMPERATORE nun hindurchdampfte und, gefolgt von den zwei Schiffskolonnen, Kurs auf Capodistria nahm, wohin der Vizeadmiral und Erzherzog Johann zum Empfang vorausgeeilt waren. Dort erwarteten den Kaiser unter dem Jubel der versammelten Bevölkerung neben einem donnernden Kaisersalut auch in bestimmten Farben geschmückte Boote, die sich dann farbgleich formierten und neue Gäste auf die Schiffe brach-ten. Nach dem dortigen Empfang wechselte das Kaiserpaar zur Rückfahrt auf den ebenfalls neuen Dampfer IMPERATRICE.

Dieser großangelegte Empfang des Kaisers auch durch den Österreichi-schen Lloyd war als Dank für das Verständnis und die Unterstützung des Kaiserhauses für die österreichische Seeschiffahrt gedacht. Gleichzeitig war es eine Manifestation des dampfmaschinengetriebenen Schiffes. Das Ereignis wurde in der Presse überschwenglich gefeiert und das maritime Fest sogar mit der alten Zeremonie der Vermählung des Dogen mit dem Meer verglichen.

Am kommenden Tag traf, von Venedig kommend, der Stellvertreter des Marinekommandanten Vizeadmiral Sylvester Graf Dandolo in Triest ein, dem der Kaiser im Beisein der Erzherzöge Vizeadmiral Friedrich und Johann den Orden vom Goldenen Vlies in feierlicher Form verlieh, wohl ein Zeichen des Dankes, aber auch zukünftiger Verpflichtung.

Am Abend begaben sich die Festgäste auf Galabooten der Marine auf ein im Hafen verankertes geschmücktes Floß, von wo aus sie die Festbeleuch-tung der Schiffe, des Hafens und der Stadt bestaunen konnten. Das kaiser-liche Galaboot wurde durch den Marineoberkommandanten Erzherzog Friedrich persönlich kommandiert.

Der Kaiser reiste dann über Land nach Pola, dem damals unbedeutenden und kleinen, jedoch für eine verstärkte Marinepräsenz ins Auge gefaßten Fischerhafen, weiter und kehrte mit dem Dampfer IMPERATRICE nach Triest zurück, von wo er am 16. September 1844 über Villach, Salzburg und Linz und dann mit dem Dampfer weiter nach Wien abfuhr.

An bewährte Marineoffiziere übergab der Kaiser als Dank einen Brillantring, goldene Tabatieren und eine goldene Uhr.

Die ganze politische und maritime Manifestation in Triest muß wohl auch im Zusammenhang mit den geschilderten unerfreulichen Ereignissen und der Umorganisation, dem Tadel an, und der teilweise bereits durchgeführten, teilweise noch geplanten Umorganisation in der Marine gesehen werden. Der imperialen Peitsche war das Zuckerbrot gefolgt. Für den neuernannten Marineoberkommandanten Friedrich hatte der kaiserliche Besuch naturgemäß einen außerordentlich wirkungsvollen öffentlichen Entfaltungsrahmen unmittelbar nach seiner Amtsübernahme bedeutet, der auch seine persönliche Stellung in der Marine und in der Bevölkerung stärken mußte.

Die österreichische Handelsschiffahrt entwickelte sich aber auch nach diesem maritimen Fest rasch weiter. Im Jahre 1844 schloß der Lloyd mit der DDSG einen Vertrag ab, durch den ersterer die Infrastruktur, die Einrichtungen und den Liniendienst, den die Gesellschaft zwischen Konstantinopel und Smyrna unterhielt, übernahm.

Im Mai 1845 wurde der Österreichische Lloyd zu den zu den Staatspostanstalten gehörenden Einrichtungen erklärt und gewann dadurch weitere staatliche Vorteile.

Reformvorschläge

Nach Abschluß der imperialen und maritimen Feierlichkeiten in und um Triest nach Venedig zurückgekehrt, begann für den neuen Marineoberkommandanten Erzherzog Friedrich rasch der wirkliche Ernst des Lebens. Er griff mit der ihm eigenen Energie und Zielstrebigkeit sofort nach Übernahme des Kommandos energisch in den Dienstgang der Marine ein und richtete sein Hauptaugenmerk auf die Abstellung der eingerissenen Mißbräuche.

Eine seiner ersten Maßnahmen war ein Vorschlag zur Säuberung des Offizierskorps von jenen Personen, die nicht ganz makellos aus der Hochverratsangelegenheit Bandiera hervorgegangen waren. Hiezu zählten der vom Schicksal geschlagene Vater der Brüder, Konteradmiral Baron von Bandiera, der im übrigen schon selbst um Versetzung in den Ruhestand ersucht hatte, der Leiter des Marinekollegiums, der Kadettenschule, besondere Pflegestätte einer nationalen „Venzianitá", und der Kommandant der

Levante-Eskader. Alle diese Vorschläge wurden vom Kaiser gebilligt. Außerdem legte Vizeadmiral Friedrich seinem Schreiben, ihm durch die Sicherheitskräfte Metternichs zugegangene vertrauliche Berichte über Fehlverhalten höherer Marinepersonen bei. Obwohl die Anschuldigungen zum großen Teil so schwer waren, daß strenge Untersuchungen hätten eingeleitet werden müssen, schlug Friedrich – wohl auch wegen fehlender Personalersatzmöglichkeiten – vor, es diesmal bei einer Mahnung und Warnung an alle, unterstrichen durch die tatsächlich gezogenen personellen Konsequenzen, zu belassen. Der personelle Aderlaß der Marine erzwang in der Folge auch eine Straffung der Flottenstruktur, auf die etwas weiter unten noch eingegangen wird.

Im materiellen Investitionsbereich forderte Friedrich den Bau eines großen Trockendocks nach dem Muster der Docks von Konstantinopel und Toulon, weiters den sofortigen Ankauf eines voll ausgerüsteten Kriegsdampfers in England. Diese modernsten Kriegsschiffe sollten dann in ähnlicher Form in Venedig nachgebaut werden. Weiters schlug er die Übernahme der bestehenden, jedoch von den Offizieren selbst finanzierten Marinemusik in Stärke von 60 Mann in den Stand der Marine vor.

Seinen genannten Vorschlägen legte Vizeadmiral Friedrich von Österreich ein umfangreiches Grundsatzmemorandum an den Hofkriegsrat und den Kaiser bei, in welchem er seine Ansichten über Zweck und Verwendung der Kriegsmarine im Frieden wie im Kriege, über ihren derzeitigen Zustand, die notwendigen Reformen und Weiterentwicklungen ausführte. Neben seinen Vorstellungen über Zahl und Stationierung der Kriegsschiffe, deren realisierter Bestand bis zum Jahre 1847 im Anhang im Detail ersichtlich ist, schlug er vor allem vor, daß sich die im Küstenschutz in der Adria stehenden Briggs und Goeletten alle drei Monate abzulösen hätten, um damit die bereits weiter oben eingehend geschilderten personellen Unzukömmlichkeiten in dieser Verwendung hintanzuhalten. Für die Küstenbewachung sollten in Zukunft erstmals einige Dampfboote eingesetzt werden. Mit einer vorgeschlagenen Reduzierung und Umschichtung der aktiven Flotte sollte der Aufbau einer starken, jederzeit aktivierbaren Reserveflotte Hand in Hand gehen.

Neu eingeführt wurde von Erzherzog Friedrich die stärkere Betonung des Hafens Pola, den er als neuen Hauptkriegshafen vorschlug. Der Hofkriegsrat lehnte diesen Vorschlag zwar ab, der Marinekommandant stationierte jedoch zumindest das Flaggschiff der Adriadivision, eine Fregatte, in diesem Hafen.

Da für den zukünftigen Aufbau der Kriegsmarine die englische Marine als Vorbild zu gelten hätte, empfahl der Vizeadmiral zu Studienzwecken die Entsendung von Schiffsbauingenieuren und Artillerieoffizieren nach England.

Für die Beförderungsvoraussetzungen im Seeoffizierskorps sah Erzherzog Friedrich strengere aber gerechtere Richtlinien vor. Im Seearsenal bemängelte der neue Marinekommandant nicht nur die nicht zeitgemäße technische Ausstattung des Arsenals, sondern besonders auch die veralteten Vorschriften, darüberhinaus die Nichteinhaltung derselben.

Schon im Jahr 1845 gelang es dem neuen Marinekommandanten die Erhöhung des Standes des Seeoffizierskorps um 20 Mann beim Kaiser zu erreichen. Im selben Jahr wurde die bereits erwähnte Marinemusikkompanie mit einem Stand von 60 Mann offiziell wiederaufgestellt. Die vorgeschlagene Umschichtung des Schiffsbestandes wurde in die Wege geleitet.

Hiebei ist insbesondere die mit 12. März 1845 erfolgte Auflösung der traditionsreichen selbständigen Levantedivision beziehungsweise deren Eingliederung in die Schiffsdivision in der Adria und der Aufbau einer im Arsenal von Venedig liegenden eigenen Reservedivision zu erwähnen. Die Stationsschiffe bei den österreichischen diplomatischen Vertretungen in Konstantinopel und Athen-Piräus blieben jedoch im Dienst.

Im Jahre 1845 unternahm das griechische Königspaar auf dem österreichischen Kriegsdampfer VULCANO, der ihm über sein Ersuchen zur Verfügung gestellt worden war, von Piräus aus eine Inspektionsfahrt durch die griechischen Inseln der Agäis.

In Venedig, seinem Dienstort, wohnte Vizeadmiral Erzherzog Friedrich im schon früher erworbenen Palazzo Cavalli am Canale Grande, begann sich aber trotz seiner vielen Arbeit auch mit den berühmten Überresten der gotischen Kirche und des alten Olivetanerklosters von Sant'Elena, zu beschäftigen, wo er gerne weilte und wo er dann für sich und seine Nachfolger eine Residenz aus den Trümmern des alten Konvents errichten ließ. Er legte einen hübschen englischen Garten auf der Insel an und ließ dazu einige Gewächshäuser bauen. Friedrich nahm auch regelmäßig am öffentlichen und gesellschaftlichen Leben Venedigs teil und genoß dessen Höhepunkte.

IX

PROFESSRITTER IM SOUVERÄNEN MALTESER-RITTER-ORDEN

Im Jahre 1845 legte der Berufsoffizier Vizeadmiral Erzherzog Friedrich von Österreich seine feierlichen und ewigen religiösen Gelübde der Armut, der Keuschheit und des Gehorsams im Großpriorat Österreich des Souveränen Malteser-Ritter-Ordens ab. Wer war dieser Orden und was hatte den nunmehrigen Frater, kurz Frá Friedrich von Österreich, dazu bewegt, die lebenslange Verpflichtung eines katholischen Ordensmannes einzugehen?

Der Malteserorden und Österreich

Der Souveräne Malteser-Ritter-Orden oder wie sein voller Name hieß, der Souveräne Ritterorden vom Hospital des hl. Johannes zu Jerusalem, genannt von Rhodos, von Malta – war in der zweiten Hälfte des 11. Jahrhunderts mit Hilfe von Kaufleuten der Seehandelsstadt Amalfi von einer dem hl. Johannes geweihten religiösen Bruderschaft gegründet worden, die sich in ihrem Hospiz in Jerusalem der Pilgerbetreuung und Krankenpflege widmete. Mit der Einnahme Jerusalems während des ersten Kreuzzuges 1099 nahmen Aufgaben, personelles und materielles Wachstum der Bruderschaft im Heiligen Land aber auch in Europa derartig zu, daß diese 1113 die Form eines Ordens der katholischen Kirche mit einem Meister an der Spitze erhielt. Die Bedrohung der Einrichtungen des Ordens und des Heiligen Landes durch die islamischen Araber führte bereits in den ersten Jahrzehnten des 12. Jahrhunderts zur Übernahme bewaffneter Aufgaben durch die Johanniter oder auch Hospitaliter genannten Ordensmänner, deren Gemeinschaft durch diese neue Aufgabe und den Zustrom ritterlicher Mitglieder frühzeitig den erweiterten Charakter eines nicht nur religiösen und hospitalären, sondern nun auch ritterlichen Ordens erhielt, der bald mit dem Templerorden und dem Deutschen Orden ein permanentes militärisches Rückgrat der christlichen Herrschaften in der Levante bildete. Schon früh begann sich der Johanniterorden mit der Schiffahrt für zivile und militärische Zwecke zu beschäftigen und unterhielt auch bald eigene Schiffe, Hospitäler, Kommenden und Burgen in Hafenstädten der Levante und Europas.

Schließlich gemeinsam mit der christlichen Herrschaft 1291 von deren letzter Hauptstadt Akkon, St. Jean d'Acre, vertrieben, siedelte der Hauptkonvent des Ordens einige Jahre in Cypern, wo seine Transformation zum seefahrenden Ritterorden stattfand, und eroberte bis 1309 Stadt und Insel Rhodos sowie die Mehrzahl der Inseln des Dodekanes, ein eigenes geschlossenes Herrschaftsgebiet, wodurch der Orden auch eine völkerrechtliche Souveränität erlangte, die als solche bis zum heutigen Tage andauert. In der Zeit der Herrschaft des Ordens auf Rhodos bildete dieser seine Regel, Verfassung und Gesetze voll aus und erlangte seine größte Verbreitung in Europa. Neben der kontinuierlichen Fortsetzung seiner hospitalären Tätigkeiten auf Rhodos und in Europa bildeten der Ordensstaat und seine starke Flotte einen wesentlichen Bestandteil des christlichen Verteidigungskampfes gegen die stetig vordringenden Osmanen in der Levante.

1522 schließlich von einer übermächtigen Angriffsmacht Sultan Solimans des Prächtigen, der 1529 auch bis Wien vordringen sollte, von Rhodos vertrieben, erhielt der Orden nach einigen Jahren der Wanderschaft durch Südeuropa von Kaiser Karl V. schließlich die Maltesischen Inseln als neuen Ordenssitz samt der Festung Tripolis in Nordafrika.

Die eigenen Verteidigungsanlagen auf Malta ständig verstärkend, kämpfte der Orden mit seiner Flotte den Verteidigungskampf des christlichen Europa gegen die die Südküsten des Kontinents ernstlich bedrohenden osmanischen Kriegsschiffe und jene der islamischen Barabareskenherrschaften in Nordafrika. 1565 wurde ein mächtiger Angriff Solimans des Prächtigen auf Malta zurückgeschlagen. Von Historikern des 20. Jahrhunderts wird das als Stalingrad des 16. Jahrhunderts bezeichnet. Dieser Verteidigungssieg bildete eine der Voraussetzungen, die zum großen Seesieg einer christlichen Allianzflotte 1571 bei Lepanto unter dem Kommando des

Habsburgers Don Juan d'Austria gegen die osmanische Flottenmacht führte. In dieser Seeschlacht sowie in Hunderten Seegefechten in den beiden folgenden Jahrhunderten gegen osmanische Schiffe im Mittelmeer trugen die nunmehrigen Malteserritter entscheidend dazu bei, die osmanische

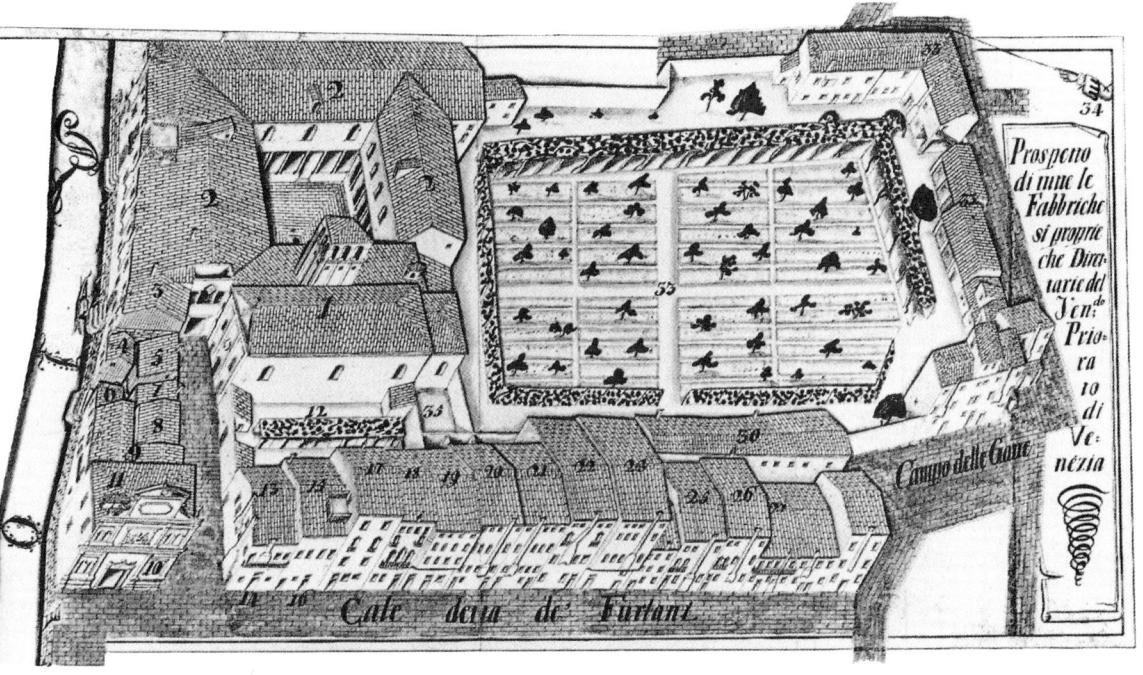

Großpriorats-Kommende des Souveränen Malteser-Ritter-Ordens am Rio Sant' Antonin in Venedig mit der Ordenskirche San Giovanni, in der sich der Sarkophag Erzherzog Friedrichs befindet. Aquarell aus einem Grundstückskatalog des Ordens aus dem Jahre 1766, Venedig.

Gefahr für die europäische Schiffahrt im Mittelmeer einzudämmen. Eine große Anzahl fähigster und bekanntester Marineoffiziere, die dann später in ihren nationalen Marinen als Kapitäne und Admiräle Ruhm erreichten, ist aus dieser Marine der Ritter herausgewachsen, während der Orden gleichzeitig fortfuhr, seine religiösen und hospitalären Aufgaben zu verfolgen.

Die Französische Revolution und die nachfolgenden Revolutionskriege entkleideten den Orden durch die Eroberung der Insel Malta 1798, durch Aufhebung und Enteignung seiner Kommenden in fast ganz Europa seiner materiellen Hilfsquellen. Lediglich das Großpriorat Österreich-Böhmen konnte ohne Unterbrechung weiter bestehen bleiben.

Nach dem Wiener Kongreß, an dem Gesandte des Ordens teilnahmen, wurden einzelne Priorate des Ordens in Italien wiederhergestellt.

Die Beziehungen Österreichs und des Kaiserhauses mit dem Souveränen Malteser-Ritter-Orden waren alt und gut. Schon 1191 auf den Wällen Akkons hatten die Johanniter neben Erzherzog Leopold gekämpft, und Malteserritter waren auch in allen Türkenkriegen an der Seite Österreichs und des deutschen Kaiserreiches, teilweise in hohen Kommandofunktionen gestanden. Hohe Regierungs- und Kirchenstellen in Österreich, Böhmen und anderen Erblanden wurden regelmäßig durch Ordensmänner des Malteserordens bekleidet. Mehrere Male wandten sich Österreich und der Kaiser an den Malteserorden um Abstellung von Marineoffizieren für das Kommando oder für die Verstärkung der kleinen österreichischen Marine zur See und auf der Donau in den Kriegen gegen die Osmanen. Gesandte des Ordens am kaiserlichen Hof hielten die regelmäßige Verbindung aufrecht, und die zahlreichen, auf dem Gebiet der Erblande befindlichen Kommenden und Kirchen, wie etwa in Mailberg, Wien, Fürstenfeld, Feldkirch, Laa, Maria Pulst in Kärnten und andere in Böhmen etc., sowie die dort wohnenden Ritter und Ordenskaplane hatten durch Jahrhunderte auch hospitälare und religiöse Funktionen in Österreichs Ländern erfüllt.

Gerade deshalb ist es interessant, daß lediglich zwei Söhne des Hauses Habsburg, nämlich der Sohn Kaiser Maximilians II., Wenzeslaus, und der illegitime jedoch adoptierte Sohn König Philipps IV. von Spanien, Juan José d'Austria, die Laufbahn eines Profeßritters im multinationalen Malteser-Ritter-Orden ergriffen hatten. Die Söhne Österreichs hatten aus naheliegenden nationalen Gründen lieber dem Deutschen Ritterorden, die Söhne Spaniens den spanischen Ritterorden zugeneigt.

Dem Staat, dem Haus Österreich und der Familie Erzherzog Friedrichs waren die internationale, religiöse, hospitaläre und militärische Bedeutung des sich in den ersten Jahrzehnten des 19. Jahrhunderts in einer Schwächephase befindenden Ordens jedenfalls durchaus bewußt, und kein geringerer als Metternich ließ es sich besonders angelegen sein, den Orden und seine Einrichtungen zu fördern. Nach Wiederaufflammen der Korsarentätigkeit im Mittelmeer während und nach den Napoleonischen Kriegen hatte Metternich den Vorschlag gemacht, den Malteserorden mit der Aufstellung einer internationalen Seepolizei zu beauftragen, die ihre Flottenbasis auf einer Insel des Quarnero im adriatischen Küstenland haben sollte. Der Orden hatte sich auch ernstlich mit der Beteiligung an den griechischen

Freiheitskämpfen gegen die Osmanen beschäftigt. Wenn aus diesen Plänen auch schließlich durch die besonderen Umstände nichts geworden war, so wußte man im offiziellen Österreich der dreißiger und vierziger Jahre des 19. Jahrhunderts und auch in der Familie Erzherzog Friedrichs aber durchaus um die dem Orden innewohnenden jahrhundertelange maritimen Traditionen, die gerade Österreich nicht besaß.

Kaiser Ferdinand I. hatte über Vorschlag Metternichs, des Papstes und des Malteserordens im Jahre 1839 das auf österreichischem Herrschaftsgebiet liegende Großpriorat Lombardei-Venetien wiedererrichtet, und im selben Jahr wurde auch das Großpriorat Neapel-Sizilien durch den dortigen König Ferdinand, dessen Gemahlin die Schwester Erzherzog Friedrichs, Maria Theresia, war, reinstalliert.

In Venedig gab Kaiser Ferdinand I. von Österreich dem Malteserorden mit Patent vom Jahre 1841 die ihm unter Napoleon 1806 entzogenen und zwischenzeitlich anderweitig verwendeten und heruntergekommenen Gebäudekomplexe des Großprioratspalazzos und der Malteserkirche am Rio Sant' Antonin zurück.

Nach aufwendigen, aber raschen Restaurierungsarbeiten wurden Kirche und Großprioratspalais am Johannestag des Jahres 1843 mit allen gebotenen religiösen Zeremonien in Anwesenheit des Großpriors und von 18 Profeßrittern in Uniformen feierlich wiedereröffnet. Unter den geladenen Ehrengästen weilte auch der damalige österreichische Konteradmiral Erzherzog Friedrich von Österreich, der sich gerade in einer persönlich schwierigen Phase befand, und die Spitzen der Zivil- und Militärverwaltung von Venedig.

Entscheidung zur Profeß

Friedrich war daher sowohl durch seine Erziehung als auch durch die aktuellen, durch die österreichische Regierung und das Kaiserhaus zum Wiedererstärken des Malteserordens gesetzten Maßnahmen, durch sein persönliches Nahverhältnis zu diesem in Venedig, aber auch durch seine Einsatzfahrten zur See und sein geschichtliches Interesse mit der alten und neuesten Geschichte des Ordens bestens vertraut.

Während seiner Kreuz- und Einsatzfahrten auf Schiffen der österreichischen Marine hatte er zahlreiche Burgen der Malteser, ihre gewaltigen Festungen auf Rhodos, Malta, an der syrischen Küste und im ägäischen

Archipel gesehen und bewundert. Wie die Ordensritter hatte er auf den Wällen von Saida und Akkon gegen die islamischen Streitkräfte der Ägypter gekämpft und wie die Malteserritter hatte er auf seinen Segelschiffen die Wellen des Mittelmeeres durchkreuzt und die Orte und Seegebiete erkundet, die diese belagert und auf denen sie ihre Seegefechte durchgekämpft hatten. All dies hatte sicher auch seine romantische Ader berührt. Dazu kam, daß Friedrich die Idee und die Ideale eines hospitalären religiösen Ritterordens dadurch nicht fremd waren, da sein Vater Erzherzog Karl mit Dispens des Papstes von den Gelübden in den Jahren 1801 bis 1804 Hochmeister des ebenfalls religiösen und hospitalären Deutschen Ritterordens gewesen war, der bis zu den Napoleonischen Kriegen eine ähnliche staatsrechtliche, religiöse, hospitaläre und ritterliche Struktur in Deutschland gehabt hatte wie der Souveräne Malteser-Ritter-Orden.

Fast regelmäßig war in der neueren Zeit ein Erzherzog des Hauses Österreich Ordensoberhaupt des Deutschen Ritterordens gewesen, der im alten deutschen Kaiserreich den Status eines Reichsfürstentums eingenommen hatte. Es ist daher auch vielleicht nicht ganz von der Hand zu weisen, daß das Kaiserhaus beziehungsweise das Haus Erzherzog Karls mit aktivem Interesse die Möglichkeit verfolgte, das bereits insbesondere in Lombardei-Venetien und im Großpriorat Böhmen-Österreich bestehende Nahverhältnis sowie den dynastischen Einfluß des Hauses vielleicht sogar bis zur Besetzung des im Moment ruhenden Großmeisteramtes des Malteserordens durch einen österreichischen Erzherzog zu steigern und damit einen ähnlich starken Einfluß wie auf den Deutschen Ritterorden zu gewinnen, in dem Friedrichs jüngster Bruder Erzherzog Wilhelm Franz später Hochmeister wurde. Für Friedrich selbst hätte es sich hiebei nicht nur um eine äußerst prestigeträchtige Position in einem multinationalen Ritterorden gehandelt, sondern auch um eine, die mit einer völkerrechtlichen Souveränität, einem unabhängigen persönlichen Fürstenstatus, einem repräsentativen Ordenssitz und damals nicht unbeträchtlichen Einnahmen aus den Kommenden des Ordens verbunden gewesen wäre. Erzherzog Friedrich, der als Vizeadmiral und Oberkommandierender der k. k. Flotte auch idealerweise der starken maritimen Tradition des Ordens im Mittelmeer entsprach, wäre zu gegebener Zeit auch in Anbetracht des in den entscheidenden Großprioraten von Österreich-Böhmen, Lombardei-Venetien, Rom und Neapel-Sizilien herrschenden österreichischen Einflusses bei einer Wahl zum noch ruhenden Großmeisteramt kaum zu schlagen gewesen. Wie sah es aber mit Friedrichs inneren Voraussetzungen für eine Aufnahme als Profeßritter in den Orden, mit seinem Glauben und seiner Bereitschaft zur Hospitalität, aus?

Es ist uns bereits bekannt, daß Friedrich wie die meisten Mitglieder des Hauses Österreich nicht nur streng religiös erzogen worden war, sondern auch tief und echt christlich fühlte.

Sein Interesse für hospitaläre Tätigkeiten hatte er, wie wir aus seinen Reisen gesehen haben, durch ein besonderes Interesse an diversen Einrichtungen und kranken Kameraden und Mitmenschen immer wieder an den Tag gelegt.

Trotz dieser verschiedenen Prädispositionen ist noch nicht hinlänglich erklärbar, warum der an Jahren junge, gutaussehende, anziehende und beliebte, in Kämpfen erprobte Seeoffizier die doch sehr einschneidenden ewigen religiösen Gelübde der Keuschheit, der Armut und des Gehorsams ablegen wollte.

Wir wissen ja auch, daß Friedrich kein weltabgewandter Träumer war, sondern ein junger Mann, der trotz seiner romantischen Ader Interesse an der Gegenwart, an der Welt, an gesellschaftlichem Umgang mit anderen Menschen und auch mit jungen Damen hatte. Die diesbezüglichen Äußerungen in seinem Tagebuch beweisen das. Es muß in seinem Leben daher wohl ein auslösendes Ereignis gegeben haben, daß diesen einschneidenden Entschluß zur religiösen Profeßablegung auslöste. Was war dieses Ereignis? Aus italienischen Veröffentlichungen des Autors Virgilio Giormani im Rahmen des Instituts für die Geschichte des italienischen Risorgimento und des Großpriorates Venedig des Malteserordens aus dem Jahre 1978 erfahren wir, daß Erzherzog Friedrich den Entschluß zur religiösen Widmung als Folge eines Vetos des Kaisers gegen die Ehe mit einer bestimmten jungen adeligen Dame gefaßt hatte. Diese junge Adelige hätte gemäß einer in Venedig bestehenden volkstümlichen Überlieferung die Gefühle des jungen Erzherzogs erwidert, wäre aber die letzte (legitime) Erbin einer berühmten Familie gewesen, die in Wien am Kaiserhof jedoch wenig geschätzt war. Von Jugend an zur strengsten Disziplin gegenüber Dynastie und Kaiser erzogen und diszipliniert, beugte sich Friedrich dem für ihn schmerzlichen Wunsch des Kaiserhofs, trug aber die lebendige Erinnerung an seine unglückliche, unerfüllte Liebe ein Leben lang mit sich. Wir wissen nicht, wer die junge Dame war, die er liebte, aber seine unerfüllbare Liebe zu ihr war – möglicherweise in Verbindung mit anderen unerfreulichen Erfahrungen mit Frauen – wahrscheinlich der auslösende Grund für die Ablegung der religiösen Gelübde.

Obwohl der Name dieser jungen adeligen Dame nirgends in den Archivunterlagen festgestellt werden konnte, hat der Autor versucht, aufgrund der Biographie herauszufinden, wer diese Dame gewesen sein könnte.

Wie schon weiter oben erwähnt und hervorgehoben, hatte Erzherzog Friedrich während seines Englandbesuches im Jahre 1842 der Familie des Herzogs von Cambridge auffallend oft Besuche abgestattet, wobei es, wie er sich selbst ausdrückte, immer lustig zugegangen sein soll, ein Ausdruck, den er sonst kaum verwendete.

Der Herzog Adolphus Frederick von Cambridge, Graf von Tipperary und Baron von Culloden selbst hatte neben hohen militärischen Kommandostellen in den Napoleonischen Kriegen von 1831 bis 1837 die Stelle des Vizekönigs von Hannover, also eines deutschen Fürsten, bekleidet und dort 1833 das für ein Mitglied des Deutschen Bundes und für seine Zeit äußerst liberale neue Staatsgrundgesetz eingeführt und durch Leutseligkeit und Milde die Liebe des Volkes gewonnen.

Dieses Grundgesetz räumte unter anderem auch den Bauern eine Vertretung in der zweiten Kammer ein und dem Landtag das Recht, Steuern und Budget zu genehmigen und Gesetzesinitiativen zu ergreifen. Die Minister sollten für alle Akte der Regierung verantwortlich sein und ähnliches. Der Kaiser und der Hof in Wien sowie der allmächtige Metternich konnten mit einer, dem österreichischen Absolutismus so diametral gegenüberstehenden Staatsverfassung natürlich auf gar keinen Fall einverstanden sein und mußten diese ebenso wie ihren Schöpfer, den Vizekönig Herzog von Cambridge, daher entschieden aus Gründen der Staatsraison ablehnen.

Der Herzog hatte neben zwei Töchtern auch einen Sohn, der sich nicht standesgemäß mit einer Dame Fitzgeorge vermählt hatte, wodurch die herzogliche Linie im Mannesstamm adelsrechtlich ausstarb.

Eine der beiden Töchter des Herzogs von Cambridge war die im Jahre 1842 20jährige Auguste, die jüngere Maria Adelaide war gerade neun Jahre alt geworden. Beide Töchter hatten ihre Kindheit und den größten Teil ihrer Jugend in Hannover verbracht und sprachen deutsch. Prinzessin Auguste heiratete ein halbes Jahr nach dem Besuch Friedrichs in England den Großherzog Friedrich Wilhelm von Mecklenburg.

Auf Prinzessin Auguste von Cambridge und ihre Familie trafen daher von italienischen Publizisten veröffentlichte Überlieferungen aus Venedig voll zu: Sie war zur Zeit des Besuches Friedrichs in England im heiratsfähigen Alter, Friedrich hatte sich auf dem Familiensitz des Herzogs von Cambridge so oft aufgehalten wie sonst nirgendwo in England, die Linie des

Gelübdeablegung in der Malteser Ordenskirche in Wien, Kärntnerstraße, in der ersten Hälfte des 18. Jhdts. Links vorne legt der Ordensritter seine religiöse Profeß vor dem Großprior ab. Neben weiteren Malteserrittern befinden sich rechts in den Seitenbänken auch mehrere Mitglieder des Deutschen Ritterordens in ihren weißen Ordenmänteln als Ehrengäste in der Kirche. Farblitographie.

Herzogs starb mit Auguste und ihrem Bruder durch dessen morganatische Ehe aus, und die politischen liberalen Tatsachen, die der Vater Augustes mitten in Deutschland geschaffen hatte, wurden am Wiener Hof nicht besonders geschätzt.

Der Autor hält es daher für sehr gut möglich, daß Prinzessin Auguste von Cambridge jene Ehepartnerin war, die der Wiener Hof Erzherzog Friedrich verweigerte, um so mehr als jene wenig mehr als sechs Monate nach

Friedrichs Abreise einen anderen Fürsten heiratete. Wenn all dies zugetroffen wäre, hätten der Schock und die Enttäuschung für Erzherzog Friedrich tatsächlich groß sein müssen, und er durchlebte in diesem Fall eine der traurigsten Perioden seines kurzen Lebens.

In diesem Kontext wäre auch schon die schon verschiedentlich veröffentlichte, letztlich aber unbewiesene Liaison mit der um dreizehn Jahre älteren Venezianerin, der sogenannten „Adelaide" Turchi – ihr wirklicher Vorname lautete anders, die Namensgleichheit mit der jüngeren Prinzessin von Cambridge erstaunt – erklärlich. Nach Unterlagen aus dem Großpriorat Venedig des Malteserordens war Adelaide Turchi im Jahre 1854 bei einem Aufenthalt in Venedig an den Obersthofmeister des seit sieben Jahren verstorbenen Erzherzogs Friedrich, Lebzeltern, herangetreten und hatte um eine finanzielle Unterstützung für sich und ihre am 9. August 1844 geborene Tochter Giuseppe Maria Lorenza, deren Vater angeblich Erzherzog Friedrich war, ersucht. Die Turchi hatte im Haus einer mit Friedrich befreundeten Familie gearbeitet, wußte erstaunliche Details über das Leben der Familie Erzherzog Friedrichs, und die junge Giuseppina sah Erzherzog Friedrich verblüffend ähnlich. Ohne überzeugt zu sein, aber wegen der umlaufenden Gerüchte und der Armut der Turchi, entschlossen sich die Brüder Erzherzog Friedrichs, für Giuseppina bis zur Erreichung ihres 18. Lebensjahres finanzielle Unterstützungen zu zahlen, stellten diese Zahlungen aber bald ein, als sie weitere, wenig schmeichelhafte Details über das bisherige Leben der Adelaide Turchi in Erfahrung brachten. Letztlich bleibt daher diese Affäre im Jahre 1843 ebenso wie die von englischen Publizisten angedeutete Hingabe Friedrichs an die Verlockungen Venedigs offen.

Aufnahme in den Orden

Wie die Wahrheit auch immer gewesen sein mag, spätestens im Laufe des Jahres 1844 entschloß sich der noch junge Erzherzog Friedrich die religiösen Gelübde im Malteser-Ritter-Orden abzulegen und begann sich unter Anleitung des bekannten k. k. Hofpredigers, Propstes des Chorherrenstiftes Klosterneuburg, seines ehemaligen Religionslehrers und Beichtvaters Wilhelm Sedlaczek spirituell auf seine feierliche Profeß vorzubereiten, die dann nach erfolgter Genehmigung des Kaisers und vom Orden bewilligt, am 2. Juni 1845 in der Malteserkirche in der Wiener Kärntner Straße stattfand. Die Wiener Zeitung berichtete über dieses große Ereignis wie folgt:

„. . . In der eigends aus diesem Anlasse an den Wänden mit Seidendamast durchwegs behängten und aufs Glänzendste beleuchteten Johanniter-Ordenskirche, hatten sich kurz vor dem Beginnen der Feierlichkeit, II. Majestäten, die Kaiserin Mutter von Österreich und die Königin von Sachsen, sammt den Frauen Erzherzoginen Hildegarde und Marianne, Aebtissin des Damenstiftes in Prag, kaiserliche Hoheiten, auf einer für Höchstdieselben bereiteten Erhöhung eingefunden, indeß II. k. k. Hoheiten, die durchlauchtigsten Herren Erzherzoge Franz Karl, dann Karl (der allverehrte Vater des erlauchten Professes), Albrecht, Wilhelm, Stephan und Joseph, die Vordersitze zur Rechten, die höchsten Hof- und Staatswürdenträger aber nebst dem diplomatischen Korps, viele Ritter des deutschen, und Damen des Johanniter-Ordens jene zur Linken eingenommen hatten. Den Platz unmittelbar um den Altar, nahmen die Johanniter-Ordens-Ritter, etwa fünfzehn an der Zahl, ein. Eine Abtheilung der k. k. Trabanten-Leibgarde, bildete im Innern des Gotteshauses Spalier, und ein zu den allerhöchsten und höchsten Herrschaften gehöriges zahlreiches Gefolge, füllte mit einer kleinen Anzahl von gewählten Personen die übrigen Räume der Kirche.
Um 11 Uhr, vormittags, trat Se. kais. Hoheit der Herr Erzherzog Fridrich, von dem die Stelle des Großpriors vertretenden Comthur, Grafen von Khevenhüller.
Da der erlauchte Profeß aus zarten und Sein schönes Gemüth in so vielfacher Beziehung ehrenden Rücksichten, die Vornahme eines für Sein Leben so wichtigen Actes, durch Denjenigen vorgenommen wissen wollte, welcher in der Eigenschaft eines Gewissensrathes Ihm von Kindheit an belehrend an der Seite gestanden, so war der geachtete Propst des Stiftes Klosterneuburg, Herr Wilhelm Sedlaczek, hiezu auserkoren worden. Dieser, von dem Herrn Kaplan der Johanniter-Ordenskirche, Herrn Michael Thavonat Ritter v. Thavon, assistirt, empfing den erlauchten Profeß an der Schwelle des Gotteshauses, und nachdem der Prinz aus den Händen des Herrn Caplans eine brennende Wachskerze empfangen hatte, schritt Er, die Kerze in der Linken, den entblößten Degen aber in der Rechten haltend, einem vor dem Altar für Ihn bereiteten Betschemmel zu, auf welchem Er, nach vorheriger Ablegung des Degens niederkniete.
Nach der durch den fungirenden Prälaten erfolgten Einweihung des Degens des Herrn Erzherzogs, las der Ordenssecretär die päpstliche Bulle vor, womit der von Sr. Eminenz, dem Großmeister des Ordens vorgeschlagenen Aufnahme des hohen Professes die Zustimmung Sr. Heiligkeit ertheilt wurde, und unmittelbar darnach schritt der Herr Propst unter der Assistenz des besagten Herrn Kaplans und der Ministrirung von vier Klerikern zur Abhaltung einer stillen Messe.
Bei dem Momente der heiligen Epistel stellte der Herr Comthur die Frage an den hohen Recipiendar um Sein Begehren, welche Höchstderselbe mit der wiederholten

Bitte um Aufnahme in den ehrwürdigen Johanniter Ritterorden beantwortete. In dem Augenblicke der vollbrachten, priesterlichen Communion verkündete ein Glockenzeichen, daß Herannahen eines abermals ehrfurchtgebietenden Momentes, und die gesammte Versammlung ließ sich, von Andacht durchdrungen, augenblicklich auf die Knie nieder: in rührender Demuth empfing hierauf der Prinz die Stärkung des heiligen Abendmahls, während in dem Antlitze jedes der Anwesenden sich der Ausdruck der tiefsten und ergreifendsten Empfindung malte.

Nach beendigtem heiligen Meßopfer nahm der fungirende Herr Prälat auf einem auf den Altarstufen selbst stehenden Stuhle Platz, worauf der Herr Comthur die Pflichten des eben anzutretenden Standes, nämlich: „die katholische Kirche so wie Witwen und Waisen zu schützen, und bei den Fahnen des Ordens treu auszuharren", dem Prinzen in Erinnerung brachte; und nachdem Höchstderselbe das Gelübde darüber feierlich abgelegt hatte, ließ der Komthur durch zwei Ordensassistenten Ihm zuerst das Wehrgehänge als Zeichen der angelobten Reinheit umschnallen; er ertheilte sodann mittels dreimaliger Berührung seines eigenen Schwertes mit der Schulter des erlauchten Neophyten Demselben den Ritterschlag, und ließ Ihm durch die erwähnten Assistenten den neugeweihten Degen reichen, welchen der Prinz, Sich der Versammlung zuwendend, zum Zeichen seiner jederzeitigen Bereitwilligkeit zur Vertheidigung des Glaubens, drei Mal kreuzweise über dem Haupte schwang. Nun näherten sich die Ordensassistenten dem jungen Ritter und schnallten ihm die goldenen Sporen an, worauf Höchstderselbe zuerst von dem Herrn Comthur die Accolade erhielt und sie dann den übrigen Ordensrittern, der Reihe nach, ertheilte.

Hierauf nahm der Herr Prälat die üblichen Dankgebete vor, und nach Beendigung derselben verfügten sich sämmtliche Ritter unter Vortretung des Herrn Comthurs nach der, hier das Capitelhaus vertretenden, Sakristei, woselbst dem hohen Profeß, dem Herkommen gemäß, Brot, Salz und Wasser gereicht wurde, und wovon Er selbst sowol als jeder der übrigen Ordensmitglieder Einiges genoß. Einem ebenfalls alten Ordensbrauche zufolge, hatte der Prinz bei Ablegung der von Ihm getragenen Kerze daselbst, als eine für die Aufnahme dargebrachte Opfergabe, das Wachs derselben mit einem Goldstücke besteckt.

Von einem eben so edelmüthigen als zarten Beweggrunde geleitet, hatte ferner der durchlauchtigste Ordensritter zu einem Andenken an die eben begangene Feierlichkeit die von Ihm dabei getragenen Sporen dem Herrn Ordenscaplan verehren lassen. Schließlich entledigten sich der Herr Erzherzog und des Herrn Großpriors Stellvertreter ihrer Habits, und verließen in Begleitung der übrigen Ritter die Kirche. . ."

So die k. k. privilegierte Wiener Zeitung.

Ordensleben

Nach Venedig zurückgekehrt, nahm der frisch zum Ordensritter geschlagene Frá Friedrich am 24. Juni 1845 das erste Mal als Ordensmitglied an den Feierlichkeiten des Großpriorates Venedig aus Anlaß des Namensfestes des Ordenspatrons Johannes teil. Mit seiner Gondel an der Anlegestelle des Palazzo di Malta am Rio Antonin ankommend, wurde der in seiner roten Uniform mit dem schlichten achtspitzigen Brustkreuz eines Profeßritters des Malteserordens gekleidete österreichische Flottenkommandant vom Großprior Frá Giovanni Antonio Cappellari della Colomba, einem Neffen Papst Gregors XVI., mit allem Pomp, den der uralte Orden aufzubieten hatte, in dem auf das 12. Jahrhundert zurückgehenden Prioralpalast empfangen.

Der Großprior stellte Frá Friedrich fünf Komture des Ordens vor, die ebenso wie Friedrich kürzlich in den Orden aufgenommen worden waren. Erschienen waren zum feierlichen Ordensfest, das eine große Messe und einen anschließenden Empfang mit einschloß, auch die wichtigsten zivilen und militärischen Würdenträger von Venedig.

Frá Friedrich wurde im Malteserorden bald darauf von seinen österreichischen und böhmischen Ordensbrüdern zum Rezeptor, das ist der Schatzmeister, des Großpriorats Österreich-Böhmen gewählt und vom Ordensoberhaupt, dem Statthalter des Ordens Frá Carlo Candida, über Beschluß des Ordenskapitels zum höchstmöglichen Rang eines Bailli ernannt.

Bailli Frá Friedrich von Österreich war insbesondere durch seinen Dienstort Venedig mit seinen dortigen Ordensbrüdern in ständigen Kontakt, erfüllte die geistlichen und weltlichen Pflichten eines Ordensbruders und war auch regelmäßig bei den Kapitelsitzungen seines Großpriorats in Wien anwesend, für die er beim Hofkriegsrat in Wien jeweils um Urlaub ansuchte. Die Mitgliedschaft im Malteserorden sah nicht notwendigerweise ein Leben in einem Konvent vor.

Zu den religiösen Pflichten Frá Friedrichs gehörten unter anderen der tägliche Besuch der Messe und die tägliche Abhaltung bestimmter Gebete. Dem Gelübde der Keuschheit und des Gehorsams in Ordensangelegenheiten gegenüber seinen Ordensoberen, dem Großprior von Österreich und dem Ordensstatthalter kam er problemlos nach. Das Gelübde der Armut, das im Malteserorden, einem ritterlichen Orden eine standesgemäße und äußerlich weltliche Lebensweise keineswegs ausschloß, wohl aber die freie testamentarische Verfügung über das Eigentum des Ordensmitgliedes beschränkte, kam er durch eine in diesem Sinne bei seinem Ordensoberhaupt, dem Leutnant des Großmeisteramtes Bailli Frá Philipp Colloredo, am 14. Juni 1847 angesuchte Erbregelung nach, die einerseits die Rechte seiner Familie schützte, andrerseits größere Legate an sein Großpriorat Österreich und Einzelpersonen enthielt. Diese Unterlagen ruhen auch noch heute im Archiv des Großpriorats Venedig.

Seinen hospitalären Verpflichtungen, zu denen er wohl wegen seiner militärischen Führungsfunktion kaum persönlich Zeit hatte, kam er durch entsprechende finanzielle Unterstützung der hospitalären Werke des Ordens nach. Wie der Patriarch von Venedig festhielt, weilte der Ordensbruder Friedrich regelmäßig im Hospital und bei den Gefangenen des Marinegefängnisses, denen er geistlichen Trost zu verschaffen versuchte.

Der Souveräne Malteser-Ritter-Orden, der sich durch die Mitgliedschaft eines Profeßritters aus dem Hause Österreich mit Recht gestärkt fühlte, erwartete von seinem jungen Bailli in der Zukunft noch Großes. Das im Großpriorat Venedig des Ordens befindliche Porträt Frá Friedrichs zeigt einen mit Selbstverständnis und Vertrauen in die Zukunft blickenden jungen Ordensritter.

Es ist in diesem Zusammenhang vielleicht interessant zu erwähnen, daß zwei Herrscher seiner Zeit, die er persönlich kannte und bereits als Profeßritter traf und sprach, nämlich Königin Victoria von England und der König von Preußen, in ihren Ländern später die Ideen, Traditionen und Aufgaben des alten Ordens in Form des Order of St. John beziehungsweise des Johanniterordens in Deutschland wieder zum Leben erweckten. Letzterer gehörte dann auch zu den Gründungsmitgliedern des Internationalen Roten Kreuzes.

Erzherzog Bailli Frá Friedrich von Österreich war vom Schicksal durch seinen frühen Tod keine weitere Karriere in seinem geliebten Malteserorden vergönnt. Die verstärkte Rolle aber, welche die aus den unter österreichischer Herrschaft stehenden Großpriorate spielten, manifestierte sich 1845 durch die Wahl Baillis Frá Philipp von Colloredo-Mels zum Leutnant des Großmeisteramtes und des Österreichers Frá Galeazzo Thun Hohenstein zum Großmeister des Malteserordens im Jahre 1905.

Das durch das österreichische Kaiserhaus wiederhergestellte Großpriorat Lombardei-Venetien hat diesem und ihrem auch in Venedig beheimateten Bailli Frá Friedrich von Österreich bis heute ein ehrendes Angedenken bewahrt.

Frá Friedrich von Österreich, Profeßritter und Bailli des Souveränen Malteser-Ritter-Ordens in der roten Uniform mit den schwarzen Aufschlägen, dem Brustkreuz der Profeßritter und dem schwarzen Schulterband der Baillis. Nach einem Ölgemälde im Großpriorat Venedig des Malteserordens (1845).

X
REISEN UND MARINE-
REFORMEN

Reise nach Deutschland,
den Niederlanden und Belgien

Von Venedig am 24. Juli 1845 bereits wieder in Wien eingetroffen, reiste Vizeadmiral Frá Friedrich von Österreich über Auftrag Kaiser Ferdinands kurz darauf nach Stolzenfels am Rhein, um die ihm ja bereits persönlich bekannte Königin Victoria von England in seinem Namen auf deutschem Boden zu begrüßen. Das alte Bergschloß Stolzenfels war 1836 bis 1845 nach Schinkels Plänen auf großartigste Weise im mittelalterlichen Stil wiedererrichtet und mit schönen Freskenmalereien versehen worden. Frá Friedrich kam am 4. August in dem 100 Meter über dem Rhein unweit von Koblenz thronenden Schloß, dem Domizil der Königin Victoria, an, wo er von der englischen Herrscherin auf das herzlichste empfangen wurde. Wenige Tage später wohnte er der feierlichen Enthüllung des Beethovendenkmals in Bonn in Anwesenheit der englischen Königin und des preußischen Königspaares bei. Am 7. August stattete er der dem Deutschen Bund unterstehenden Festung Koblenz und ihrem Kommandanten Prinz Wilhelm von Preußen einen Besuch ab, besichtigte die Festungswerke und nahm eine Parade der gesamten österreichisch-deutschen Garnison ab.

Von Stolzenfels aus trat der österreichische Marinekommandant eine berufliche Informationsreise in die Niederlande und nach Belgien an, eine Reise, die schon drei Jahre früher im Anschluß an die Englandreise beabsichtigt worden war, aber durch den kaiserlichen Rückrufbefehl damals nicht zustande kam. Über den Rhein, Arnheim und Amsterdam reisend, traf der Vizeadmiral am 22. August im Haag, dem niederländisch-königlichen Schloß ein, wo ihm daß Großkreuz des Niederländischen Löwen-Ordens verliehen wurde. In Begleitung der Prinzessin von Oranien nahm er an offiziellen Theatervorstellungen, einer Gala und an Diners in Anwesenheit des diplomatischen Corps teil.

Am 24. August besichtigte Frá Friedrich das große Seewasserpumpwerk bei Haarlem und reiste tags darauf nach Rotterdam, wo er sich in Begleitung des niederländischen Marineministers über die dortigen Werften und Marineeinrichtungen eingehend informierte. Eine Abteilung Marinesoldaten führte vor ihm Manöver aus, er besuchte im Bau befindliche Schiffe der Marine, schiffte sich auf der großen Königsbarke, auf der die erzherzogliche Flagge gesetzt wurde, nach Tyenoord, wo die großen Dampfschiffe gebaut wurden, ein und kehrte, nachdem er einer Marinekaserne einen längeren Besuch abgestattet hatte, am 26. August wieder nach dem Haag zurück. Zwei Tage später reiste er nach Amsterdam, wo er wieder vom Marineminister empfangen und durch die Werften und die im Bau befindlichen Schiffe geführt wurde. In den folgenden Tagen besuchte er private Firmen, Geschützgießereien, Fertigungsbetriebe für Marinematerial und das königliche Marine-Institut in Medemblik.

Darnach traf er am 31. August im belgischen Antwerpen ein, wo er im Auftrag des belgischen Königs von General Goblet, dem ihm zur Begleitung bestimmten Offizier, empfangen wurde. Nach Besichtigung des Hafens reiste die Delegation am kommenden Tag mit einem Sonderzug nach Brüssel weiter, der Stadt, in der der Vater des Erzherzogs einen Teil seiner Jugend und kurze Zeit als Gouverneur der österreichischen Niederlande verbracht hatte.

Nach nur eintägigem Aufenthalt fuhr Frá Friedrich mit der Eisenbahn anschließend zuerst über Köln nach Johannisberg, dem Kanzler Metternich von Kaiser Franz I. übergebenen Schloß, dann nach Darmstadt, wo er von der großherzoglichen Familie aufs herzlichste aufgenommen wurde. Bald darauf setzte er seine Reise über Frankfurt, Aschaffenburg und Nürnberg nach Linz fort, wo der Vizeadmiral und Seeoffizier sich auf einem Dampfer der DDSG einschiffte und am 9. September in Wien eintraf. Hier wurde wie üblich freudiges familäres Wiedersehen gefeiert.

Nach kurzem Aufenthalt und Bericht beim Kaiser und beim Staatskanzler reiste der österreichische Marinekommandant nach Venedig, um sich mit seiner üblichen Einsatzfreude seinen Führungsaufgaben und Marinereformen zu widmen.

Im November 1845 besuchte der russische Zar Venedig. Auch vom Marineoberkommandanten Erzherzog Friedrich feierlich empfangen und herumgeführt, wurden ihm zu Ehren von der Kriegsmarine zum Empfang und Abschied längs der Fahrtroute des Zaren in den Kanälen Kanonier-schaluppen aufgestellt, die den Kaisersalut schossen. Beim Besuch österreichischer Kriegsschiffe durch den Zaren wehte dessen Flagge jeweils im Großtopp aus – ein seltenes Ereignis.

Besorgniserregende Meldungen über den Gesundheitszustand Erzherzog Karls veranlaßten Frá Friedrich Mitte Januar 1846 nach Wien zu reisen, wo er seinen damals 75jährigen Vater aber schon wieder auf dem Wege der Besserung fand und daher beruhigt nach Venedig zurückkehren konnte.

Im selben Jahr, in dem die innerösterreichische Eisenbahnstrecke Mürzzuschlag-Graz in Richtung Adria bis Cilli erweitert wurde, stellte man im österreichischen Venedig bereits die große Lagunenbrücke ab Mestre für die lombardische Eisenbahn fertig. Als der erste Zug die Brücke 1846 im Rahmen einer großen Festveranstaltung, bei der auch der Marineoberkommandant anwesend war, passierte und damit Venedig mit dem in Entstehung begriffenen Eisenbahnnetz bis Mailand verband, schossen die entlang der Brücke aufgefahrenen Stationsfahrzeuge der Kriegsmarine Festsalut.

Die im Jahre 1846 befürchteten revolutionären Unruhen im Kirchenstaat und die dadurch für die österreichische Marine gegebene Alarmbereitschaft führten mit Zustimmung der Wiener Regierung über Vorschlag Vizeadmiral Erzherzog Frá Friedrichs zur Stationierung der Adriadivision im Hafen Pola, der den Segelschiffen ein rascheres Eingreifen im Krisengebiet erlaubte.

Flottenmanöver

Um die praktischen Erfolge der durchgeführten Marinereformen auch in der Praxis zu überprüfen, hatte der Marinekommandant Erzherzog Friedrich nach sorgfältiger Vorbereitung für August und September 1846 große Flottenmanöver im Raum von Lissa, dem heutigen Vis, angesetzt, die sich bis in den Raum von Meleda, heute Mljet, erstrecken sollten. Die Marineführung hatte zu diesem Zweck auch eine Reihe von in Reserve stehenden, abgetakelten Schiffen aktiviert und auch alle Marinekadetten auf der Korvette ADRIA eingeschifft.

Die großen Flottenmanöver sollten als ungewöhnliche Herausforderung an die Marinestreitkräfte die erzielten Fortschritte, aber auch Mängel in der Marine offenlegen und als Grundlage für weitere Reorganisationsmaßnahmen dienen.

Als am 23. August 1846 der mit der Vizeadmirals- und Erzherzogsflagge geschmückte k. k. Kriegsdampfer VULCANO in Lissa eintraf, wurde er von den dort bereits ankernden sechs Rahsegelschiffen, den kleineren Einheiten, den Festungswerken und der Bevölkerung mit dem ihm zustehenden Kanonensalut, den Hurrarufen der Mannschaften, den Freudenrufen der versammelten Bevölkerung und Glockengeläute begrüßt.

Am kommenden frühen Morgen begab er sich auf sein Manöverflaggschiff, die Fregatte BELLONA, die bei seinem An-Bord-Kommen die Vizeadmiralsflagge auf dem Fockmast setzte, und begann sofort mit den Manövern, die er persönlich auf das aufmerksamste verfolgte und überwachte. Er inspizierte auch jedes Schiff im Detail, um sich einen genauen Eindruck über Bemannung und Material eines jeden zu machen. Am 26. wurden Gewehrfeuerübungen am Landungsplatz von Karobe auf Lissa vorgenommen, am 28. August ein navales Scheingefecht, bei welchem der Marinekommandant auch eine unvorhergesehene Landung mit Kriegsschiffbooten auf Lissa befahl, die zu seiner Zufriedenheit rasch und präzise ausgeführt wurde.

Auch die zwischen 1. und 4. September wütenden heftigen Schirokko-Stürme, die das Wasser der Adria aufwühlten, führten zu keiner Unterbrechung der Seemanöver, die Tag und Nacht unter den Augen des nimmermüden, von Bord zu Bord eilenden Marinekommandanten weiterliefen und sich über 100 Seemeilen, das sind rund 185 Kilometer, weiter bis in das Gebiet von Meleda plangemäß hinstreckten.

Nach Abschluß der Manöver traf der Vizeadmiral mit seiner Manöverflotte in Ragusa, dem heutigen Dubrovnik, ein, wo er und die Manövereskader feierlich begrüßt wurden. An Land besuchte der Vizeadmiral zuerst in Begleitung seines Admiralstabes einen der erkrankten Marinekadetten, der in das Spital von Ragusa gebracht worden war. Überhaupt ließ sich der Erzherzog während der gesamten Manöver in besonderem Maß den Einsatz und die Betreuung der Marinekadetten, der künftigen Hoffnungsträger der österreichischen Marine, angelegen sein.

Der Abend dieses Tages sah den Marinekommandanten Frá Friedrich von Österreich mit seinen Offizieren auf dem festlich beleuchteten Corso der alten Seehandelsstadt – wie in den Hafenstädten des Südens üblich – beim täglichen Abendspaziergang. Der darauffolgende Tag war öffentlichen Empfängen und Festen gewidmet, bei denen die Bevölkerung aus der gesamten Umgebung in die Festungsmauern von Ragusa geströmt war und unter Musik, öffentlichen Tänzen – vor allem dem Kolo –, Gesang, Essen und Trinken freudig und unter Jubel mitfeierte.

*Frá Friedrich von Österreich in der dunkelblauen
Marineuniform mit den Distinktionen als Mitglied und Profeßritter des
Souveränen Malteser-Ritter-Ordens (1845/47).*

179

Am 19. September feierte der Vizeadmiral den Geburtstag der Kaiserin unter großer Flaggenparade und den vorgesehenen maritimen Zeremonien an Bord seines Flaggschiffes, auf das auch der Bischof von Ragusa gekommen war, um die Festmesse zu feiern. Mittags gab es ein großes Bankett und darnach einen Ball.

Seereise nach Neapel

Nach so vielen Festen und nach der Entlassung der Manöverflotte stach der Vizeadmiral von Gravosa (Gruž) aus auf der Fregatte BELLONA und in Begleitung der Korvette ADRIA und des Kriegsschiffdampfers VULCANO Richtung Kap Santa Maria di Leuca am Fersensporn Italiens in See, um von dort aus unter laufender Durchführung taktischer Manöver nach Neapel weiterzusegeln, wo er am 26. Oktober das erste Mal als Vizeadmiral mit seiner Flotille eintraf. Seine Schwester Maria Theresia, die Königin von Neapel, war ihm zu seinem Schiff entgegengefahren und führte den ersehnten Bruder und nunmehrigen Ordensmann persönlich in die königlichen Residenz. Nach zwölftägigem Aufenthalt voll von geschwisterlicher Wiedersehensfreude, der auch einen engen Kontakt mit seinen Ordensbrüdern des Großpriorats Neapel des Malteserordens mit einschloß, dessen jahrhundertealtes Prioratsgebäude sich in der Altstadt von Neapel befand, nach Besuchen der Marineeinrichtungen und auf Schiffen der neapolitanischen Marine schiffte sich Vizeadmiral Frá Friedrich auf dem Kriegsdampfer VULCANO ein und erreichte nach ganz kurzen Zwischenaufenthalten auf Lissa und in Pola in den ersten Novembertagen 1846 wieder seinen Dienstort Venedig.

Marinereformen

Mitte des Jahres 1847 legte der Marineoberkommandant Vizeadmiral Erzherzog Frá Friedrich von Österreich dem Hofkriegsrat einen eingehenden Rechenschaftsbericht über seine dreijährige Kommandoführung vor, dessen Abschrift er auch dem Kaiser unterbreitete. In diesem Bericht wurden im einzelnen die Dienstbereiche angeführt, in denen Mißstände abzustellen gewesen waren. Eigennutz, Schlendrian und ungerechtfertigte Bevorzugungen in der gesamten Marine, insbesondere aber bei der Materialverwaltung und Materialbeschaffung im Arsenal waren an der Tagesordnung gewesen. Ganz üble Zustände hatten bei der Auswahl der Arsenalarbeiter geherrscht, die oft als Günstlinge ihre Arbeit als Pfründe auffaßten und den Arsenalbetrieb stark behinderten. Fest angestellte Marinefacharbeiter waren gekommen und gegangen, wann sie wollten, engagierte Ersatzarbeiter, wenn sie eine besser bezahlte Kurzbeschäftigung fanden, arbeiteten in ihrem Urlaub auf Privatwerften.

In der Materialwirtschaft war eine unbeschreibliche Verschwendung an der Tagesordnung gewesen. Als Reserve gelagerte Materialien waren nicht gepflegt worden, das Schiffbauholz war unsachgemäß gelagert gewesen, wichtige und teure Ausrüstungsgegenstände waren spurlos verschwunden und mußten im Bedarfsfall auf Kosten des Staates neu zugekauft werden.

Die in der Marineverwaltung, in der Flotte und auf den Schiffen herrschenden Mißstände und Unzukömmlichkeiten hatte Erzherzog Friedrich durch eine Reihe von Maßnahmen zu verbessern versucht.

Neben der bereits erwähnten Umorganisation der Einsatzflotte hatte er durch gezielte Maßnahmen eine ordentliche Evidenzhaltung des staatlichen Marinematerials, eine sachgemäße Pflege der Reservematerialien, eine Verbesserung der Lagunenverteidigung und eine höhere und raschere Einsatzfähigkeit der im Arsenal liegenden Reserveflotte erreichen können. Durch regelmäßige Überholung der eingesetzten Schiffe, aber auch der Reserveeinheiten war ein hohes Maß an Einsatzbereitschaft erreicht worden.

Besonderes Augenmerk richtete der Erzherzog auf die Ordnung und die Disziplin an Bord der Schiffe, die bedeutende Mängel aufwiesen. Er führte die regelmäßige Abhaltung von Übungen und Manövern, auch von Landungsmanövern, einzeln und im Verband ein.

Der Mechanisierung der Flotte entsprechend, wurde 1847 auch erstmals eine Maschinenjungenschule errichtet.

Vizeadmiral Erzherzog Friedrich verbesserte durch eine dreijährige Rotation in der Dienstverwendung nachhaltig die ehedem im argen liegenden Beförderungsaussichten für alle befähigten Marineoffiziere. Er wandte auch dem Kadettenkorps als Träger des Seeoffiziersnachwuchses von Anfang an besondere Aufmerksamkeit zu.

Den bedeutendsten bleibenden und gleichzeitig persönlichen Beitrag, den der noch junge Flottenoberkommandant auf die Zukunft der österreichischen Marine ausübte, war der gezielte und grundsätzliche, wenn auch erst allmählich einsetzende Beginn einer Austrifizierung der österreichisch-venezianischen Marine. In seiner Kommandozeit wurde nicht nur die Verlegung des Marinehauphafens von Venedig nach dem seit Ende des 18. Jahrhunderts zu Österreich gehörenden Pola vorgeschlagen, inhaltlich aufbereitet und erste Maßnahmen zu einer Aufwertung Polas gesetzt, sondern vor allem auch eine deutliche personelle Verstärkung des österreichischen Offiziersanteils im Marineoffizierskorps verwirklicht.

Ein wesentlicher psychologischer Faktor hiefür war sicherlich der erstmalige Eintritt eines österreichischen Erzherzogs in die bis dahin in den Erblanden wenig bekannte und gesellschaftlich wenig estimierte Marine in Verbindung mit Friedrichs persönlich erkämpften Ruhm in den Seeoperationen vor Syrien 1840/41 gewesen. Die dadurch erzielte Aufmerksamkeit in der Öffentlichkeit machte in Verbindung mit der stürmischen Entwicklung der modernen österreichischen Handelsschiffahrt die Seeoffizierslaufbahn für viele Anwärter aus den Erblanden zu einer erwägenswerten militärischen Karrierealternative mit guten Avancierungsaussichten in einer an Wichtigkeit und Größe zunehmenden, auch durch die technische Entwicklung interessanten Waffengattung. Die Bemühungen, die Kriegsmarine in den Erblanden populär zu machen, hatte daher auch Erfolg. Immer mehr junge Leute meldeten sich von dort zum Eintritt in die Marine. In der Zeit, in der Erzherzog Friedrich Marineoberkommandant war, also von 1844–1847, wurden 37 junge Männer zu Seekadetten ernannt, von denen bereits mehr als die Hälfte nichtitalienische – also etwa auch kroatische – und mehr als ein Drittel deutsche Namen trugen. Unter letzteren befand sich auch der im Jahre 1845 zum Marinekadetten ernannte spätere Sieger von Lissa und Admiral Wilhelm von Tegetthoff nebst einer Reihe seiner Offiziere. Und das war erst der Beginn.

Aus den personellen Übersichten im Anhang über die von Vizeadmiral Friedrich geführte k. k. Kriegsmarine aus dem Jahre 1847 ist auch schon die Besetzung der Mehrheit der Leiter der einzelnen Marinekorps durch nichtitalienische Offiziere ersichtlich.

Der Hofkriegsrat hob daher auch in seinem Begleitschreiben zum genannten Bericht des Marineoberkommandanten Erzherzog Friedrich an den Kaiser besonders hervor, daß durch das energische Durchgreifen des Vizeadmirals eine bessere Disziplin und Ordnung eingekehrt sei, viele Mißstände beseitigt und die Einsatzbereitschaft der Schiffe wesentlich gehoben worden seien, ohne daß – und dies ist für damals wie heute erwähnenswert – hiebei die budgetierten Mittel überschritten worden wären. Der Hofkriegsrat erbat daher die Anerkennung des Kaisers für den Marineoberkommandanten Erzherzog Friedrich, die ihm auch gerne gewährt wurde. So erfreulich diese Besserung der Zustände in der Marine für das österreichische Kaiserreich auch sein mochte, so lag doch noch ein langer Weg vor den Verantwortlichen, bis die Reformen das gewünschte Ziel erreicht hatten. Dies war in den eingefahrenen Geleisen in Venedig und seinem Arsenal wohl auch schwer zu realisieren, weshalb ja von Vizeadmiral Friedrich eine Verlegung des Hauptkriegshafens vom italienischen Venedig nach dem erbländischen Pola ja auch angesprochen worden war. Doch mußten erst gewichtigere politische Argumente, wie sie sich dann in der Revolution in Venedig 1848/49 manifestierten, eintreten, um die österreichische Staatsführung von der notwendigen Verlegung nach Pola zu überzeugen – zum Glück der k. k. Kriegsmarine.

In der Zwischenzeit war aber durch die scharfen Maßnahmen, die Vizeadmiral Erzherzog Friedrich und seine Mitarbeiter, allen voran sein Stellvertreter Vizeadmiral Dandolo und sein Adjutant Schiffskapitän Marinovich durchsetzen mußten, um die eingerissenen, offensichtlich als ersessene Rechte betrachteten Übelstände, insbesondere im Arsenal auszumerzen, die Unzufriedenheit unter den eine venezianische Unabhängigkeit anstrebenden Seeoffizieren, den Arsenalarbeitern und allen, die bisher an den mafiosen Zuständen ordentlich verdient hatten, stark angestiegen und sollte sich zu einer der explosivsten Ursachen der im Arsenal ausbrechenden Revolution des Jahres 1848 und der bestialischen Ermordung von Marinovich verdichten.

XI
FRÜHER TOD IN
VENEDIG

Tod des Vaters

Nachdem der Vater Erzherzog Friedrichs sich von seiner schweren Krankheit zu Beginn des Jahres 1846 gut erholt hatte, zog sich Erzherzog Karl in den letzten Apriltagen des Jahres 1847 eine Erkältung zu, die sich zu einer Rippenfellentzündung entwickelte, an der er nach einer dreitägigen Agonie am 30. April 1847 verschied.

Auf die Todesnachricht, die Erzherzog Friedrich tief erschütterte, eilte dieser sofort nach Wien und nahm Anfang Mai an den Trauerfeierlichkeiten teil, die mit allem funebren Pomp gefeiert wurden, die das Kaiserreich für eines seiner bedeutendsten Mitglieder und für einen der größten Feldherren seiner Geschichte aufbieten konnte. Umgeben von seinen bewegten Geschwistern, umhüllt von einer unübersehbaren Menschenmenge und dem dumpfen Donnergrollen des Geschützsaluts konnte der schmerzgebeugte Erzherzog Friedrich nicht ahnen, daß ihm selbst das Schicksal nur mehr eine kurze Zeitspanne des Lebens zugebilligt hatte. Der Verlust des geliebten Vaters verwundete Friedrich tief und erfüllte ihn selbst mit Todesahnungen.

Letzte Monate

Friedrich und seine Geschwister vereinbarten bald darauf ein Familientreffen, das, um den Geschwistern die Freiheit von offiziellen Verpflichtungen und eine ungestörte Hingabe an ihre Trauer um ihren Vater und an ihre geschwisterliche Verbundenheit sicherzustellen, in dem kleinen Fischerort Rovigno, dem heutigen Rovinj, in Istrien abgehalten wurde. Auch die

Schwester Maria Theresia, die Königin von Neapel, war extra zu diesem Treffen gekommen. Als die tief unglückliche jüngere Schwester Friedrichs, Maria Carolina, die bis zu dessen Tod mit dem Vater in Wien zusammengelebt hatte, sich nicht von Friedrich trennen wollte, lud dieser die untröstliche Äbtissin des Damenstiftes in Prag ein, einige Zeit bei ihm in Venedig zu wohnen und suchte sie dann dort, so gut er konnte, zu verwöhnen.

Während des Familientreffens hatte Erzherzog Friedrich – war es eine Todesahnung – seiner ältesten Schwester Maria Theresia gegenüber den Wunsch geäußert, im Falle seines Ablebens in der Kirche seines Ordens in Venedig, der Malteserkirche begraben zu werden.

Mit Schreiben vom 14. Juni 1847 an den Leutnant des Großmeisteramtes des Malteserordens in Rom, Bailli Frá Philipp Colloredo, ersuchte Frá Friedrich unter ausdrücklicher Berufung auf den Tod seines Vaters um die bereits weiter oben angeführte Erbregelung mit dem Malteserorden, die ihm dann durch eine Bulle auch gewährt wurde.

Neben diesen bedrückenden familiären Ereignissen ging die Arbeit als Marineoberkommandant weiter. In der ersten Jahreshälfte war der umfangreiche Rechenschaftsbericht des Marineoberkommandanten nach dreijähriger Amtstätigkeit einschließlich neuer Vorschläge fertiggestellt und nach Wien an den Hofkriegsrat und den Kaiser gesandt worden.

Noch im Herbst 1847 verlegte der Marinekommandant weitere Schiffseinheiten aus Venedig heraus an die östliche Adriaküste, was sich als eine der entscheidenden Maßnahmen für das Überleben der österreichischen Flotte während der Revolution in Venedig sechs Monate später erweisen sollte.

Während der Trauertage um seinen Vater hatte Friedrich seinen ehemaligen Erzieher und nunmehrigen Kaiserlichen Rat und Kustos des kaiserlichen Münzkabinetts, Joseph Bergmann, zu einem wissenschaftlichen Kongreß in Venedig eingeladen. Als Bergmann dann Venedig in den letzten Septembertagen verließ, fand er den Vizeadmiral zwar etwas gelb im Gesicht, im übrigen aber munter und heiter. Dieser äußere Schein trog.

Krankheit und Tod

Am 1. Oktober teilte Erzherzog Friedrich dem Hofkriegsrat in Wien in einem letzten noch von ihm unterschriebenen Brief mit, daß er sich auf ärztlichen Rat hin wegen einer leichten Gelbsucht bereits in der vorangegangenen Woche zu Bett begeben habe müssen.

In den folgenden vier Tagen verschlechterte sich der Gesundheitszustand des Erzherzogs jedoch zusehends. Das erste herausgegebene ärztliche Bulletin vom 5. Oktober morgens sprach noch von hohem Fieber und Erbrechen, das zweite, das zwei Stunden später erschien, erklärte die Krankheit bereits als lebensgefährlich.

Nach Maßgabe des Ernsterwerdens der Krankheit war des Erzherzogs Obersthofmeister von Lebzeltern nicht mehr vom Bett des Prinzen gewichen. Frá Friedrich war sich des lebensbedrohenden Charakters der Erkrankung wohl bewußt, legte seine Beichte ab und empfing ebenso die Sterbesakramente in vollem Bewußtsein. Als tief religiöser Mensch und Mitglied eines religiösen Ordens ging er in festem Glauben an ein Weiterleben nach dem Tode, bis zum letzten Moment trotz seiner Qualen bei vollem Bewußtsein, in der Nacht vom 5. zum 6. Oktober 1847, um 23 Uhr 45 in den Armen seines getreuen Lebzeltern und erst im 27. Lebensjahr stehend in dieses andere Leben hinüber.

Trauerfeierlichkeiten

Nach der amtlichen Versiegelung des Arbeits- und Schreibzimmers des verstorbenen Marineoberkommandanten und Vizeadmirals Frá Friedrich von Österreich in den Vormittagsstunden des 6. Oktober erließ der Adjutant des Verstorbenen, Schiffskapitän Marinovich, am selben Tage einen Tagesbefehl an die Marine, worin das Ableben des Marinekommandanten bekanntgegeben wurde.

In Wien traf die Nachricht vom überraschenden Tod Frá Friedrichs von Österreich dramatischerweise während der Hochzeitsfeierlichkeiten im Schloß Schönbrunn für die Erzherzogin Elisabeth und Erzherzog Ferdinand Karl Victor von Österreich, dem Bruder des Verstorbenen, ein.

Die Öffentlichkeit wurde durch eine Verlautbarung in der Wiener Zeitung vom Sonntag, dem 10. Oktober, vom Ableben des kaiserlichen Prinzen und der angesagten Hoftrauer in Kenntnis gesetzt:

„Der allerhöchste Hof wurde durch die Nachricht von dem in der Nacht vom 5. auf den 6. d. M. zu Venedig erfolgten Ableben Sr. kaiserl. Hoheit, des durchlauchtigst hochwürdigsten Herrn Erzherzog Friedrich in die tiefste Betrübnis versetzt. Auf allerhöchste Anordnung wird für den Höchstverblichenen die Hoftrauer morgen, den 11. d. M. angezogen und durch sechs Wochen mit einer Abwechslung, nämlich durch die ersten zwei Wochen, d.i. vom 11. bis einschließlich

187

24. October, die tiefe, dann durch die letzten vier Wochen, d.i. vom 25. October bis einschließlich 21. November, die mindere Trauer getragen werden."

Eine ähnliche Hoftrauer wurde für Lombardei-Venetien auch in italienisch in einem „Lutto di corte" angesagt.

Für Wien wurden die Vigilien für den 11. Oktober nachmittag um 5 Uhr, das Seelenamt aber für den 12. Oktober um 11 Uhr in der Hofburgkapelle angekündigt.

In Venedig wurde nach der durchgeführten Autopsie und Einbalsamierung die Leiche Erzherzog Friedrichs am 13. Oktober im Palazzo Cavalli aufgebahrt und öffentlich zugänglich gemacht und am 14. Oktober vorläufig in seiner Pfarrkirche Santo Stefano beigesetzt. Über dieses zeremoniell im Detail vorbereitete Staatsbegräbnis berichtete die „Gazzetta privilegiata di Venezia" wie folgt:

„Am 13. Oktober (1847) war von 9 Uhr früh bis 5 Uhr nachmittags der Zugang in den Großen Saal der Gemächer des Verstorbenen für das Publikum möglich. Dieser war dort auf reichgeschmücktem Totenbett aufgebahrt, bekleidet mit der Vizeadmiralsuniform und mit dem Überwurf eines Bailli grancroce des Jerusalemer Ritterordens. Während der Aufbahrungszeit war im Canale di San Marco eine Schiffsabteilung postiert, aus verschiedenen Kriegsschiffen bestehend, die Flaggen auf Halbtopp, darüber schwarzer Trauerflor. . . Der große Saal war gänzlich in Schwarz mit Silber ausgestattet. Rundum Waffen und kriegerische Attribute verschiedener Art, darüber die mit Lorbeerkränzen geschmückten erzherz. Wappen. Rund um das Totenbett waren die Insignien des Verstorbenen angeordnet: Fürstenkrone, Erzherzoghut, die Kette mit dem Goldenen Vließ, das Ritterkreuz des Militär-Maria Theresien Ordens, die ausländischen Ehrenzeichen, der Admiralshut und der Säbel. Am Fußende der Bahre waren die Urnen mit dem Herz bzw. den Eingeweiden aufgestellt. In der Mitte ein Silberkruzifix, mit einem ebenfalls silbernen kleinen Weihwasserbecken. Zwei Nobelgarden und vier Offiziere der Marine und des Regiments, dessen Inhaber der Verstorbene war, hielten die Ehrenwache während der gesamten Dauer der Aufbahrung. An der Saaltür, wie auch auf der Stiege und in den Korridoren, waren Soldaten der Marine, der Infanterie und Grenadiere postiert. In Betstühlen knieend, beteten Priester, Diener und Bedienstete des Erzherzogs. Von 10 Uhr bis 1 Uhr hielt man an einem eigens errichteten Altar Stille Messen, während derer die KK. Geheimräte, die Kammerherren, die Stallmeister, wie auch die Ritter des Jerusalem Ordens – alle in Trauerkleidung – an den Gebeten teilnahmen.

Die gesamte Generalität, sowie die Offiziere der Marine und der Landtruppen besuchten den ausgestellten Leichnam. Ebenso taten dies geschlossen das KK.

Collegio di marina und die Casa di educazione militare di marina, angeführt von ihren Direktoren und Offizieren, wie auch das gesamte Corpo meccanico ed amministrativo, und die verschiedenen anderen Korps der KK. Marine.

Riesig war die Menge des Publikums beim Abschiednehmen . . . überall Trauer, Verehrung, Zuneigung . . .

Gestern, Donnerstag, 14. Oktober, erfolgte die Überführung . . . vom eigenen Palast zur Pfarrkirche S. Stefano. Um 10 Uhr nahm der Pfarrer, assistiert von einer großen Zahl von Geistlichen, die Einsegnung vor, während der die Schiffsabteilung mit der eigenen Artillerie eine Salve abgab; dann bewegte sich der Trauerzug in folgender Anordnung, inmitten des beidseitigen Spaliers von Marineinfanterie und Landtruppen, die den ganzen Weg entlang ihre Aufstellung hatten:

Eine Kompanie Marineinfanterie – Die Hofdienerschaft – Die Offiziere des Hofstaates mit entblößtem Haupt – Verschiedene Bruderschaften – Die Geistlichkeit – Die Bahre mit der sterblichen Hülle des hohen Verstorbenen, auf einem reich geschmückten Samtkissen liegend und getragen von sechs Offizieren der KK. Marine, begleitet von den Nobelgarden. Die Goldquasten der Bahre wurden von sechs KK. Kammerherren gehalten – Unmittelbar nach dem Sarg folgten zwei höhere Offiziere, die die geweihten Urnen mit dem Herzen und den Eingeweiden des Verstorbenen trugen – Dann folgten der Vorsteher des Hofstaates Generalmajor Baron Lebzeltern mit den beiden Adjutanten Seiner Kaiserl. Hoheit, gefolgt von der KK. Generalität und dem Offizierskorps der Marine und der Landtruppen – Ebenfalls hatten am Trauerzuge (sofort nach dem Offizierskorps) die Zöglinge des KK. Collegio di marina teilgenommen.

Beim in Schwarz und Silber ausgeschlagenen Haupteingang der Kirche angekommen, wurde die Bahre vom Baron Lebzeltern geöffnet, und von S. Em. dem Kardinal-Patriarch (an der Spitze des Kapitels von San Marco) in Empfang genommen. Das Dom-Kapitel schritt dann dem Sarg in die Kirche voran. Man stellte ihn auf den dort errichteten, von brennenden großen Kerzen umgebenen Katafalk. In Gegenwart der Königl. Hoheit der Herzogin von Berry, und der Geheimräte, Kammerherren, Stallmeister, der Malteserritter, die alle schon im Inneren der Kirche versammelt waren . . . wurde vom Patriarchen für das Seelenheil des Fürsten die feierliche Totenfeier gehalten. . . die mit einer bewegenden Ansprache endete.

Um 4 Uhr nachmittags versammelten sich wieder alle in der Pfarrkirche zur vorläufigen Beisetzung. Der feierliche Zug schreitet zur anstoßenden Seitenkapelle des Johannes d. Täufers. Dort wird der Sarg von Lebzeltern geöffnet und der Schleier vom Verstorbenen abgehoben; es erfolgt die formale Übergabe an den Pfarrherrn

189

von S. Stefano, mittels schriftlichem Akt, in dreifacher Ausfertigung, unterzeichnet von Lebzeltern und dem Pfarrherrn. Als Zeugen unterschreiben: Während der feierlichen Übergabe wurden von den auf der Piazza S. Stefano aufgestellten Truppen, wie auch von der Artillerie der Schiffsabteilung, die entsprechenden Salven abgegeben..."

Die Zeitung schloß ihren minuziösen Bericht mit dem Hinweis auf die lebhafte Anteilnahme der Bevölkerung und glaubte darin ein Zeichen der Verbundenheit der Bevölkerung mit der gesamten Herrscherfamilie erblicken zu können.

Auch in anderen Hafenstädten der k. k. Monarchie fanden Totenmessen für den prominenten Verstorbenen statt, und zahlreiche Zeitungen widmeten ihm ausführliche Nachrufe, so auch der „Osservatore Triestino" und die „Wiener Allgemeine Theaterzeitung", die seiner Person und Biographie sieben ausführliche Fortsetzungen widmete.

Giftmord?

Von der Wiener Regierung Metternichs erhielt der Gouverneur der venezianischen Provinzen Graf Palffy für seine Mitteilungen über die Beisetzung Erzherzog Friedrichs wenig später Dank ausgesprochen, doch gleichzeitig kam auch eine Rüge wegen des Autopsieberichtes:

„...*Ich kann nicht unterlassen, Euerer Exzellenz gleichzeitig zu bemerken, daß der Haus-, Hof- und Staatskanzler mich gestern gefragt haben, ob auch mir kein ganz gehörig verfaßter Bericht der Ärzte über den Sektions-Befund eingeschickt worden sei. Ich mußte natürlich verneinend beantworten, und kann in der Unterlassung des erwarteten umständlichen Berichtes nur ein höchst rügenswertes Benehmen des Protomedikus sehen, welches nicht hätte geduldet werden sollen...*"

Daß der allmächtige und vielbeschäftigte Haus-, Hof- und Staatskanzler Metternich sich um ein solches Detail wie jenes des ärztlichen Autopsiebefundes kümmerte, läßt aufhorchen. Was war geschehen?

Die Obduktion der Leiche Erzherzog Friedrichs hatte am Nachmittag des 7. Oktober um 3 Uhr in dessen Palast, 39 Stunden nach seinem Tod in Anwesenheit mehrerer Ärzte und vertrauter Personen stattgefunden. Der Bericht war von Dr. Trois unterzeichnet worden. Nach einer genauen medizinischen Beschreibung schloß der Arzt wie folgt:

„Um die für die Einbalsamierung notwendigen Injektionen durchzuführen, wurde die Untersuchung der Lunge, des Herzens, usw. auf einen späteren Zeitpunkt verschoben. Die Lunge jedoch durch das zerstörte Zwerchfell hindurch mit der Hand erfühlt, schien normal zu sein. . . Der Tod scheint eingetreten zu sein durch ein rasches Einfließen einer entarteten Galle und wegen deren zerstörenden Wirkung auf das Nervensystem . . ."

Die in der österreichischen Öffentlichkeit in Umlauf gebrachte Todesursache Erzherzog Friedrichs sprach von einem Überfließen seiner Galle, die infolge einer durch frühere Krankheiten eingetretenen Verhärtung der Leber entartet war, und von einer Gelbsucht.

Diese medizinischen Erklärungen für den Tod Friedrichs klingen insbesondere in Anbetracht seiner früheren ähnlichen Erkrankungen plausibel.

Zu einer ganz anderen, wesentlich dramatischeren Aussage kommt in seinen 1908 erschienenen Memoiren der deutsche Vizeadmiral Paschen, der den Tod Friedrichs ohne die Anbringung eines Vorbehalts oder Zweifels auf die Ermordung durch die Venezianer zurückführt.

Paschen war 1848 in die österreichische Marine eingetreten, da entsprechende Offiziersstellen in Deutschland fehlten. Als rangniedriges junges Mitglied der Marine hatte er dienstlich in erster Linie Umgang mit italienischen Mannschaftsmitgliedern, mit denen in der langen dienstfreien Zeit natürlich viel geredet wurde. Es ist wohl anzunehmen, daß die Vergiftungsversion Friedrichs damals inoffizielles Unterdeckgespräch in der österreichischen Marine war, aufgrund der offiziellen Version der Todesursache, aber natürlich von den österreichischen Offizieren während ihrer aktiven Dienstzeit, aber auch während ihrer vom Staat bezogenen Pension nicht kolportiert werden durfte, da sie sonst mit schwersten Nachteilen zu rechnen hatten.

In der politischen Situation knapp vor, während und nach dem italienischen Aufstand von 1848 konnte auch die österreichische Politik kein Interesse haben, die offizielle Version einer Ermordung des österreichischen Marinebefehlshabers und Kaiserlichen zuzulassen, selbst wenn sie es anders gewußt haben sollte. So ging die Krankheitsversion des Todes Erzherzog Friedrichs in die offizielle österreichische Geschichtsschreibung ein, während auch italienische historische Publikationen verschiedentlich offen die Vergiftungsversion vertreten.

Erzherzog Friedrich hatte sich bei den Parteigängern eines unabhängigen

Italien durch seine ihm vorgeworfene inaktive Rolle bei der Hinrichtung der Brüder Bandiera und von Moro sowie insbesondere bei den Arsenalarbeitern durch sein strenges, ja teilweise drakonisches Vorgehen zur Herstellung der Disziplin besonders unbeliebt gemacht.

Die bestialische Ermordung seines engsten Mitarbeiters, Schiffskapitän Marinovichs, wenige Monate später während des Aufstandes der Arsenalarbeiter in Venedig und die versuchte Verunglimpfung seines Grabmonuments in San Biagio zeigt zumindest den über den Tod hinausgehenden Haß, den einzelne gegen Marinovich und gegen dessen Vorgesetzte mit sich herumgetragen haben mußten.

Ein endgültiger Beweis für eine natürliche oder auch eine unnatürliche Ursache des Todes Erzherzog Friedrichs scheint bis heute nicht vorzuliegen, um so mehr als sich die äußere Erscheinungsform im Falle einer eventuellen Vergiftung nicht von jener einer natürlichen Todesursache unterscheiden mußte.

Maritime Überführung der Leiche

Einem Wunsch des verstorbenen Malteser-Profeß-Baillis sowie einer Eingabe von 22 Offizieren der Kriegsmarine folgend, die das Herz ihres Oberkommandanten in der Marinekirche beigesetzt wissen wollten, fand nach Genehmigung durch den Kaiser und sorgfältiger zeremonieller Vorbereitung am 12. Januar 1848 eine feierliche maritime Schiffsprozession statt, die die Überführung des Herzens des verstorbenen Vizeadmirals Frá Friedrich von Österreich von der Pfarrkirche von Santo Stefano in die Kirche San Biagio und seines Leichnams in die Kirche des Malteserordens San Giovanni zum Gegenstand hatte.

Da derartige funebre seemännische Prozessionen im Zusammenhang mit dem österreichischen Herrscherhaus äußerst selten stattfanden – später sollten noch die Rückführung der sterblichen Überreste Kaiser Maximilians von Mexiko und Erzherzog Franz Ferdinands im Jahre 1914 mit Schiffen der österreichischen Kriegsmarine erfolgen – sei hier auf den Ablauf dieses großartigen Schauspiels etwas näher eingegangen.

Nach der feierlichen Übergabe der Schlüssel für den Sarkophag durch den Pfarrer der Kirche von Santo Stefano in die Hände des Marineoberkommandanten Feldmarschalleutnant von Martini und der Aufnahme des Sarges und der Silbervase mit dem Herzen des verstorbenen Vizeadmirals

*Ansicht der Leichenfeier im Jänner 1848. Blick von San Marco. Etwas rechts von der Bildmitte
die Barke mit dem Sarkophag Erzherzog Friedrichs und der Erzherzog-Standarte.
Die österreichische Schiffseskader hat zum Zeichen der Trauer die Flaggen auf Halbmast gesetzt
und die Rahen gekreuzt.*

durch höhere Offiziere der Kriegsmarine, setzte sich von der Kirche Santo
Stefano aus der Trauerzug über das Campo San Vitale Richtung Canale
Grande in Bewegung. An der Spitze des Zuges schritt eine Kompanie
Infanterie, gefolgt von den Bediensteten und den höheren Chargen des
erzherzoglichen Hofes, Bruderschaften und Klerus, dem Oberoffizier mit
der Herzurne des Prinzen, flankiert von Nobelgarden, dem Sarg, getragen
von sechs Offizieren der Kriegsmarine und flankiert von Nobelgarden,
während sechs Kämmerer die Goldquasten den Sargtuches trugen, dem
Obersthofmeister Baron von Lebzeltern mit zwei ehemaligen Adjutanten
des Verstorbenen, gefolgt von der k. k. Generalität, den Marineoffizieren
und den Offizieren des Landheeres sowie einzelnen Angehörigen der
Marine, die Fackeln trugen.

Am Canale Grande angekommen, wurden Sarg und Herzurne Erzherzog

Friedrichs auf die Kaiserbarke getragen, auf der auch die beiden erzherzoglichen Brüder Albert und Wilhelm, Baron von Lebzeltern, die zwei Adjutanten des Verstorbenen und die Nobelgarden mit gezogenem Säbel an Bord gingen.

Das Grabmonument im Inneren der Malteserkirche.

Je eine weitere Barke wurde durch den Oberoffizier, der die Herzurne getragen hatte, durch den diensthabenden Kämmerer, zwei Barken durch den Klerus von Santo Stefano, eine durch die Offiziere des Hauses, zwei Barken durch die Bediensteten des Hauses und Hofes Friedrichs, eine Barke durch einen Herold des kaiserlichen Hofes, eine Barke durch die Marinemusik, eine Marinebarke durch den Kommandanten des maritimen Trauerkonvois und vier Barken von der Generalität und den Marine- und Landoffizieren bestiegen. Während sich der Bootskonvoi in der genannten Reihenfolge langsam durch den Canale Grande, vorbei an der Piazetta San Marco und längs der Riva dei Schiavoni in Richtung der bei der Riva del

Arsenale gelegenen Marinekirche San Biagio in Bewegung setzte, hallte jede Minute ein Kanonenschuß über die Lagune, der von der vor Anker gegangenen Marineeskader abgefeuert wurde. Diese bestand aus neun zwischen San Marco und San Biagio aufgefahrenen Schiffen mit Trauerbe-

Das Marmorgefäß mit der silbernen Herzurne der ehemaligen Marinekirche San Biagio.

flaggung, darunter die Brigg BRAVO, die Korvette CLEMENZA, der Kriegsdampfer VULCANO und dazwischen sechs Kanonenbooten.
Am Campo San Biagio angekommen, wurde der Trauerkonvoi von dem Marineoberkommandanten, seinem Stab, angetretenen Marinetruppen und dem Marinepfarrer von San Biagio erwartet. Unter Tambourschlag und dem Präsentieren der Gewehre wurde die in schwarzen Samt einge-hüllte Herzurne von dem dazu bestimmten Offizier, begleitet von Nobel-garden und Baron von Lebzeltern, zu dem vorbereiteten Platz in der Marinekirche gebracht. Im Moment des Absetzens der Urne auf dem dafür vorbereiteten Podest an der Seitenwand begann die Korvette CLEMENZA

den 21schüssigen erzherzoglichen Kanonensalut ein letztes Mal als Abschiedsgruß der Marine für ihren verstorbenen Oberkommandanten und Vizeadmiral abzufeuern.

Nach Wiedereinschiffung der Trauergemeinde ruderte der Bootskonvoi von San Biagio zur Einmündung des Rivo San Sepolcro und von dort zur Anlegestelle der Malteserkirche, wo eine Abordnung der Malteserritter in ihren rot-schwarzen Uniformen den Sarg ihres verstorbenen Ordensbruders erwartete. Nach den wenigen Schritten, die der Trauerzug mit dem Sarg zurückzulegen hatte, wurde er am Portal der Malteserkirche San Giovanni zeremoniell vom Großprior Bailli Frá Gio Antonio Capellari della Colomba und den übrigen Ordensrittern, alle im schwarzen Kirchengewand des Ordens mit dem achtspitzigen weißen Kreuz an der Schulter bekleidet, empfangen und in die Kirche geleitet. Nach einer feierlichen Einsegnung wurde der Sarg in den dafür vorbereiteten Steinsarkophag in der Kirchenmauer versenkt. Der Obersthofmeister des verstorbenen Erzherzogs, Baron von Lebzeltern, übergab daraufhin je einen Schlüssel des Sarkophags an den Gouverneur der venezianischen Provinzen Graf Palffy und an den Großprior des Malteserordens in Venedig unter gleichzeitiger Versiegelung des Schlüssels und Bezeugung der Übergabe durch mehrere Unterschriften.

Mit diesem feierlichen maritimen Leichenbegängnis hatten die sterblichen Überreste Erzherzog Friedrichs ihre vorgesehenen letzten Ruhestätten erreicht, aber noch nicht ihre letzte Ruhe gefunden, wie die wenig mehr als zwei Monate später einsetzenden revolutionären Ereignisse in Venedig zeigen sollten.

Revolutionäres Nachspiel

Im Königreich Lombardei-Venetien waren bis Ende 1847 die Spannungen zwischen der italienischen Befreiungsbewegung und der vom Militär gestützten österreichischen Herrschaft zwischenzeitlich so angestiegen, daß es Anfang 1848 zum sogenannten Mailänder Zigarrenrummel und nach Bekanntwerden der Aufstände in Wien am 22. März 1848 zum offenen Ausbruch der Revolution im österreichischen Marinehaupthafen Venedig kam. Der Direktor und ehemalige Marineadjutant Vizeadmiral Friedrichs, Schiffskapitän von Marinovich, der befehlsgemäß die Verschleppung von Marinematerial und die Korruption im Arsenal mit Härte und Unnachgie-

bigkeit abgestellt und damit die Wut vieler Arsenalarbeiter auf sich geladen hatte, erlag diesem Haß am 22. Mai auf grauenhafte Weise. Nachdem
er im Arsenal von meuternden Arbeitern überfallen worden war, stieß ihm
einer der eingedrungenen Arsenalarbeiter mit Wucht einen großen Schiffs-

Bronzeuhr mit Statuette Erzherzog Friedrichs bei der Erstürmung von Saida.

bohrer von unten in den Bauch und riß den Unglücklichen über die Treppe
hinunter.
Einer der Arbeiter gab von sich: „Ich bin Vater von sechs Kindern, aber
wenn ich deshalb morgen zum Tode verurteilt werden sollte, so erkläre ich
doch den heutigen Tag, wo ich meine Hände in das Blut dieses Menschen
tauche, für den freudigsten meines Lebens."
Auch vor den Andenken an den von den Arsenalarbeitern nicht weniger
abgelehnten ehemaligen Marineoberkommandanten Erzherzog Friedrich
machte die revolutionäre Bewegung nicht halt. Nur dem persönlichen Mut
des Marinepfarrers von San Biagio, dessen Mesners und des Arsenaltech-

nikers Casoni, die das bereits vorher in San Biagio diplomatischerweise mit einem Tuch dezent verhängte Behältnis mit dem Herz Erzherzog Friedrichs in einem Turmgemach der Kirche für die Dauer der Revolutionswirren eingemauert hatten, ist zu verdanken, daß diese Herzurne der bereits angedrohten öffentlichen Schmähung durch die Revolutionäre entzogen wurde. Auch der im Arsenal aufbewahrte Degen und der Marinezweispitz des verstorbenen Vizeadmirals wurden in jenen Tagen aus einem verschlossenen Kasten im Arsenal ebenso entwendet wie das über Befehl des Kaisers im Marinearsenal zu Venedig „für ewige Zeiten" aufzuhebende Kreuz des Erzherzog Friedrich verliehenen Maria-Theresien-Ordens.

Dank verschiedener unter dem Oberkommando Erzherzog Friedrichs getroffener Maßnahmen blieb der zum großen Teil außerhalb Venedigs stationierte Kern der österreichischen Kriegsflotte von der dortigen Revolution unberührt und bildete nach der Niederschlagung des Aufstandes die Basis einer neugestalteten österreichischen Marine.

Für Venedig aber ging mit dem Tod des österreichischen Marinekommandanten Erzherzog Friedrich und der Auslösung der Revolution im Arsenal im Jahre 1848 die letzte Phase maritimer Bedeutung zu Ende. Der zukünftige Zentralhafen der österreichischen Kriegsmarine sollte Pola heißen.

Erinnerungen und Monumente

Die österreichische Kriegsmarine jedenfalls hielt die Erinnerung an ihren ersten erzherzoglichen Kommandanten Vizeadmiral Frá Friedrich von Österreich in Ehren und benannte drei Kriegsschiffe nach seinem Namen und nach dem Ort seines Sieges, Saida.

Die erste ERZHERZOG FRIEDRICH war ein 1851 in der Schweiz erbautes Segelkanonenboot, das bis 1860 auf dem Gardasee im Einsatz blieb.

Die gedeckte Korvette ERZHERZOG FRIEDRICH lief 1857 in Venedig vom Stapel, hatte eine Länge von 56,05, eine Breite über Planken von 12,16 Metern und eine Segelfläche von rund 1400 Quadratmetern. Sie war bei Indienststellung mit 22 Geschützen armiert, deren schwerstes Kaliber 30 Pfund betrug, und mit einer Dampfmaschine von 230 PS ausgestattet. Die gedeckte Korvette hatte eine interessante Einsatzgeschichte. Unter anderem segelte sie unter dem damaligen Korvettenkapitän Tegetthoff 1858 nach Marokko, 1864/65 unter dem Eskaderkommandanten desselben Namens zum Krieg in die Nordsee, nahm 1866 an der Seeschlacht von Lissa teil, wo sie neun Treffer erhielt, segelte 1868 in einer Mission nach Ostasien und kehrte durch den Suezkanal ins Mittelmeer zurück, umsegelte zwischen 1874 und 1876 die Welt und trug so den Namen und die Bedeutung des jungen österreichischen Marinekommandanten um den Erdball. Noch lange Jahre als Schulschiff für die Marineakademie im Einsatz, wurde die gedeckte Korvette 1897 aus der Flottenliste gestrichen und bis 1899 abgewrackt.

Das Schlachtschiff ERZHERZOG FRIEDRICH, die bis zum Ende der österreichischen Marine zu ihrem drittgrößten Schiffstyp gehörte, lief 1904 in Triest als Vertreterin einer neuen, erstmals über 10.000 Tonnen dimensionierten schnellen Schlachtschiffklasse vom Stapel. Sie war mit vier 24-cm-, zwölf 15-cm-Geschützen und Maschinen von 17.000 PS ausgerüstet. Nach dem Ersten Weltkrieg ging dieses Schiff als Kriegsreparation nach Frankreich zum Abbruch.

Auf den Namen SAIDA getauft, liefen 1855 ein Schoner, später zur Brigg umgetakelt, 1867 nach Ostasien segelnd und schließlich gestrandet, 1878 eine Korvette als Schulschiff und 1912 ein Rapidkreuzer dieses Namens in Monfalcone vom Stapel, der nach 1920 an die italienische Marine übergeben und dort noch bis 1937 Dienst tat.

Auf dem burgenländischen Schloßbesitz der Familie Friedrichs, Halbthurn, existierte noch jahrzehntelang eine Meierei, die den Namen Saida-Hof trug. In der wichtigsten Traditionsstätte der österreichischen Kriegsmarine, dem Heeresgeschichtlichen Museum in Wien, sind noch verschiedene Erinnerungsstücke an Erzherzog Friedrich, so das auf dem Umschlagbild dieses Buches abgebildete Porträt, Gemälde über die Erstürmung von Saida und die Landung in Akkon sowie eine Miniatur des Maria-Theresien-Ordens Erzherzog Friedrichs und einige andere Erinnerungsstücke, ausgestellt.

Das österreichische staatliche Münzkabinett im Kunsthistorischen Museum bewahrt Exemplare jener drei Medaillen, die Erzherzog Friedrich dem Sieger von Saida zu Ehren in Wien und London 1840, 1841 und 1842 geprägt wurden.

In Venedig befinden sich seine Grabmonumente in der Pfarrkirche von Santo Stefano, der Marinekirche San Biagio und der Malteserkirche San Giovanni di Gerusalemme.

Die lebendigste Erinnerung an den jungen, ambitionierten, liebenswürdigen österreichischen Flottenkommandanten, Vizeadmiral und Malteser-Profeß-Ritter haben sich aber wohl die zahlreichen Freunde der altösterreichischen Marine, die Malteser in Venedig und die alteingesessenen Bürger der Lagunenstadt erhalten, deren letzte glänzende Jahre als Sitz einer traditionell venezianischen Marine, unter österreichischer Flagge und österreichischer Führung, untrennbar mit dem Namen Erzherzog Friedrichs von Österreich verbunden bleiben.

XII
NACHWORT

Bei dem Versuch, eine Einschätzung des Lebenswerkes und der beruflichen und historischen Bedeutung des österreichischen Marineoberkommandanten und Malteser-Profeß-Ritters Vizeadmiral Bailli Frá Friedrich
von Österreich vorzunehmen, stößt der Betrachter unweigerlich sehr
schnell an die Grenze seines plötzlichen und unerwarteten Todes, der den
talentierten Sohn des Siegers von Aspern nach nur sechsundzwanzigein-
halb Jahren aus der Lebensbahn riß und damit eine vielversprechende
Karriere jäh abschnitt.

Von dieser kurzen Zeitspanne hatte Friedrich rund zwölfeinhalb Jahre, und
zwar als erster österreichischer Erzherzog voll seiner von ihm frei gewählten maritimen Berufung, der k. k. Kriegsmarine gewidmet. In ihren Reihen
bildete er sich ab seinem vierzehnten Lebensjahr gründlich aus, diente er
mit Eifer, unternahm er Segelreisen, focht mit Mut und wurde als erster
Marineangehöriger überhaupt mit dem Militär-Maria-Theresien-Kreuz
ausgezeichnet. Er war auch der erste aus Österreich stammende Seeoffizier,
der zum Marineoberkommandanten in der österreichisch-venezianischen
Marine aufstieg. Allein schon diese Tatsachen zeigen die Bedeutung seiner
Berufsentscheidung und seines militärischen Wirkens auf.

Hiedurch lenkte der kaiserliche Prinz aber auch erstmalig den Blick einer
breiteren Öffentlichkeit in den österreichischen Erblanden in solchem Maß
auf die ziemlich unbekannt und weit entfernt wirkende Kriegsmarine, daß
er zum nachahmenswerten Beispiel für zahlreiche österreichische Anwärter für die Marineoffizierslaufbahn wurde, die bis dahin zum allergrößten
Teil von Venezianern besetzt und beherrscht worden war. Eine auch von

der Regierung in Wien durchaus erwünschte Folge hievon war, daß eine Austrifizierung des Marinepersonals begann, die unter Friedrichs Nachfolgern fortgesetzt wurde.

Die wenig mehr als drei Jahre, die Erzherzog Friedrich mit dem höchsten damals existierenden Rang eines Vizeadmirals an der Spitze der k. k. Kriegsmarine stand, waren geprägt von der Einführung entscheidender Reformen, die auf personellem, materiellem und operativem Gebiet eine Dynamisierung und eine Durchsetzung neuer österreichischer Vorstellungen und Konzepte und eine Zurückdrängung unbefriedigender venezianischer Gepflogenheiten anstrebte und auch zu verwirklichen begann. Diese strukturellen Maßnahmen und verschiedene Einzelmaßnahmen haben weit über seinen Tod hinaus gewirkt und mit großer Wahrscheinlichkeit dazu entscheidend beigetragen, daß die österreichische Flotte als solche überhaupt den Einschnitt der Revolution 1848 überlebte und als einsatzfähiger Körper ohne Unterbrechung erhalten blieb.

Es war des Vizeadmirals persönliche Last und vielleicht auch sein Lebensschicksal sowie das seiner zwei engsten maritimen Mitarbeiter, daß er bei der Durchsetzung der genannten Marinereformen in heftigen, von jenen auch als sehr persönlich empfundenen Gegensatz zu den national gesinnten Venezianern des Marineoffizierskorps und insbesondere auch zu den Arsenalarbeitern in Venedig kommen mußte, deren durchaus als mafios zu bezeichnende Praktiken unter seinem Kommando entschieden eingeschränkt wurden.

Die persönliche große Bedeutung des Marineoberkommandanten und Vizeadmirals Frá Friedrich für die k. k. Kriegsmarine und möglicherweise auch für die politischen Ereignisse, die in dieser im Jahr 1848 aufbrachen, zeigt sich am stärksten in der lange Zeit nicht schließbaren Lücke, die sein Tod hinterließ.

Mangels anderer Alternativen wurde sein Stellvertreter, der 82jährige Vizeadmiral Sylvester Graf Dandolo, zu seinem Nachfolger bestellt, der jedoch bereits nach wenigen Wochen starb. Nach einer kurzen Interimszeit, in der Schiffskapitän Marinovich de facto die Marineagenden mit eiserner Hand wahrnahm, wurde der in Marinedingen vollkommen unerfahrene Offizier des Landheeres, Feldmarschalleutnant Ritter von Martini, gegen seinen Willen zum Marineoberkommandanten bestellt. Es ist wohl der mangelnden Einsicht und Erfahrung hinsichtlich der inneren personellen Struktur in der Marine zuzuschreiben, daß dieser trotz mehrfacher War-

Gedeckte Korvette ERZHERZOG FRIEDRICH (1857-1897), Weltumsegelung 1874-76.

nungen keine rechtzeitigen Gegenmaßnahmen gegen die drohende Revolution – und solche waren in der Militärmarine, wie die Erfahrungen mit den außerhalb Venedigs befindlichen Schiffen zeigten, sehr wohl möglich gewesen – ergriff, so daß der Aufstand gerade im Marinearsenal ausbrach, Schiffskapitän Marinovich gemeuchelt und der Marineoberkommandant von Martini gefangengenommen wurde.

Erzherzog Friedrich blieb durch sein früheres Hinscheiden zwar die schwere Enttäuschung einer Revolution in seiner Marine erspart, es bleibt andrerseits aber doch die interessante Frage offen, ob ein lebender Erzherzog Friedrich, gestützt auf seine langjährige Erfahrung, durch geeignete Maßnahmen nicht doch hätte einen offenen Aufruhr verhindern können.

Den Oberbefehl über die Marine übernahmen nach der Gefangennahme Martinis hintereinander die hohen Offiziere des Landheeres FZM Graf Gyulay, FZM Graf Nugent, dann wieder Gyulay, schließlich nach der Befreiung Martinis wieder dieser. Da Österreich über keinen geeigneten Admiralstabsoffizier mehr verfügte, wurde nach einer neuerlichen kurzen Zwischenphase unter Gyulay der dänische Kommodore Dahlerup als österreichischer Marineoberkommandant berufen, der die Blockade von Venedig erfolgreich leitete, die österreichische Marine reformierte, sich aber als Nordländer an die so anders gearteten Gepflogenheiten im Süden nicht anpassen konnte und 1850 das Kommando ziemlich abrupt niederlegte. Daraufhin wurde wieder ein Offizier des Landheeres, FMLt. Graf von Wimpffen und schließlich im Jahre 1854 nach nur vier Jahren Zugehörigkeit zur Marine der erst 22jährige Erzherzog Ferdinand Max mit dem Marineoberkommando betraut, das er dann später mit viel Erfolg ausübte. Dieser Nachfolgereigen, der hauptsächlich von Nicht-Marineoffizieren bestritten wurde, zeigt also mit aller Deutlichkeit, was die österreichische Marine an ihrem Oberkommandanten Erzherzog Friedrich gehabt und welche Lücke sein Tod hinterlassen hatte.

Auch im außenpolitischen und dynastischen Bereich setzte der erste erzherzogliche Marineoffizier und Kriegsschiffkommandant als Mitglied der kaiserlichen Familie bei seinen offiziellen Marinebesuchen für Österreich bis dahin unübliche neue Schwerpunkte im Ausland.

Trotz all dieser Tatsachen wird auch von ausländischen etwa auch englischen Marineschriftstellern immer wieder die Frage nach Friedrichs persönlichem Gewicht als Schiffskapitän und Marineoberbefehlshaber – fast vermutet man eine abgeschriebene Gewohnheit – in den Raum gestellt, ohne daß aber fundierte Recherchen zitiert oder konkrete Antworten gegeben werden. Dies war interessanterweise auch die mehrmals von österreichischen Marinehistorikern an den Autor gestellte Frage, als ihnen bekannt wurde, daß er das vorliegende Thema im Detail behandelte. Diese Fragestellung, die nicht nur aus den offiziellen Akten und der „offiziellen" österreichischen Marinegeschichtsschreibung beantwortet werden kann, mag auf den ersten Blick verständlich erscheinen, wenn man das magische Vieleck vorliegender beeinflussender Unterlagen – die Aktenlage, die offizielle österreichische Marinegeschichtsschreibung, zeitgenössische Publikationen im Stil der Hofberichterstattung, nationalistisch gefärbte venezianische und italienische und französische Quellen aus dem 19. Jahrhundert, den britischen und französischen „Zeitungskrieg" nach der Eroberung von St. Jean d'Acre gegen die Verbündeten, die ins Auge springende hohe Geburt und rasche Karriere Erzherzog Friedrichs in jungen Jahren, die Kürze seiner Kommandoführung in der Marine und die unübersehbaren Beraterpersönlichkeiten Lebzeltern und Marinovich und diesen gegenüber Friedrichs eigene feinsinnige Art betrachtet. All dies dürfte jedoch nicht den Durchblick in tiefer liegende Tatsachen und Zusammenhänge hinsichtlich seiner Marinekarriere verschließen, denen hier kurz nachgegangen werden soll.

Die offizielle Marinegeschichtsschreibung Österreichs, repräsentiert durch die erst 1966 über Auftrag des Unterrichtsministeriums veröffentlichten III. Band der Geschichte der österreichischen Kriegsmarine 1814–1848, enthält im wesentlichen die in diesem Buch dargestellten biographischen Fakten in deutlich kürzerer und nur auf die Marine bezogener Form, gewichtet aber die Rolle Erzherzog Friedrichs im Krieg in Syrien und die Verleihung des Militär-Maria-Theresien-Kreuzes ungewöhnlich stark und mit vielen Details und Zitaten, die eine Verteidigung gegen die ausländischen Artikel des „Zeitungskrieges" darstellen. Die hiebei zitierten Höflichkeitsschreiben der britischen Diplomatie und Marinebefehlshaber überzeugen aber zumindest den Autor wenig und vielleicht hätte man alle Attacken und Konterattacken dieses weit zurückliegenden Papierkrieges besser ruhen lassen.

Aus der historischen Distanz scheint hiezu mehreres klar. Für die österreichische Politik, Marine und für den Ruf des Mitgliedes des Erzhauses, den jungen Schiffskapitän Friedrich, waren österreichintern gesehen die Leistungen im Syrienfeldzug jedenfalls beachtlich und bildeten einen Grundstock an Erfahrungen und Selbstvertrauen für die kleine österreichische Marine, der weit in die Zukunft, für manche bis zur Seeschlacht von Lissa 1866 ihre positiven Auswirkungen zeigte.

Objektiverweise muß konzediert werden, daß vom Standpunkt der britischen weltweit herrschenden Admiralität, ihrer Flotte im Mittelmeer und deren Kapitänen aus gesehen, die unter anderen Schiffen allein vierzehn mächtige Linienschiffe, sechs Fregatten und insgesamt rund 1200 Schiffskanonen in die Allianz einbrachten, Österreichs Beitrag mit insgesamt sechs Schiffen, hievon zwei Fregatten und insgesamt 134 Schiffsgeschützen eine Quantité négligeable darstellte, der in der englischen Marinege-schichtsschreibung mit keinem Wort erwähnte mutige persönliche Einsatz Erzherzog Friedrichs aber, wie wir gesehen haben, für die britischen Allianzpartner eher ärgerlich war. Dies schmälert für Österreich aber nicht die Leistungen der Eskader und Schiffskapitän Friedrichs, wenngleich sie hier auch ein wenig hochgespielt wurden. Daß die Presse des ebenfalls über eine mächtige Flotte verfügenden, außenpolitisch Mehmet Ali unterstützenden Frankreich die österreichischen seemännischen Leistungen, und zwar sowohl der Eskader als auch Erzherzog Friedrichs, sogar hämisch kommentierte, ist aus dem politischen Zusammenhang erklärlich.

Die italienisch-venezianische nationalistische Geschichtsschreibung des 19. Jahrhunderts hat an Erzherzog Friedrich – ebenso wie an seinem Adjutanten Marinovich – wenig Gutes gelassen, war er doch ein Repräsentant des von den Nationalisten ungeliebten österreichischen Kaiserhauses, dem man darüber hinaus, ungerechtfertigterweise für einen Mann in der Position des Erzherzogs, noch persönlich vorwarf, nichts für die Begnadigung der desertierten österreichischen Marineoffiziere und italienischen „nationalen Märtyrer", der Brüder Bandiera und Moro, beim neapolitanischen Hof unternommen zu haben.

Erzherzog Friedrichs hohe Abkunft und seine rasche Karriere in der Marine waren im damaligen politischen Regime in Österreich eine ebensolche Tatsache, wie auch heute Exponenten von staatstragenden politischen Parteien gleichermaßen gefördert werden. Die Allgemeinheit stößt sich daran wenig, solange die so geförderten Personen durch Ausbildung und Qualifikation, Einsatzfreude und Leistung ihren Aufgaben entsprechen. Wie sah es damit bei Erzherzog Friedrich aus?

Friedrich hatte unter Anleitung seines Vaters Erzherzog Karl, einem der großen österreichischen militärischen Genies, und mit Hilfe hervorragendster Österreicher seiner Zeit die wohl beste zivile und militärische Ausbildung, die in der damaligen Monarchie überhaupt erhältlich war, bekommen. Seine Brüder, die Erzherzöge Albrecht und Wilhelm, konnten diese Grundlage in späteren Jahren durch den großen Sieg bei Custoza 1866 und entscheidende Leistungen beim Aufbau einer ausgezeichneten österreichischen Artillerie in die militärische Praxis umsetzen. Dem Marineoberbefehlshaber blieb durch seinen frühen Tod eine ähnliche Chance versagt. Es ist aber reizvoll, hier zu spekulieren, was wohl geschehen wäre, wenn Erzherzog Friedrich, sagen wir, bis nach der Schlacht von Lissa 1866 Oberbefehlshaber geblieben wäre.

Schnelles Schlachtschiff ERZHERZOG FRIEDRICH (1904-18), zweitgrößter Schlachtschifftyp der österreichischen Marine, vier 24-cm-, zwölf 15-cm-Geschütze, 17.000 Pferdestärken.

Die Frage nach seiner Qualifikation, aber auch seinen Leistungen im Oberkommando der Marine erscheint bereits weiter oben überzeugend beantwortet.

Was nun die starken, nicht zu übersehenden Erzieher- und Beraterpersönlichkeiten Lebzeltern und Marinovich betrifft, so spricht es vorweg, einmal für die auswählenden Verantwortlichen Erzherzog Karl, den Kaiserhof und den Hofkriegsrat, daß ihre Wahl auf so hervorragende Männer fiel. Für Erzherzog Friedrich spricht es, daß er deren Rat und Potential unter seinem Befehl auch als Vorgesetzter so gut zu nützen verstand und wirken ließ. Dies entsprach durchaus den von Erzherzog Karl vertretenen Erziehungsgrundsätzen, zu denen aber auch ebenso eine in strenger Zucht erworbene Selbständigkeit seiner Söhne gehörte. Friedrich hatte diese Selbständigkeit auch bewiesen. Er hatte trotz aller ihm vorgehaltenen Härten des Seemannsberufes diesen vollkommen selbständig gewählt, war ihm treu geblieben, hatte schon früh eine Heimstatt fern vom Elternhaus ausgesucht und hatte mit Mut auch in Saida und St. Jean d'Acre sein Leben im Kampf an vorderster infanteristischer Front riskiert. All das spricht nicht für einen sehr abhängigen Charakter.

Daß vielleicht in den Augen der englischen Marineoffiziere vor der syrischen Küste der Eindruck entstanden sein mag, daß der damals 52jährige Lebzeltern und der 47jährige Marinovich den 19jährigen Erzherzog Friedrich leiteten, mag ebenso der Fall gewesen sein, wie die Eindrücke, die italienische Arsenalarbeiter und venezianische Marineoffiziere, vom Adjutanten des Marineoberkommandanten Marinovich persönlich in Erfüllung seiner Aufgaben in ihren Machenschaften aufgestört, empfingen, daß dieser und nicht der nach außen hin liebenswürdige und feinsinnige Oberkommandant Erzherzog Friedrich die Marine leitete. Marinovich war für die Arsenalarbeiter und die italienischen Nationalisten ja überhaupt so etwas ähnliches wie der personifizierte Teufel, dem er in einer amüsanten Revolutionsdichtung des Jahres 1848 in Venedig als Wohnort das Arsenal anbot, weil dort „ohnehin schon genügend teuflische Feuer brannten".

Und sehen wir uns einmal das enge Gespann des Vizeadmirals und Marineoberkommandanten Erzherzog Friedrich, den Vorstand seines Hofes Oberst von Lebzeltern und seinen Marineadjutanten Schiffskapitän Marinovich von Friedrichs Standpunkt aus an. Friedrich hatte zu seinen beiden Erziehern, Mentoren und Assistenten ein in Jahren gewachsenes unerschütterliches Vertrauensverhältnis – und dieses brauchte er auch in der Marine und einem Venedig, in dem es von nationalistischen Separatisten, mafios agierenden italienischen Marineangehörigen und potentiellen Deserteuren, wie die Ereignisse von 1844 und 1848 zeigten, nur so wimmelte. Ein enger Zusammenschluß mit seinen zwei engsten Vertrauenspersonen war daher erklärlich. Hinzu kam, und das wurde bisher überhaupt noch nicht ins Kalkül gezogen, daß Friedrich ab dem Zeitpunkt seiner Entscheidung, die ewigen religiösen Gelübde im Malteserorden abzulegen, also ab 1844, sich tendenziell in seinem gesellschaftlichen Umgang an seine neue Rolle als Ordensmann anzupassen begann, was auch in einer stärkeren Absenz von rein weltlichen Zerstreuungen und einer Betonung seines häuslichen Lebens, dessen integrierter Bestandteil sein Obersthofmeister

Lebzeltern, sowie seiner Diensttätigkeit, deren nächster Exponent sein Adjutant Marinovich nun einmal waren, resultierte.

Aus all diesen Umständen jedoch den aus seinerzeitigen antiösterreichischen Propagandaquellen herrührenden Schluß ziehen zu wollen, der Marineoberkommandant sei von seinen zwei engsten Beratern beherrscht oder gegängelt worden, dreht eine in der absolutistischen Zeit für einen kaiserlichen Prinzen wohl eher seltene, in der heutigen Zeit als gute Teamfähigkeit zu bezeichnende, positive Arbeitseigenschaft ins Gegenteil um.

Es war ja auch eine besonders liebenswürdige Eigenschaft Friedrichs, daß er fast allen seinen Erziehern und Freunden, die er einmal akzeptiert hatte, ein Leben lang die Treue hielt. Dies bezog sich etwa auch auf den fern von ihm in Wien wirkenden Ritter von Köchel, den er auf seine Englandreise, oder auch auf seinen Erzieher Bergmann, den er noch knapp vor seinem Tode 1847 zu einem wissenschaftlichen Kongreß nach Venedig einlud.

Dies bezog sich aber auch auf eine ganze Reihe von Offizieren und Mitkämpfern, mit denen er im Syrienkrieg gemeinsam gefochten hatte und die er soweit wie möglich alle auf seine Englandreise mit der BELLONA 1842 mitnahm.

Daß die Rolle seines Adjutanten Marinovich in der Marine nicht so beherrschend war, wie vom Ausland manchmal behauptet, geht auch aus der Tatsache hervor, daß er weder nach dem Tod Friedrichs, noch nach dem Tod Dandolos zum Marineoberkommandanten bestellt wurde. Wenn abschließend der Versuch gemacht werden soll, die Rolle, das persönliche Gewicht und die Bedeutung Erzherzog Friedrichs als Marineoberkommandant noch einmal zusammenzufassen, so darf aus österreichischer Sicht wohl gesagt werden, daß er allen Anforderungen, die unter den gegebenen Umständen an ihn gestellt werden konnten, sehr gut entsprach, ja noch mehr, denn er gab der österreichisch-venezianischen Marine und der späteren k.u.k. Marine eine heroenhaft geprägte Identifikationsfigur, und starke in die Zukunft weisende Impulse.

Für den italienischen Nachfolgestaat stellte er naturgemäß keine positive Erinnerung dar, für die Marine Englands war die kleine österreichisch-venezianische Marine und damit ihr Wirken und ihre Kommandanten von wenig Bedeutung. All das hat sich in den jeweiligen nationalen Marinegeschichtsschreibungen auch niedergeschlagen.

Innerhalb der österreichisch-venezianischen Marine war Erzherzog Friedrich bei den Österreich loyal gegenüberstehenden Marineangehörigen, darunter auch sehr vielen Italienern, sowohl als Schiffskommandant als auch als Admiralstabsoffizier und schließlich Marineoberkommandant anerkannt und teilweise sehr beliebt. Er repräsentierte für die Marine den Glanz und die Aufmerksamkeit des Erzhauses, heroische Taten im siegreichen Seekrieg in der Levante, erhöhte Wichtigkeit und Aufmerksamkeit im Hofkriegsrat und beim Kaiser, und die Hoffnung und Erwartung für eine in Zukunft auch weiter wachsende Größe und Bedeutung der Marine mit venezianischer Tradition unter der rotweißroten Seeflagge.

Dieser skizzierten beruflichen Persönlichkeit Frá Friedrichs stehen aber auch im persönlichen Bereich Charaktereigenschaften zur Seite, die ihn auch seiner privaten Umgebung liebenswert machten. Durch eine umfassende, menschenachtende, aufgeklärte und doch religiöse Erziehung unter der persönlichen Ägide seines Vaters war Friedrich vielseitig gebildet und belesen. Er wurde auch als feinsinnig, romantisch, kultur- und geschichtsinteressiert, persönlich tief religiös und dem Schicksal der Mitmenschen gegenüber Anteil nehmend beschrieben. Besonders hervorgehoben wurde immer wieder seine Liebe zu seinem Vater und zu seinen Geschwistern, die die Familie nach dem zu frühen Tod der Mutter vereinte.

Diese Tiefe menschlicher und religiöser Empfindungen mögen den Hintergrund für seinen Eintritt in den religiösen Malteserorden gebildet haben. Er war diesem Orden nicht nur durch die maritimen Bezugspunkte, sondern auch durch die entscheidende Rolle Österreichs in dessen Geschichte und Gegenwart sowie durch einen laufenden persönlichen Kontakt zum Großpriorat in Venedig besonders lebendig verbunden.

Der plötzliche und frühe Tod des Erzherzogs löste daher sowohl bei allen Österreich gegenüber loyal empfindenden Kräften der Marine und in Venedig, beim Souveränen Malteser-Ritter-Orden und natürlich insbesondere bei seinen Geschwistern größte Trauer und Bestürzung aus, verbunden mit dem Bedauern, das sich auf die Hoffnungen und Erwartungen im Zusammenhang mit einer weiteren Entwicklung der Marine und des Malteserordens erstreckte.

An seiner Bahre sagte der Kardinalpatriarch von Venedig, daß Erzherzog Friedrich von Österreich regelmäßig auch am Leben der Stadt Venedig teilgenommen habe, daß er die kirchlichen und weltlichen Feste mit ihr geteilt habe, daß er sich gerne unter das Volk gemischt habe und daß er in den mehr als zehn Jahren seines Lebens in Venedig zu seinem loyalen und geschätzten Bürger geworden sei.

Durch freie Wahl seines Berufes war Erzherzog Friedrich mit der Lagunenstadt und dem, was ihre historische Größe ausmachte, ihrer Marine, aufs engste und schicksalhaft verbunden, in ihr und vielleicht durch sie erlitt er seinen Tod und blieb ihr auch bis nach seinem Tod durch sein Begräbnis, seine dortigen Begräbnisstätten und seine Monumente in Venedig verbunden. Der Vizeadmiral und Oberkommandant der österreichisch-venezianischen Marine und Malteser-Profeßritter Vizeadmiral Bailli Frá Friedrich Erzherzog von Österreich ist aber auch Repräsentant einer Ära österreichisch-venezianischer Zusammenarbeit, in der Venedig zum letzten Mal Zentralhafen einer Marine war, und die mit dem Tod des Erzherzogs und der bald nachfolgenden Revolution nicht zuletzt auch zum Nachteil Venedigs zu Ende ging.

XII
ANHANG

Marinebranchen 1824 und 1847

(Gliederung der Marine gem. Kais. Entschlg. v. 10/2/1824 mit einzeln. Änd. bis 1847)

	Pers. Stand 1824	Stand 1847
I. MARINEOBERKOMMANDO (direkt Hofkriegsrat unterstellt entspr. Länder-Gen.-Kommandos)		
A. Marineoberkommandant	(der spät. Vizead.) GenM. Paulucci	Vizeadm. EH Friedrich
B. Adlatus (Stellvertreter)	Schiffskapitän Flanagan	Vizeadm. Dandolo
C. Marinerat (unter Vorsitz v. A./B.)	Obstlt. Tizian	Schfsk. Marinovich
1. Milit. Ref. – Marineoberkomm.-Adjutant		
2. Polit. Ref. – Marinekriegssekretär/Kzl.Dir.		
3. Kommis. Ref.- und Kassenref.-Marineoberkommissar		
4. Arsenalreferent – Marinearsenal Ob. Intendant		
5. Justiziar: Ref. – Stabsauditor		

II. SCHIFFSAUSRÜSTUNGEN (Friedensstand)		Plan 1824	Stand 1847
	total	46	131
1. Fregatten	a	2	4
2. Korvetten	u	–	6
3. Briggs	s	3	5
4. Goeletten	g	2	3
5. Penichen/Kanonierschaluppen	e	28	46
6. Kriegsdampfer	r	–	1
7. Pirogen	ü		27
8. Paketboot bzw. diverse Fahrzeuge	s	1	5
9. Div. Schiffstypen im Arsenal	t	10	34

Details siehe Anlage No. 3 u. 4

III. MARINEMILITÄRKORPS (Kmdt.: der „Brigadier" der Milit. Korps)	Plan 1824	Stand 1847
A. Marineoffizierskorps	104	206
B. Matrosenkorps	1.241	2.163
C. Marineinfanteriebataillon (ohne Musikbanda)	1.091	(mit) 1.643
D. Marineartilleriedivision	172	526
a. unterstellt Marinearbeiterkompanie	110	292
E. Marineerziehungshaus (Unteroffiziersschule)	48	k. A.

Details siehe Anlage No. 2

IV. MARINEDIVISIONSKOMMANDEN (regionale Polizei, Sanitäts- und Zollüberwachung, eigene Seefahrzeuge)
  A. Venedig (I. Seedistr.)
  B. Triest (II. –"–)
  C. Zara (III. –"–)

V. MARINEARSENAL ZU VENEDIG
  A. Arsenaldirektionen
    1. Schiffbaudirektion — 9
    2. Schiffsausrüstungsdirektion — 1*
    3. Artilleriedirektion (Personal aus III. D. a) — 1*
  B. Arsenalverwaltung
    1. Magazine (Metalle, Holz, Tauwerk, Segel, etc.)
    2. Werften und Werkstätten (Modell-, Blech-, Glas-, Maler-, Masten-, Tau-, Tischler-, Ruder-, Segel-, Takelwerkstätten etc.)

  k. A. — 131 { zuzügl. circa 1.100 Arsenalarbeiter

VI. MARINEBEAMTENPERSONAL
  A. Kanzleipersonal (ltg. Kanzleidirektor) — 14
  B. Kommissariatisches und Rechnungspersonal — 37
  C. Arsenalverwaltungsbeamte — 27
  D. Marinekriegszahlamt — 6
  E. Justizpersonal (Stabsauditor, Aktuar, Gerichtsdiener, Profoß) — 5
    total — 89 — k. A.

VII. SONSTIGE MARINEBRANCHEN
  A. Gebäudeamt (Arsenalgebäude, Marineämter, Kasernen, Kadettenkollegium, Bagno marittimo, Pulverdepots, Marineoffiziersquartiere etc.)
  B. Marinegeistlichkeit (auf Fregatten und f. Lokaldienst)
  C. Marinesanitätspersonal (Bord- und Landdienst) — 19
  D. Marinekadettenkollegium (Marineoffiziersschule) — 20
  E. Waldwesen (Marinewaldagenten mit unterstellten Waldmeistern für Marineforste) — 50
  F. Bagno marittimo (Marinegefängnis, Arbeitseinsatz im Arsenal) ausgelegt auf — 320 — k. A.

Details siehe Anlage No. 3 u. 4

* Zuziehung von Offizieren und Mannschaften nach Bedarf
k. A. keine direkt vergleichbaren Angaben vorhanden
Diese Zusammenstellung ebenso wie die folgenden wurden aus dem Werk „Geschichte der k.k. Kriegsmarine während der Jahre 1814–1847", Herausg. Kriegsarchiv, Wien, 1966 erarbeitet.

Übersicht des Standes aller Korps der k. k. Kriegsmarine mit Inbegriff des Stabes am 15. Januar 1847

Mar.Ob.Komm. Adlatus Marine-Adjutant Brigadier des Korps Kommandanten bzw. Direktoren	Benennung des Korps	Effektiver Stand	Beurlaubt bis zur Einberufung	Verbleiben	Hiervon sind eingeschifft	Bleibt somit Lokalstand	Anmerkung
S. k. k. Hoh. Erzherzog Friedrich V. A.							
Vizeadmiral Gf. Dandolo							
Schkpt. v. Marinovich							
Fregkpt. Graziani zu Venedig	Marineoffizierskorps	179	–	179	122	57	
Stab: Maj. Cocon	Marine-„Genie"-Korps	13	–	13	–	13	
Korpsarzt Dr. Patay	Ärztliches Personal	30	–	30	18	12	
	Diener	135	–	135	72	63	
Fregkpt. Bujakovich	Matrosenkorps	2013	344	1669	1145	524	
Maj. M. Paulucci	Marineartilleriekorps	835	392	443	194	249	
Hptm. Fumagalli	Marinearbeiterkompagnie	270	35	235	65	170	Im Arsenal sind dermalen 1100 Arbeiter beschäftigt
Maj. Baron Buday	Marineinfanteriebataillon	1489	268	1221	580	641	
	Summe	4964	1039	3925	2196	1729	

Allgemeine Übersicht
sämtlicher Fahrzeuge der k. k. Kriegsmarine am 1. Januar 1847

Zustand der Schiffe	Aufenthalte	Gattung der Schiffe												
		Fregatten	Korvetten	Briggs	Goeletten	Brigg-Goeletten	Kanonieren	Penichen	Pirogen	Prahmen	Obusiere	Pontons	Dampfer	Summe
Ausgerüstet	Schiffsdivision im Adriatischen Meer	1	2	4	1	1	–	–	–	–	–	–	–	9
	I. Seebezirk von Venedig	–	1	–	–	–	–	–	3	2	1	–	–	7
	II. Seebezirk von Triest	1	–	–	–	–	6	8	–	–	–	–	–	15
	III. Seebezirk von Zara	–	–	–	–	–	–	19	–	–	–	–	–	19
	Leichte Division im Quarnero	–	–	–	1	–	–	3	–	–	–	–	–	4
	Summe	2	3	4	2	1	6	30	3	2	1	–	–	54
als Reserve	Reservedivision Venedig	1	–	1	1	3	–	–	–	–	–	–	1	7
	Lagunenverteidigung	–	–	–	–	–	10	–	24	–	–	2	–	36
	Summe	1	–	1	1	3	10	–	24	–	–	2	1	43
	Summe der ausgerüsteten Schiffe	3	3	5	3	4	16	30	27	2	1	2	1	97
Desarmiert und abgetakelt	Im Arsenal zu Venedig	–	2	–	3	4	–	5	1	–	–	–	1	16
im Bau		1	1	2	1	–	–	–	–	–	–	–	–	5
Auf der Werft dienstunfähig	Auf der Werft in Venedig	–	–	–	4	1	3	4	–	–	–	–	–	12
	Summe der in Bau und auf der Werft befindlichen Schiffe	1	1	2	5	1	3	4	–	–	–	–	–	17
Alt und dienstuntauglich	Im Arsenal zu Venedig	1	–	–	–	–	–	–	–	–	–	–	–	1
	Totale sämtlicher Schiffe	5	6	7	11	9	19	39	28	2	1	2	2	131

Dislocation, Stand, Bemannung und Ausrüstung der in Dienst stehenden disponiblen und als Reserve ausgerüsteten Schiffe am 13. Januar 1847

Mar.Ob.Komm.
Division
Kommandant
Gattung / Name / Station

M.O.K. Erzhz. Friedrich, Vizeadmiral
Adlatus V. A. Graf Dandolo
Marineadjutant Schkpt. Marinovich
Schiffsdivision im adriat. Meer
Schkpt. Buratovich

Gattung Name	Station	Kompletter Stand der Bemannung	Ausrüstung mit Kanonen oder Karronaden												Summe der Kan.	Steinmörser	Pöller	Totale	Anmerkung
			P.H. 80	P.H. 60	48	36	24	18	12	9	8	6	4	3					
Fregatte																			
Bellona	1. 1. 1847 Pola	280	–	2	–	–	18	30	1	–	–	1	1	–	53	4	–	57	Die Schiffsdivision wurde im Januar 1847 von Lissa nach Pola bestimmt, eine Kriegsbrigg bleibt in Lissa, kursiert zwischen Lissa, Ancona und Pola
Korvette																			
Adria	1. 1. 1847 Lissa	138	–	–	–	–	–	–	12	–	–	1	–	–	21	4	–	25	
Oreste		93	–	–	–	–	12	–	–	4	–	–	1	–	17	4	–	21	
Brigg																			
Montecuccoli		98	–	–	–	–	–	–	16	–	–	–	1	–	17	4	–	21	(P. H. = Granatkanonen Paixhans)
Venezia		89	–	–	–	–	12	–	–	4	–	–	1	–	17	4	–	21	
Veneto		98	–	–	–	–	–	–	16	–	–	–	1	–	17	4	–	21	
Korvette 3. Ranges																			
Cesarea	Konstantinopel	78	–	–	–	–	–	–	14	–	–	2	1	–	17	2	–	19	

Mar.Ob.Komm.
Division
Kommandant

Gattung / Name / Station	Kompletter Stand der Bemannung	Ausrüstung mit Kanonen oder Karronaden												Summe der Kan.	Steinmörser	Pöller	Totale	Anmerkung
		P.H. 80	P.H. 60	48	36	24	18	12	9	8	6	4	3					
Brigg-Goelette Bravo — Piräus	54	–	–	–	–	–	–	6	–	–	4	–	–	10	2	–	12	
Goelette Elisabetta — nach d. Piräus	52	–	–	–	–	–	–	10	–	2	–	–	–	12	2	–	14	Befindet sich noch auf der Fahrt
1. Seebezirkskomm. Venedig, Fregkpt. Graziani																		
Korvette Clemenza — Can v. S. Marco	–	–	–	–	16	–	4	–	–	–	1	–	–	21	4	–	25	Admirals- und Instruktionssch.
Prahme Mongibello — Lido	45	1	–	–	4	–	2	–	–	–	–	1	–	8	4	–	12	
Vesuvio — Alberoni	45	1	–	–	4	–	2	–	–	–	–	1	–	8	4	–	12	
Obusiera Saetta — Chioggia	33	–	–	–	1	4	1	–	–	–	–	1	–	7	4	–	11	
Piroge Pernice — Chioggia	13	–	–	–	1	–	–	–	–	–	–	–	–	1	–	2	3	
Susanna — Tre Porti	17	–	–	–	1	–	–	–	–	–	–	–	–	1	–	2	3	
Graziosa — Cocino	17	–	–	–	1	–	–	–	–	–	–	–	–	1	–	2	3	
2. Seebezirkskommando Triest **Korvkpt. Basilisko**																		
Kanonieren Concordia — Triest	24	–	–	–	–	1	–	–	–	–	–	4	–	5	2	–	7	Hafenwachschiff

219

Gattung Name	Station	Komplett (Stand der Bemannung)	P.H. 80	P.H. 60	48	36	24	18	12	9	8	6	4	3	Summe der Kan.	Steinmörser	Pöller	Totale	Anmerkung
Veneziana	Pirano	24	–	–	–	–	1	–	–	–	–	–	2	–	3	2	–	5	Lösen sich nach der Tour monatlich in jeder Station ab
Gelosa	Cittanuova	24	–	–	–	–	–	1	–	–	–	–	2	–	3	2	–	5	
Costanza	Rovigno	24	–	–	–	–	–	1	–	–	–	–	2	–	5	2	–	7	
Caliope	Veruda	24	–	–	–	–	1	–	–	–	–	–	2	–	3	2	–	5	
Didone	Triest	24	–	–	–	–	1	–	–	–	–	–	2	–	3	2	–	5	
Penichen																			
Sentinella	Cherso	24	–	–	–	–	–	–	–	1	–	–	2	–	3	2	–	5	
Anfitrite	Fiume	24	–	–	–	–	–	–	1	–	–	–	2	–	3	2	–	5	
Tetide	Martinschizza	24	–	–	–	–	–	–	1	–	–	–	2	–	3	2	–	5	
Palma	S. Pietro di Nembi	24	–	–	–	–	–	–	1	–	–	–	2	–	3	2	–	5	
Salona	Segna	24	–	–	–	–	–	–	1	–	–	–	2	–	3	2	–	5	
Ninfa	Carlopago	24	–	–	–	–	–	–	1	–	–	–	2	–	3	2	–	5	
Modesta	Lossino	24	–	–	–	–	–	–	1	–	–	–	2	–	3	2	–	5	
3. Seebezirk Zara																			
Schkpt. Bordini																			
Fregatte 2. Ranges																			
Amazone	Triest oder Pola	24	–	–	–	–	–	–	1	–	–	–	2	–	3	2	–	5	
Guerriera	Pola (für ständig)	60	–	–	–	–	14	26	4	–	1	1	1	–	47	4	–	51	Hafenwachschiff
Vestale	Zara	24	–	–	–	–	–	–	1	–	–	–	2	–	3	2	–	5	Hafenwachschiff
Serpe	Ragusa	24	–	–	–	–	–	–	–	–	–	1	2	–	3	2	–	5	
Diana	nach Zara	24	–	–	–	–	–	–	1	–	–	–	2	–	3	2	–	5	
Brenta	Spalato	24	–	–	–	–	–	–	1	–	–	–	2	–	3	2	–	5	Auf der Reise mit arärischem Geld
Cerere	Klek	24	–	–	–	–	–	–	1	–	–	–	2	–	3	2	–	5	
Aspide	Lesina	24	–	–	–	–	–	–	1	–	–	–	2	–	3	2	–	5	
Elena	Curzola	24	–	–	–	–	–	–	1	–	–	–	2	–	3	2	–	5	
	Stagno	24	–	–	–	–	–	–	1	–	–	–	2	–	3	2	–	5	

Mar.Ob.Komm.

Division

Kommandant

Gattung / Name	Station	Kompletter Stand der Bemannung	Ausrüstung mit Kanonen oder Karronaden												Summe der Kan.	Steinmörser	Pöller	Totale	Anmerkung
			P.H. 80	P.H. 60	48	36	24	18	12	9	8	6	4	3					
Penichen																			
Sirena	Gravosa	24	–	–	–	–	–	–	1	–	–	–	2	–	3	2	–	5	
Astuta	Porto Rose	24	–	–	–	–	–	–	–	–	–	–	2	–	3	2	–	5	
Sibilla	Traste	24	–	–	–	–	–	–	1	–	–	–	2	–	3	2	–	5	
Palade		24	–	–	–	–	–	–	1	–	–	–	2	–	3	2	–	5	
Costante	Lissa	24	–	–	–	–	–	–	1	–	–	–	2	–	3	2	–	5	
Morlacca	Budua	24	–	–	–	–	–	–	1	–	–	–	2	–	3	2	–	5	
Lince	Slano	24	–	–	–	–	–	–	–	–	–	–	2	–	3	2	–	5	
Furiosa	Zara	24	–	–	–	–	–	–	–	–	–	–	2	–	3	2	–	5	
Baccante	nach Ragusa	24	–	–	–	–	–	–	1	–	–	–	2	–	3	2	–	5	Disponibel
Najade	an der Küste von	24	–	–	–	–	–	–	1	–	–	–	2	–	3	2	–	5	Auf der Reise mit ärarischem Geld
Leda	Dalmat. u. Albanien	24	–	–	–	–	–	–	1	–	–	–	2	–	3	2	–	5	Kreuzend an der Küste
Leichte Division Quarnero																			
Schlt. Salvini																			
Goelette																			
Sfinge	zwischen Pola und Premuda	62	–	–	–	–	–	–	–	–	–	10	–	–	10	2	–	12	In den Gewässern des Quarnero kreuzend
Iride		27	–	–	–	–	–	–	–	–	1	–	2	–	3	2	–	15	
Peniche																			
Laibach		27	–	–	–	–	–	–	1	–	–	–	2	–	3	2	–	15	
Bocchese		27	–	–	–	–	–	–	1	–	–	–	2	–	3	2	–	5	
Reservedivision																			
Hafen- und Ausrüstungsdirektion																			
Korvkpt. Tiozzo																			
Dampfer																			
Vulcano	Giardini di Venezia	55	–	–	2	–	–	–	2	–	–	–	–	–	4	–	–	4	Werden fortwährend in einem solchen Zustand erhalten, daß sie gleich auslaufen können

221

Mar.Ob.Komm.
Division
Kommandant

Gattung Name	Station	Kompletter Stand der Bemannung	P.H. 80	P.H. 60	48	36	24	18	12	9	8	6	4	3	Summe der Kan.	Steinmörser	Poller	Totale	Anmerkung
																Ausrüstung mit Kanonen oder Karronaden				
Fregatte Venere		–	–	–	–	–	14	26	4	–	1	1	1	–	47	4	–	51	
Brigg Tritone	im Arsenal zu Venedig	–	–	–	–	–	12	–	–	4	–	–	1	–	17	4	–	21	Traten Anfang Januar in Ausrüstung und fuhren am 8. 1. 1847 zur Schiffsdivision ab
Brigg-Goelette																			
Delfino		–	–	–	–	–	–	–	6	–	–	4	–	–	10	2	–	12	
Fido		–	–	–	–	–	–	–	6	–	–	4	–	–	10	2	–	12	
Cameleonte		–	–	–	–	–	–	–	6	–	–	4	–	–	10	2	–	12	
Goelette																			
Fenice		–	–	–	–	–	–	–	–	–	–	10	–	–	10	2	–	12	
Pontons 2		–	–	–	–	4	–	16	2	–	–	–	–	16	38	8	–	46	
Pirogen 24		–	–	–	–	24	–	–	–	–	–	–	–	–	24	–	–	72	
															567	148	56	769	

Summe der ausgerüsteten Schiffe 97, Bemannung 2196

Gattung Name	Station	24	4	Summe der Kan.	Steinmörser	Totale	Anmerkung
Kanonieren							
Calipso		1	2	3	2	5	Sind alle so weit ausgerüstet, daß sie in wenigen Stunden auf dem ihnen bestimmten Ort in den Lagunen eintreffen können
Fulminante		1	4	5	2	7	
Galatea		1	2	3	2	5	
Merope	Im	1	2	3	2	5	
Pandora	Arsenal	1	2	3	2	5	
Proserpina	zu	1	2	3	2	5	
Stella	Venedig	1	2	3	2	5	
Tartara		1	2	3	2	5	
Tremenda		1	2	3	2	5	
Viennese		1	2	3	2	5	

Übersicht der abgetakelten, desarmierten, in Bau und auf der Werft befindlichen Schiffe der k. k. Kriegsmarine am 1. Januar 1847

Gattung	Name	Geschütze	Anmerkung
Korvette	Veloce	21	Abgetakelt und desarmiert
Goeletten	Artemisia	12	Abgetakelt, doch flott
	Enrichetta	12	„ „ „
	Sofia	12	„ „ „
Penichen	Aquila	5	„ „ „
	Ekate	5	„ „ „
	Leggern	5	„ „ „
	Rondine	5	Abgetakelt und desarmiert
	Zaira	5	„ „ „
Piroge	Generosa	3	„ „ „
Brigg-Goeletten	Dromedario	12	„ „ „
	Fedele	12	„ „ „
(Transportschiffe)	Fortunato	12	„ „ „
	Intrepido	12	„ „ „
Dampfer	Marianna	12	„ „ „

Summe der abgetakelten Schiffe: 15

Gattung	Name	Geschütze	Anmerkung
Korvette	Lipsia		Desarmiert

Summe der desarmierten Schiffe: 1

Gattung	Name	Geschütze	Anmerkung
Fregatte	Ebe	44	Alt und dienstuntauglich

Summe er dienstuntauglichen Schiffe: 1

In Bau

Gattung	Name	Geschütze	Anmerkung
Fregatte	Minerva		
Korvette	Carolina		Wird am 16. 1. 1847 vom
Briggs	Pillade		Stapel gelassen
	Ussaro		
Goelette	Virtuosa		

Summe der in Bau befindlichen Schiffe: 5

Außerdem auf der Werft

Gattung	Name	Geschütze	Anmerkung
Goeletten	Aretusa		
	Ariana		Der Zustand ist nicht bekannt
	Aurora		
	Vigilante		
Kanonieren	Danae		
	Delfina		Detto
	Medusa		
Penichen	Andromaca		
	Lampreda		Detto
	Minerva		
	Volpe		
Brigg-Goelette	Fermo		

Summe der auf der Werft befindlichen Schiffe: 12

Änderungen des Schiffsbestandes
in den Jahren 1837–1847
(Marinedienstzeit Erzherzog Friedrichs)

Jahr	Zuwachs	Abgang
1837	Schoner: „Dromedario" Goel.: „Virtuosa", in „Aretina" und „Aretusa" umgetauft Pen.: „Ecate" (Ersatzbau)	Pen.: „Vestale", „Ecate" Trab.: „Dromedario"
1838	Korv.: „Clemenza" Brigg: „Pilade" (umgetauft in Venezia) Pen.: „Amazone" (Ersatzbau)	Korv.: „Veloce" Pen.: „Amazone" Kanonenschaluppen am Gardasee
1839	Pen.: „Bocchese" und „Anfitrite" (Ersatzbauten), „Ninfa", „Vestale" Kan.Schlpe.: „Gelosa"	Freg.: „Austria" Goel.: „Arianne", „Vigilante" Pen.: „Lince", „Najade", „Ninfa" (gestrandet), „Bocchese", „Anfitrite"
1840	Trab.: „Fiorentino"	
1841	Pen.: „Lince", „Najade"	Pen.: „Costante", „Palma"
1842	Freg.: „Bellona" Trab.: „Guglielmo"	Kan.Schlpe.: „Tremenda"
1843	Dampf.: „Vulcano" Pen.: „Costante" (Ersatzbau) „Diana", „Palma" (Ersatzbau) Trab.: „Vincitore"	Brigg: „Ussaro" (Umbau) Goel.: „Aretusa"
1844	Prahme: „Mongibello", „Vesuvio" Kan.Schlpe.: „Proserpina"	Freg.: „Medea" Goel.: „Aurora"
1845	Prahme: „Obusiera", „Saeta" Kan.Schlpe.: „Pandora" (Ersatzbau), „Stella", „Tartara", „Tremenda" (beide Ersatzbauten)	Freg.: „Ebe" Goel.: „Enrichetta", „Sofia"
1846	Ponton: „Forte", „Fermo"	
1847	Korv.: „Carolina" Brigg: „Ussaro" Dampfboot: „Messagero" Kan.Schlpe: „Galatea" (Ersatzbau)	Kan.Schlpe.: „Galatea"

Ausweis über Gebäude und Grundstücke in Venedig, die im Besitze der Kriegsmarine standen

Kloster	Alla Vergine	Bagno, Wache, Wachewohnungen
"	S. Daniele	
"	u. Kirche S. Anna	Marinekollegium
"	S. Maria della Celestia	Feuerwehr
"	S. Franc. della Vigna	Artillerie-Arbeiterkompanie
"	S. Sepolcro	königl. Wache, Depot der Mannschaften für Hochbordschiffe
"	Muneghetto	Marinegericht und -gefängnis
Schule	S. Paquale, S. Franc. della Vigna	Artilleriemagazin
"	S. Maria della Celestia	Artilleriemagazin
Insel	S. Elena	Bäckerei, Fleischbank, Lebensmittel-magazin
"	Certosa	1. Pulvermagazin (wird 1819 neu erbaut)
"	Lazaretto	2. Pulvermagazin (wird Jänner 1819 wegen Bedrohung der Stadt geräumt)
Palazzo	Paradiso Fundamento Arsenale	Ausrüstungsdirektion, Proviant- und Ge-neralmagazin, Artilleriekanzleien
"	Purgatorium Fundamento Arsenale	Musterungsamt, Mannschafts- und Spitals-evidenz
"	Inferno Fundamento Arsenale	Invalidenkassa, Direktion der zivilen Ar-beiten
Haus mit Garten	Campo della Tana	Generalkommissariat und Kanzleien
" mit Hof	Campo della Tana	Gebäudeverwaltung, Rechnungskanzleien Liquidatur und 2 Parteien
" mit Hof	Fond. della Madonna	Kommandantur und Kanzleien
" mit Hof	Fond. della Madonna	Marinekassa
" mit Hof	Ponte della Tana	Pensionisten
" mit Hof	Ponte della Tana	Bootsbemannung des früheren Komman-danten
" mit Hof	Ponte della Tana	Kommissär Marini
" mit Hof	Ponte della Tana	Gießerei Alberghetti
" mit Hof	Ponte della Tana	leer
" mit Hof	Ponte della Tana	Pensionist
" mit Hof	Ponte della Tana	Oberst Salvini
Magazin Calle sporca		leer
Haus Campo della Tana		leer
2 Häuser Campo della Tana		Bootsleute und Gendarmen
2 " Campo della Tana		leer
Haus mit Hof Campitelo d.Malvazia		1. Ingenieur-Coccon
20 Häuser		Parteien, 4 davon leer
9 Häuschen		Parteien, 2 leer, 2 zahlende Parteien
Kloster S. Giov. e Paolo		dem Heere abgetreten
" Mendicanti		dem Heere abgetreten
" S. Giustina		dem Heere abgetreten
Haus u. Reitschule S. Giov. e Paolo		dem Heere abgetreten
Magazin S. Giov. e Paolo		dem Heere abgetreten

225

Vergleich
der Dienstgrade der Offiziere
in der k. k. Kriegsmarine – Landheer
zwischen 1841 und 1847

Marine	Landheer
Fregattenfähnrich	Fähnrich
Schiffsfähnrich	Unterleutnant
Fregattenleutnant	Oberleutnant
(Linien)schiffsleutnant	Hauptmann
Korvettenkapitän	Major
Fregattenkapitän	Oberstleutnant
(Linien)schiffskapitän	Oberst
Kontreadmiral	Generalmajor
Vizeadmiral	Feldmarschalleutnant
Admiral ⎫ diese Ränge existierten nicht	General d. Inf. oder d. Kav.
Großadmiral ⎭	Generaloberst

In dem genannten Zeitraum existierten keine Linienschiffe in der k. k. Marine. Die Ränge Linienschiffskapitän und Schiffskapitän wurden nebeneinander verwendet.

Schauplätze des syrischen See- und Landkrieges

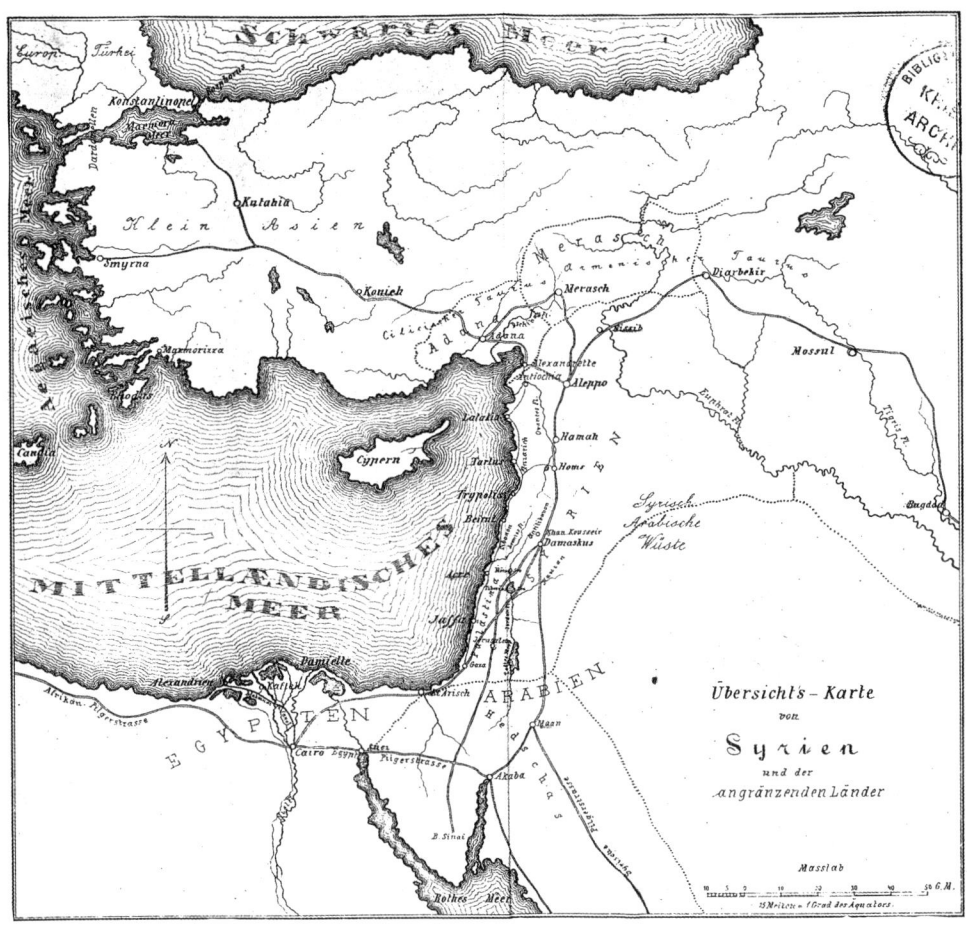

Plan des Angriffs
auf die Festung St. Jean d'Acre am 3. November 1840

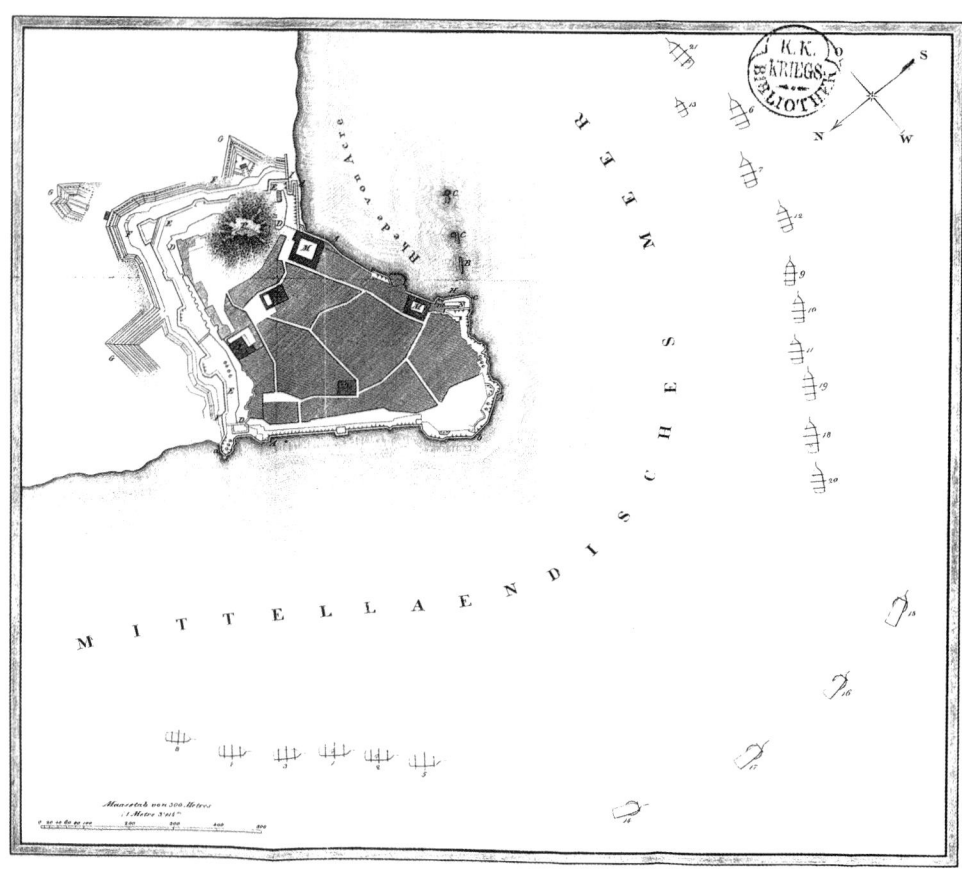

ERLÄUTERUNGEN MARITIMER FACHAUSDRÜCKE

(Zeitraum 1814 bis 1848)

Abwracken: Demontage eines Schiffes.

Admiral der Weißen, Roten, Blauen Flagge (Vizeadmiral, Konteradmiral): Admiralsränge in Großbritannien in drei Geschwadern, die durch verschiedene Flaggen (-farben) bestimmt waren (1864 wurde dieses Flaggensystem aufgelöst).

Admiralshut (in der österreichischen k. k. Marine von 1830 bis 1847): schwarzer, goldbordierter Zweispitz mit dem grünen Federbusch der k. k. General (Admiral-)stabsoffiziere.

Ankeraufgehen: Anker lichten – Aufholen des Ankers.

Aufkreuzen: gegen die Hauptwindrichtung durch mehrmaliges durch den Wind Gehen des Schiffes Seeraum gewinnen.

Batteriedeck: Deck eines Kriegsschiffes mit der (Haupt-)kanonenbatterie.

Bora: in der Adria auftretender, von den östlichen Küstengebieten herabwehender kühler Starkwind, der häufig Sturmstärken erreicht.

Brigantine (nicht zu verwechseln mit dem Ruderkriegsschiff Brigantino früherer Zeiten) um 1840: zweimastiges briggähnliches Segelschiff, welches statt einem Rahsegel am Großmast ein großes Gaffelsegel führte.

Brigg: kleineres zweimastiges Rahsegelschiff mit zwei vollgetakelten Masten und mehreren Kanonen.

Carronade: nach den Carron-Eisenwerken in Großbritannien benannte kurze glatte Geschütze für den Nahkampf.

Casa di Educazione Militare di Marina: Marineerziehungshaus = Unteroffiziersschule (1847).

Collegio di Marina: Offizierskadettenschule der k. k. Marine bis 1848 in Venedig.

Commander: Rang (u. a.) in der britischen Marine in der Segelschiffzeit, zwischen einem Leutnant und einem Schiffskapitän liegend.

Commodore: niedrigster Flaggenrang (1840) in der englischen Marine, häufig Kommandierender Offizier von Eskadern. In der k. k. Marine gab es keinen entsprechenden Rang.

Corpo meccanico ed amministrativo di Marina: mechanisches und administratives Korps der Marine, Arsenals- und Verwaltungsbeamte.

Dhgaisa: typisches maltesisches kleines Ruder- und Segelboot.

Dreidecker: Linienschiff mit drei Kanonendecks.

Eskader: aus mehreren Schiffen bestehende Schiffsabteilung unter dem Befehl eines älteren Kapitäns oder dienstjüngeren Flaggoffiziers. Z. B. österreichische Levante-Eskader unter Kommando eines Konteradmirals (1840).

Flagg(en)offizier: Offizier im Admiralsrang, der seine eigene Kommandoflagge setzen darf, zumeist Admiräle, Vizeadmiräle, Konteradmiräle, in Großbritannien (1840) auch Commodores.

Flaggenparade, Flaggengala: Setzen aller Flaggen des Schiffes aus einem festlichen Anlaß. Im Mittelmeer wurden auf den Segelschiffen die Flaggen nicht nur in Längsschiffrichtung gesetzt – wie in der Nordsee –, sondern auch in Querschiffrichtung.

Flaggenschuß: Schuß anläßlich des Setzens der Flagge in der früh.

Flaggschiff: Schiff, auf welchem sich der kommandierende Offizier einer Eskader oder Flotte befindet, kenntlich durch die gesetzte Flagge.

Flottenliste: offizielle Liste des Schiffsbestandes in der Flotte.

Fockmast: vorderster Mast eines Segelschiffes.

Fregatte: vollgetakeltes Rah(segel)schiff mit ca. 20 bis 50 Kanonen.

Gaffel: An einem Mast fixierte Längsschiffsegelstange, an der ein unregelmäßig viereckiges (Gaffel-)segel angeschlagen ist.

Gedeckte Korvette: Fregatte – Segelkriegsschiffe, bei denen das obere Batteriedeck, das in früheren Zeiten vorwiegend im Freien lag, durch ein weiteres Deck überdeckt ist.

Goelette: eine Art schneller Schoner der k. k. Marine mit vorwiegend Gaffelsegeln, ergänzt durch Rahtopsegel (auch Schonerbrigg oder Goelette-Brigg, Brigg-Goelette), ca. 10 Kanonen.

Großmast: mittlerer Hauptmast eines Segelschiffes mit drei Masten.

Großrah: unterste Rah des Großmastes.

Halsen: mit dem Heck des Schiffes durch den Wind gehen.

Hoch am Wind segeln: Segeln mit einem möglichst spitzen vorlichen Einfallswinkel des Windes. Rahsegler können im allgemeinen weniger hoch an den Wind gehen wie Schiffe mit vorwiegend Längsschiffsegeln.

Kanoniere, Kanonierschaluppe, auch Lancia canoniera: in der k. k. Marine ca. 19 Meter lange ruder- und segelbare Boote mit einem 18 bis 24 Pfünder Buggeschütz, ein oder zwei Masten mit Längs- und Quersegeln. Vorwiegend zur Verteidigung der Küste eingesetzt.

Kaper: siehe Korsar.

Kapudan Pascha: Großadmiral der türkischen Flotte und Mitglied der türkischen Zentralregierung.

Kettenkugeln: durch eine Kette verbundene zwei halbe Kanonenkugeln, die durch ihre spezifische Eigenschaft besonders geeignet waren, die Takelage eines feindlichen Segelschiffes mit ihrer Kette zu durchschneiden, die aber auch besonders schreckliche Verwundungen bei getroffenen Menschen hervorriefen. Waren 1840/41 durch völkerrechtlichen Vertrag bereits verboten.

Kontumaz: siehe Quarantäne.

Korsar: mit der Flagge und dem Patent eines bestimmten Staates versehener Unternehmer, der mit privat ausgerüstetem Schiff Seeraub in einem Krieg, teilweise für Rechnung des Flaggengeberstaates, betreibt. Umgangssprachlich oft mit Piraten verwechselt. Dem Begriff Korsar entspricht auch der Begriff „Kaper".

Korvette: vollgetakeltes Rah(segel)schiff mit einer Bewaffnung unter 20 Kanonen.

Kreuzen: Kursänderung in Relation zum Wind. Mit dem Bug des Schiffes durch den Wind gehen.

Kreuzer: fast allen Kriegsschiffklassen des Maschinenzeitalters angehörende schnelle Kriegsschiffe, die einen weiteren Aktionsradius als andere Kriegsschiffe besitzen und damit auch zum isolierten Einsatz in weit entfernten Kriegsgebieten geeignet sind (Schlachtkreuzer, Kreuzerfregatten, Kreuzerkorvetten etc.; Kreuzerkrieg).

Kreuzmast: hinterster Mast eines dreimastigen Rahsegelschiffes.

Kriegsdampfer: bewaffnete Dampfschiffe der Marine, bis 1847 regelmäßig mit Schaufelradantrieb.

Kutter: ein größeres Beiboot eines Kriegsschiffes, das gerudert, aber auch mit zwei Masten, Kuttersegeln und einer leichten Bewaffnung versehen werden kann.

Linienschiff: Rah(segel)schiff, das dank seiner Größe, Bewaffnung und Widerstandsfähigkeit in der Lage war, mit anderen Schiffen in der Gefechtslinie zu kämpfen. In der Segelschiffzeit häufig auch noch Unterteilungen in Linienschiffe I., II. und III. Ranges. Im allgemeinen wurde für ein Linienschiff eine Mindestbewaffnung von 50 Kanonen angenommen.

Linienschiffskapitän: siehe Schiffskapitän.

Obusiera: ähnlich den Pontons gebaute k. k. Marinefahrzeuge mit 6 bis 10 Haubitzen und 38 Mann Besatzung.

Paixhans (Geschütz): nach ihrem Erfinder, dem französischen General Paixhans genannte glatte Geschütze großen Kalibers mit Hohlgeschossen. Kursänderungen in Relation zum Wind.

Peniche: aus Frankreich übernommener Typ der Kanonierschaluppe in der k. k. Marine, jedoch leichter, hochbordiger und schärfer gebaut und schneller als letztere.

Pirat: Seeräuber, der für die eigene Tasche Seeraub betreibt und nach nationalem und internationalem Recht ein Verbrecher ist (in Gegensatz zum Korsaren).

Piroge: in der k. k. Marine verwendete leichte, flachgehende Lagunenfahrzeuge mit einem Mast und einem Luggersegel, acht Riemen, 13 Mann Besatzung und einer 12-Pfund Karronade; wurde in vier verschiedenen Größenklassen von 11 bis 14 Meter gebaut.

Ponton: ähnlich den Prahmen, jedoch kleinere, flachgehende Batteriefahrzeuge der k. k. Marine mit z. B. 23,4 Metern Länge, 8,3 Metern Breite, 10 Geschützen, 53 Mann.

Prahm: schwergebautes, flachgehendes, schwimmendes Batteriefahrzeug der k. k. Marine, das nur mit Ruderkraft fortbewegt wurde. Länge 27 Meter. Zur Küstenverteidigung mit durchschnittlich 6 Geschützen verschiedenen Kalibers und Bauart.

Quarantäne: aus dem italienischen „Quaranta giorni" – vierzig Tage, eine Sicherheitsfrist, der sich Personen und Schiffe in Isolation unterziehen mußten, um die Einschleppung ansteckender Krankheiten hintanzuhalten. Im Mittelalter betraf dies vor allem die aus der Levante und Nordafrika in europäischen Häfen eintreffenden Schiffe.

Quersegel: Rahsegel, Quersegelschiff = Rahsegelschiff.

Rah: auch Raa – waagrecht aufgehängte Segelstange in Querschiffrichtung.

Rahsegel: an Rah angeschlagenes, rechteckiges Segel.

Raketenbatterie: Batterie von Raketengeschützen (-werfern). In dieser Waffengattung war Österreich um 1840 in Europa führend.

Rapidkreuzer: schneller Kreuzer.

Reede: Ankerplatz größeren Ausmaßes.

Schiffsboote: auf Kriegsschiffen mitgeführte Boote verschiedener Größe.

Schiffskapitän, auch Linienschiffskapitän: maritimer Rang dem Obersten im Landheer entsprechend, in der k. k. Marine zwischen 1814 und 1847 nebeneinander verwendet, wahrscheinlich weil die k. k. Marine in diesem Zeitraum keine Linienschiffe im Einsatz hatte.

Schirokko: aus Nordafrika kommender warmer, häufig Sturmstärken erreichender Südwind im Mittelmeer.

Schlachtschiff: schwerste Kriegsschiffklasse (Kanonen) des Maschinenzeitalters.

Schoner-Brigg: Brigg mit zusätzlicher Schonertakelung.

Schoner: mehrmastiges Segelschiff mit Längsschiffsegeln (Schonertakelange) im Gegensatz zu Schiffen mit Querschiffsegeln (= Rahsegeln).

Speronara: kleineres, traditionelles maltesisches Fischer- und Handelsboot, das duch einen Sporn am Bug, den Sperone, gekennzeichnet ist.

Stückpforte: Pforte an der Schiffswand für ein Geschütz (Stück).

Trabakel: völlig gebautes, zweimastiges, mit vorwiegend Gaffelsegeln/Luggersegeln als Hauptbesegelung versehenes Transportschiff venezianischen Ursprungs. In der k. k. Marine vorwiegend als Transporter verwendet.

Trauerbeflaggung: Flagge auf Halbmast. Teilweise auch das Setzen schwarzumflorter Flaggen.

Trimmen, Trimmung: Optimierung der Rumpflasten und der Takelage und Segel eines Segelschiffes.

Tschibuk: Pfeife.

Volltakelung: alle Masten sind mit Rahsegeln versehen.

Zweidecker: Linienschiff oder Fregatte mit zwei Kanonendecks.

BIBLIOGRAPHIE

Aichelburg, Vladimir, K. u. k. Segelschiffe in alten Photographien, Wien 1981.

Basch-Ritter, Renate, Österreich auf allen Meeren, Geschichte der k. (u.) k. Kriegsmarine von 1382 bis 1918, Graz–Wien–Köln 1987.

Bayer, Heinrich von, Korvettenkapitän a. D./und *Khuepach, Arthur von,* Geschichten der k. k. Kriegsmarine während der Jahre 1814 bis 1847, die österreichisch-venezianische Kriegsmarine, verfaßt im Auftrag des österreichischen Bundesministeriums für Unterricht, Graz–Köln 1966.

Bergmann, Joseph, Kais. Rath, Kustos des k. k. Antik- und Münzenkabinetts, Erzherzog Friedrich von Österreich und sein Antheil am Kriegszuge in Syrien im Jahre 1840, Wien 1867.

Bilzer, Franz, Die Schiffe und Fahrzeuge der k. (u.) k. Kriegsmarine, Artikelserie in der Zeitschrift „Marine, Gestern, Heute", 1987–1988.

Breycha-Vauthier de Baillamont, Österreich in der Levante, Geschichte und Geschichten einer alten Freundschaft, Wien–München 1972.

Breycha-Vauthier, Arthur C., österr. Botschafter im Libanon, Le Debarquement austro-britanique de 1840, Rapport du Vice-Admiral Bandiera, in: Zeitschrift L'Orient, Beirut 19. November 1967.

Concino, Ennio, L'Arsenale della Republica di Venezia, Venedig 1983.

Dauber, Robert, Die Marine des souveränen Malteser-Ritter-Ordens, Graz 1989.

Ders., Artikel in der Zeitschrift Marine, gestern – heute, Wien Jahrg. 7, 1. Heft: Die Marine des souveränen Malteser-Ritter-Ordens.

Ders., DDr. Arthur C. Breycha Vauthier de Bailiamont 1903–1986, Eine Biographie, Klagenfurt 1992.

Ders., Der Orden als Seemacht, Ausstellungskatalog des Malteser Museums Mailberg, Mailberg 1980.

Ders., The Navy of the Sovereign Military Order of Malta/La Marina del Sovrano Militare Ordine di Malta, Brescia 1992. Publikation anläßlich der Marineausstellung „Kolumbus, Schiff und Meer" Genua 1992.

Frankl, L. A., Erzherzog Friedrich, in: Sonntagsblätter, Wien 1845.

Friedrich, Erzherzog von Österreich, Journal meiner Seereise im Sommer des Jahres 1839 (27 Foliobogen).

Ders., Der Feldzug in Syrien (46 Foliobogen) 1840/41.

Ders., Journal meiner Reise mit der k. k. Fregatte Bellona nach Portugal, England und Holland (87 Foliobogen) 1842.

Gaggero, Giuseppe, La Revoluzione del Veneto e l'Assedio di Venezia, Turin 1973.

Gilhofer, Erzherzog Friedrich, Versteigerungsatalog Albertina-Einrichtung, Wien 1933.

Giormani, Virgilio, Federico – Arciduca d'Austria a Venezia (in: Quaderni del Lombardo-Veneto, 1978) Nr. 3.

Giormani, Virgilio, Giovanni Casoni, Funzionario nella Venezia del 1848–49, e l'Episodio del cuore dell'Arciduca Federico, Auszug aus Rassegna Storia del Risorgimento, Istituto per la Storia del Risorgimento Italiano, Juli/September 1983.

Heeresgeschichtliches Museum, Wien, Österreich zur See, Band 8 der Schriften des Heeresgeschichtlichen Museums (Militärwissenschaftliches Institut) in Wien.

Hertenberger, Helmut/Wiltschek Franz, Erzherzog Karl, Der Sieger von Aspern, Graz 1983.

Hydrographic Department, Admirality London, Mediterranean Pilot, Volume IV, Eigth Edition 1955, London 1955.

Khuepach, Arthur von/Bayer, Heinrich von, Geschichte der k. k. Kriegsmarine 1814–1847, hrsg. vom Kriegsarchiv Wien, Graz–Köln–Wien 1966.

Meyers Konversationslexikon, Auflagen 1895 und 1987, Wien und Leipzig.

Monico, Jacopo, Kardinalpatriarch von Venedig, Discorso letto nei Funerali di S. A. I. Arciduca Federico nella Chiesa parocchiale di S. Stefano in Venezia il 14. Ottobre 1847, Pietro Naratovich, Venedig 1847.

Paschen, Vizeadmiral, Aus der Werdezeit zweier Marinen, Erinnerungen aus meiner Dienstzeit in der k. k. österreichischen und kaiserlich deutschen Marine, Verlag Ernst Siegfried Mittler und Sohn, Berlin 1908.

Passi, Frá Marco Celio, Großprior des Großpriorates Lombardei-Venetien, Il gran Priorato di Lombardia e Venezia, Venedig 1983.

Pianton, Frá Pietro, Canonico, Conventualkaplan des Malteser-Ordens, Venedig Allocuzione, Collocandosi nel nuovo Monumento nella Chiesa di S. Giovanni Baptista la salma di Frá Federico Arciduca d'Austria, Priv. Stabil. naz. di G. Antonelli, Venedig 1854.

Pizzarello, Ugo/Fontana Vincenzo, Pietre e legni dell'Arsenale di Venezia, Venedig 1983.

Radogna, Lamberto, Ufficio Storico della Marina Militare, Cronistoria delle Unita da Guerra delle Marine Preunitarie, Ufficio storico Marina Militare, Rom 1981.

Rohrer, Paul, Als Venedig noch österreichisch war, Erinnerungen zweier Offiziere (k. k. Linienschiffskapitän Max und k. u. k. Rittmeister Friedrich von Rottauscher), Stuttgart 1913 (vierte Aufl.).

Saphir, M. G., Erzherzog Friedrich, Wien 1840.

Schatz, Erwin, Gedenkstätten an Vizeadmiral Erzherzog Friedrich in Venedig, in: Marine – gestern, heute, Zeitschrift der Arbeitsgemeinschaft für Österreichische Marinegeschichte, 10. Jg., 2. Heft, Juni 1983.

Schels, J. P., Militärische Zeitschrift, Wien 1840.

Schmalenbach, Paul, Kurze Geschichte der k. u. k. Marine, Herford 1970.

Scholl, Heinrich Freiherr von, Abriß der Geschichte des Krieges 1840/41 in Syrien, Wien 1866.

Sommi, Piccenardi Frá Guy, Bailli und Großprior Venedig: Del gran Priorato dell'Ordine Gerosolimitano detto di Malta in Venezia o. D. ca. 1880.

Sondhaus, Lawrence, The Habsburg Empire and the sea, Austrian Naval Policy 1797–1866, West Lafayette, Indiana.

Steinböck, Erwin/Baumgartner Lothar, Die Uniformen der k. k. österreichischen und k. u. k. österreichisch-ungarischen Kriegsmarine, Graz 1984.

Vimercati, Cäsar, Die kaiserlich königliche Marine im Oriente, Geschichtlicher Rückblick auf das Jahr 1840. Gedruckt bei den P. P. Mechitaristen, Wien 1845. Aus dem Italienischen übersetzt von Dr. Jos. Netwald.

Weidmann, F. C., Erzherzog Friedrich von Österreich, Wiener Allgemeine Theaterzeitung, Wien 1847, No. 259 bis 265.

Wiener Allgemeine Theaterzeitung, Adolph Bäuerle, Erzherzog Friedrich Nr. 135 1845 und Nr. 259 bis 265 1847, Wien.

Wiener Zeitung, Privilegierte Österreichisch-Kaiserliche, Mai 1821, Juni 1845, Oktober 1847 Nr. 280 vom 10. Okt. 1847.

Zorzi, Alvise, Venezia Austriaca, Rom-Bari 1985.

Bildnachweis

Umschlagbild Vorderseite: Erzherzog Frá Friedrich von Österreich in der dunkelblauen Marineuniform mit den Distinktionen als Mitglied und Profeßritter des Souveränen Malteser-Ritter-Ordens (1845/47). Heeresgeschichtliches Museum, Wien.

Umschlagbild Rückseite: Erzherzog Frá Friedrich von Österreich in der Uniform eines Großkreuzritters und Baillis des Souveränen Malteser-Ritter-Ordens (ca. 1845). Robert L. Dauber/Großpriorat Venedig.

Vorsatz: Seekarte mit der Hafenstadt Sidone (Saida), an deren Eroberung Erzherzog Friedrich 1840/41 wesentlich beteiligt war, mit geloteten Meerestiefen. Zeitgenössische militärgeographische Karte. Privatarchiv Robert L. Dauber.

Nachsatz: Ezherzog Friedrich an der Spitze der Truppen bei der Eroberung von Saida. Federzeichnung von Johann Dallinger. Bildarchiv der Österreichischen Nationalbibliothek, Wien.

Privatbesitz Robert L. Dauber: 43, 47, 59, 67, 99, 103, 111, 119, 137, 145, 161, 167, 193, 194, 195, 203

Privatbesitz Robert L. Dauber/Großpriorat Venedig: 173

Bildarchiv der Österreichischen Nationalbibliothek, Wien: 18, 21, 23, 27, 35, 39, 52, 53, 95, 121, 127, 197, 207

Heeresgeschichtliches Museum, Wien: 13, 115, 179

DANKSAGUNGEN

Dieses Buch hätte ohne die Hilfe der nachstehenden Institutionen und Personen nicht geschrieben werden können. Ihnen allen sei hiemit herzlich gedankt.

Aehrenthal, Major a. D. Johannes, Kanzler des Großpriorats Österreich, Souveräner Malteser-Ritter-Orden, Wien

Aichelburg, Dr. Wladimir, Marinehistoriker, Wien

Ander, Dr. Angelika, Österreichische Nationalbibliothek

Archiv des Großpriorats Lombardei-Venetien, Venedig

Archiv des Großpriorats Österreich, Souveräner Malteser-Ritter-Orden, Wien

Archivio di Stato, Venedig

Biblioteca Marciana, Venedig

Breycha-Vauthier, DDr. Arthur, Chefbibliothekar der UN in Genf, österr. Botschafter im Nahen Osten, Direktor der Wiener Diplomatenakademie († 1986)

Feigl, Professor Erich, Historiker und Schriftsteller, Wien

Habsburg, Dr. Michael, Persenbeug

Haus-, Hof- und Staatsarchiv, Wien

Hercolani, Fava Simonetti, Bailli Frà Gherardo, Großprior des Großpriorats Lombardei-Venetien, Souveräner Malteser-Ritter-Orden, Venedig

Jahn, Alois, Wien, Privatgenealoge

Kriegsarchiv, Österreichisches Staatsarchiv, Wien

Kriegsarchiv, Wien

Liechtenstein, Frà Wilhelm, Großprior von Österreich, Souveräner Malteser-Ritter-Orden, Wien

Museo Storico Navale, Venedig
Österreichische Nationalbibliothek, Wien, Bildarchiv, Zeitschriftenlese-
	saal, Allgemeiner Lesesaal, Theaterarchiv
Pawlik, Kapt. Georg, Marinehistoriker, Wien
Rauchensteiner, Dr. Manfried, Min.-Rat., Direktor des Heeresgeschichtli-
	chen Museums Wien
Schatz, Dr. Erwin, Oberstudienrat, Marinehistoriker, Klagenfurt
Ungarisches Staatsarchiv, Magyar Orzágos Levétar, Budapest
Waldbott, Paul, Privathistoriker, Halbthurn
Winkler, Dieter, Marinehistoriker, Wien
Zorzi, Dr. Marino, Direktor der Biblioteca Marciana, Venedig

Dem Verlag danke ich für seine sachgemäße und professionelle Unterstützung.